"十三五"全国高等院校经管系列规划教材

消费心理学
理论与实务

高 博 ◎ 主 编
黄海燕 李学锋 巩从杰 ◎ 副主编

电子工业出版社
Publishing House of Electronics Industry
北京·BEIJING

未经许可，不得以任何方式复制或抄袭本书之部分或全部内容。
版权所有，侵权必究。

图书在版编目（CIP）数据

消费心理学理论与实务 / 高博主编. —北京：电子工业出版社，2017.10
ISBN 978-7-121-32015-6

Ⅰ.①消… Ⅱ.①高… Ⅲ.①消费心理学 Ⅳ.①F713.55

中国版本图书馆 CIP 数据核字（2017）第 140991 号

策划编辑：刘淑丽
责任编辑：李慧君
印　　刷：北京盛通印刷股份有限公司
装　　订：北京盛通印刷股份有限公司
出版发行：电子工业出版社
　　　　　北京市海淀区万寿路 173 信箱　邮编 100036
开　　本：787×1092　1/16　印张：14.5　字数：315 千字
版　　次：2017 年 10 月第 1 版
印　　次：2019 年 8 月第 2 次印刷
定　　价：42.00 元

凡所购买电子工业出版社图书有缺损问题，请向购买书店调换。若书店售缺，请与本社发行部联系，联系及邮购电话：(010) 88254888，88258888。
质量投诉请发邮件至 zlts@phei.com.cn，盗版侵权举报请发邮件至 dbqq@phei.com.cn。
本书咨询联系方式：(010) 88254199，sjb@phei.com.cn。

前　言

马克思指出：两次社会分工以后"出现了以交换为目的的生产，即商品生产，随之而来的是贸易"。商品生产和贸易往来促使生产者、经营者、消费者不同程度地开始关注与消费心理有关的问题。伴随人类文明渐进的步履，人们对消费心理的认识逐渐从感性上升到理性，进而展开逻辑思维，并提炼出一系列理论知识。

消费心理学是心理学的一个重要分支，旨在研究消费者在消费活动中的心理现象和行为规律。消费心理学是一门新兴学科，它的研究对象是人们在生活消费过程中，在日常购买行为中的心理活动规律及个性心理特征。消费心理学是消费经济学的组成部分。研究消费心理，对于消费者，可提高消费效益；对于经营者，可提高经营效益。

本书适应"十三五"高等教育教学改革发展需要，借鉴和吸收了应用型本科课程建设成果，按照"项目—任务"的编写模式，在广泛调研了相关工作岗位后，结合经济管理专业学生特点，进行课程内容和实训科目的设计，力求反映应用型本科课程和教学内容体系的改革方向，突出了应用性和实践性的原则。

该教材在编写过程中，注重借鉴国内外科教同行的最新科研成果和实践经验，具有一定的探索性和前瞻性，使学生能够较好地适应专业的实践需要。

与同类教材相比，本书有如下特点：

1. 突出地表现了知识性与趣味性、系统性与生动性的结合，实现了教材内容和编写形式的创新。

全书共10个项目，分解为37个任务，每个项目以"引导案例"引入需要学生掌握的任务，通过各个任务达标完成项目。每个项目中有"知识链接"、"小资料"等环节，项目结束后设置了"同步练习"，以助学生达标。

2. 内容更丰富，资料更新、更翔实，更符合应用型本科的教学要求。

本书有机融合了社会心理学、西方经济学、市场营销学、广告学等相关学科内容，既包括了消费心理学探讨的常规内容，如消费者的心理活动过程、消费者的个性心理、消费需要与购买动机、消费群体与消费心理、影响消费者心理因素分析，还增加了主要消费品市场消费心理分析、营销服务与消费心理、当代社会消费心理分析与绿色消费心理分析。案例资料尽可能选用近三年的资料，更符合时代要求。

3. 课程体系设计新颖。

本书结合消费心理学特点与教学实际，体例设计更加合理。

本书总体设计、主体框架和编写大纲由郑州工程技术学院高博担任主编并执笔。郑州大学西亚斯国际学院黄海燕、李学锋、巩从杰担任副主编。

参与本书编写的作者均为高等院校具有丰富教学经验和科研能力的老师。具体编写分工如下：高博负责编写项目一、项目二和项目三；黄海燕负责编写项目六、项目七和项目九的任务二；李学锋负责编写项目四、项目五和项目九的任务一；巩从杰负责编写项目八、项目九的任务三和项目十。

本书的编写参考、借鉴了部分国内外同行的资料、文献，在此谨向资料、文献的作者们表示由衷的感谢！

由于编者水平有限，书中难免有不当和错误之处，恳请广大专家、读者批评指正，并对本书提供宝贵的修改意见。

编　者

2017 年 4 月于郑州

目 录

项目一 消费心理学绪论 1
  任务一 消费心理学的研究对象及主要内容 2
  任务二 消费心理学的研究原则与基本方法 5
  项目小结 10
  同步练习 11

项目二 消费者的心理活动过程 13
  任务一 消费者的认知过程 14
  任务二 消费者的情感过程 31
  任务三 消费者的意志过程 36
  项目小结 40
  同步练习 40

项目三 消费者的个性心理特征 42
  任务一 消费者个性概述 43
  任务二 消费者的气质 46
  任务三 消费者的性格 50
  任务四 消费者的能力 56
  任务五 消费者的兴趣 61
  项目小结 64
  同步练习 64

项目四 消费需要与购买动机 65
  任务一 消费需要的概念与特征 66
  任务二 消费需要的形态、分类与层次 69
  任务三 动机理论与消费者购买动机 72
  项目小结 82
  同步练习 83

项目五　消费群体与消费心理 84
- 任务一　消费群体与一般群体概述 84
- 任务二　主要消费群体心理特点分析 89
- 任务三　家庭消费群体心理特点分析 96
- 任务四　消费者群体规范 99
- 项目小结 102
- 同步练习 102

项目六　影响消费者心理的因素 104
- 任务一　经济环境与消费心理 104
- 任务二　社会文化与消费心理 109
- 任务三　流行时尚与消费心理 114
- 任务四　商品价格、品牌、包装与消费心理 119
- 项目小结 129
- 同步练习 130

项目七　主要消费品市场的消费心理分析 131
- 任务一　餐饮市场的消费心理分析 132
- 任务二　服装市场的消费心理分析 135
- 任务三　住宅市场的消费心理分析 142
- 任务四　家庭用品市场的消费心理分析 151
- 任务五　服务市场的消费心理分析 156
- 项目小结 162
- 同步练习 163

项目八　营销服务与消费心理 164
- 任务一　营销服务概述 165
- 任务二　营销服务过程的心理分析 167
- 任务三　营销人员基本心理素质分析 175
- 任务四　营销人员接待顾客的技巧 178
- 项目小结 182
- 同步练习 182

项目九　当代社会消费心理与行为 185
- 任务一　我国居民消费心理与行为的变化趋势 186
- 任务二　当前我国居民消费的差异 192
- 任务三　提倡健康节约的绿色消费 194
- 项目小结 199
- 同步练习 199

项目十 绿色消费与消费心理 201
　　任务一　绿色消费概述 202
　　任务二　绿色消费者的心理特征 205
　　任务三　绿色产品的开发和消费 211
　　任务四　促进绿色消费的心理策略 214
　　项目小结 219
　　同步练习 220
参考文献 222

项目一 消费心理学绪论

学习目标
- 掌握消费心理学的研究对象与主要内容
- 掌握必要的消费心理分析方法

引导案例：7-ELEVEn 便利店

不想受到重视，也不想被忽略，正是现在顾客的心理，回音式的问候方式较能适应这种心理，无论谁先开口问候客人，其他店员必须一起跟进。一家 7-ELEVEn 的冷藏柜原本隔成 7 层，摆放杯型甜点及手工点心等食品。当店方将货架从 7 层改为 6 层，业绩立即出现增长。减少一个陈列层，陈列空间虽然变少，但是业绩反而上升。这是因为顾客可以把商品看得很清楚，选购时不会有压迫感。从这一个简单的处理过程来看，7-ELEVEn 对顾客的消费心态把握得十分到位，懂得从顾客的角度出发，用顾客的眼光进行营销。

7-ELEVEn 不仅能持续分析消费者的心理，还能更加深入地进行分析，然后根据分析的结果，即时生产商品，并建构流通系统，确保商品制造完成时的鲜度及美味，以便即时上架销售。此外，为了使这项系统的运作更加深入、精密、迅速，常常不惜毁弃刚完成的系统，再予以重新建构。7-ELEVEn 身为便利商店，架上绝对不会摆放顾客不需要的商品，即使有些商品已经开始销售，一旦不符合顾客的需求，也会立刻中止销售。7-ELEVEn 一方面满足顾客的需求，另一方面提供便利这个附加价值。

即使都在都市圈内，其商品构成也不一样。因为每个地点的消费层不同。例如，在日本东京办公商圈附近，便当、御饭团、三明治等商品必须备齐。一般来说，由于该地区的女性顾客较多，所以每份便当的分量不能太多。此外，由于顾客大多集中在午休时段前来购买，所以这个时段的供应量必须充足。而车站附近则以通勤的上班族、上学的学生消费者居多，因此货架上必须摆放大量年轻人喜爱的商品。例如，进货的面包种类比办公商圈多样化，或增加零食、甜点、饮料等商品。

7-ELEVEn 从很早以前便设定了食用期限。而且从生产完成到丢弃的时间，相对于其他便利商店也比较短。一般便利商店的御饭团的食用期限大约是26小时或30小时，7-ELEVEn则是24小时，并且也实现了如现烤面包刚出炉便立刻进货销售的体制。而米饭类商品，采取每天进货三次的流程。此外，各家门市都会以海报标示三次进货的时间。

7-ELEVEn发展至今，店铺遍布美国、日本、中国、新加坡、马来西亚、菲律宾等国家。

那么，什么是消费心理？研究消费心理有何作用？此案例中7-ELEVEn便利店的做法是否考虑到了消费心理？本项目将就这些问题做出清晰的回答。

任务一　消费心理学的研究对象及主要内容

一、消费心理学

消费心理学（Consumer Psychology），又称消费者心理学，是心理学的一个重要分支，它主要研究消费者在消费活动中的心理现象和行为规律，是心理学在市场营销活动中的运用。消费心理学是一门新兴学科，它的目的是研究人们在生活消费过程中，在日常购买行为中的心理活动规律及个性心理特征。消费心理学是一门交叉学科，是市场营销学、消费经济学的组成部分。研究消费心理，对于消费者，可提高消费效益；对于经营者，可提高经营效益；对于一个国家的宏观经济和社会的健康稳定发展，有着重要的意义。在全球经济一体化的今天，研究消费者心理和行为是我国产品与服务提升竞争能力、走向世界的重要前提。

二、消费心理学的研究对象

消费心理学以市场活动中消费者购买心理的产生、发展及其规律作为研究对象。

（一）基本概念

1. 消费

人们的生活离不开消费，消费既包括生产性消费，也包括生活消费，消费心理学主要研究生活消费。生活消费是指人类为了自身生存与发展，消耗一定的生活资料和服务，以满足自身生理和精神需要的过程。所谓吃、穿、住、用、行、看病、娱乐等都属于生活消费。

人的消费具有三个特点：①消费行为是在一定的社会关系，特别是社会经济关系的制约下进行的，它必然反映和体现出一定的社会经济关系的本质特征，并受社会经济关系制约；②消费行为具有主动性，不仅依赖自然产品，更主要的是对自己生产的劳动产品的消耗；③人的消费水平不会永远停留在一个水平上，而是要随着社会生产的发展而变化，消费内容不断丰富，消费水平不断提高。总之，消费是指人们在一定的社会关系中，并借助这种社会关系对物质的、精神的、服务的财富进行消耗，进而满足自身各种需要的行为和过程。

2. 消费者

从一般意义上讲，消费者是指购买商品或服务的个人。进一步分析，消费者可以包括商品或者服务的需求者、购买者和使用者三种消费角色，各种角色在商品消费过程中所关心的价值是不同的，如表1-1所示。

表1-1 三种消费者所关心的消费者价值

消费价值		消费角色 需求者	购买者	使用者
消费者关心的一般价值		服务价值	价格价值	性能价值
消费者关心的个人价值	群体性的个人价值	方便性价值	信用价值	社会价值
	个性化的个人价值	个性化价值	融资价值	情感价值

需求者、购买者和使用者可以是同一个人，也可以是不同的人；可以是个人也可以是一个企业。比如，大多数人为满足自己的需求而购买并使用商品，这时个人就具备了消费者的三种角色；父母为使子女受到良好教育而出高价选择学校，这时父母是购买者，子女是需求者和使用者；老板为企业员工上下班而购买车辆，企业员工是班车的需求者，企业司机是车辆的使用者，而老板只是购买者。

3. 消费心理

"心理"一般是指"所思所想"，是人的一种内心活动。消费心理则特指人作为消费者时的所思所想。人类的一切正常行为均由心理活动支配，消费心理是消费行为的基础。消费心理学作为系统地研究消费者行为的科学，必然将消费心理作为其研究对象。

4. 消费行为

"行为"一般是指"所作所为"，是人的一种外在活动。消费行为是指消费者从产生需要开始，进而从市场上获得商品和服务，并进行消费的过程。

在消费过程中，通过人的消费行为活动才能把商品或服务从市场转移到消费者手里，所以消费行为比消费心理更具有现实性。消费者的心理活动只有作用于消费行为，才能实现商品或服务的交换与流通，才能使经营者的活动获得经济效益。

任何一种消费活动，都是既包含了消费者的心理活动，又包含了消费者的消费行为。消费心理学研究消费行为，不仅要注重研究消费者的具体活动，更要注重研究消费者的内心活动。准确把握消费者的心理活动，是准确理解消费行为的前提。经营者只有针对消费心理采取营销对策，使消费者产生消费欲望，才能取得最好的营销效果。

5．购买行为

消费者在一定的购物环境里所表现的消费行为即购买行为。消费行为是一个过程，其中购买行为是消费行为的重要环节。消费心理学研究购买行为的目的是考察消费者与经营者之间的相互影响。经营者如果能够在消费行为的购买环节加强与购买者的沟通，并且为购买者创造良好的购物环境和条件，往往会对消费心理和消费行为产生很大的影响。

（二）消费心理学研究的主要对象

消费心理学以市场活动中消费者心理现象的产生、发展及其规律作为学科的研究对象，其主要内容有以下几个方面。

1．市场营销活动中的消费心理现象

在市场营销活动中，经营者总是力图通过各种措施促使消费者产生购买欲望，并且使购买行为向有利于扩大销售的方向转化，而作为消费心理表象的消费行为却不一定与经营者的意愿相符。比如，经营者降低商品价格的本意是刺激消费者增加购买，但是有些消费者却把降价看成商品不再流行或不再适用的标志。因此，要想提高营销效果，经营者在开展市场营销活动时，必须首先了解消费者特有的心理，以便能够选择适当的营销策略。

根据市场营销的需要，消费心理学把市场营销活动中消费者的心理现象作为研究的重点之一，试图揭示其中的消费心理活动特征和消费活动规律。

2．消费者购买行为中的心理现象

消费者的购买行为及其心理现象必然会受到买卖行为主体之间关系的影响。买卖活动中的行为主体不仅有消费者，而且有销售人员和服务人员。这两类行为主体的利益和动机不同，由此可能在购买行为中产生心理活动冲突。消费者在市场上以购买者的身份出现，他们以货币购买商品或服务，要求自身的消费权益得到保护，要求消费需求得到满足；而销售者或服务者一方面代表企业从事销售活动，有义务在为消费者服务的同时维护企业的利益，另一方面作为个体，他们同样具有个性心理特征，其销售或服务风格也有所差异。因此，当买卖双方在交易形式、交易条件、交易内容上出现意愿差异以后，就会导致心理冲突。心理冲突处理不当，有可能引起行为冲突，结果既不利于满足消费者的需求，也不利于经营者实现预期目标。

3．消费心理活动的一般规律

在市场上，通过消费者的市场行为表现出来的消费心理现象，一般是消费者群体中的个体心理，往往带有消费者的个性心理特征。然而，大多数经营者都不可能在所有的营销环节，针对所有的消费者的个性心理一一采取对策。经营者需要把握的是一定的消费者群体在一定的环境和条件下的一般心理规律。因此，消费心理学就要通过分析伴随消费行为产生的感觉、知觉、记忆、想象、思维、情感、意志等心理活动过

程,进一步探索消费心理活动的一般规律,即同一消费群体内消费心理现象的共同性、不同消费群体之间心理现象的差异性。

三、消费心理学的研究内容

本书从影响消费者心理的内外两方面入手,研究消费者的心理现象和营销活动中的消费心理问题,并由此形成了总体框架结构,全书由 10 个项目构成,如图 1-1 所示。项目一是消费心理学绪论;项目二、三、四是影响消费心理的内部因素,项目五、六、七、八是影响消费心理的外部因素,项目九、十是新经济现象与态势对消费者购买心理的影响。

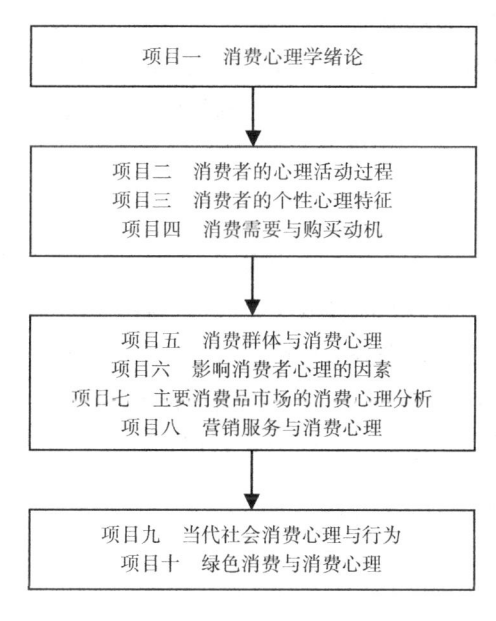

```
┌─────────────────────────────┐
│   项目一   消费心理学绪论        │
└─────────────────────────────┘
              │
┌─────────────────────────────┐
│   项目二   消费者的心理活动过程    │
│   项目三   消费者的个性心理特征    │
│   项目四   消费需要与购买动机      │
└─────────────────────────────┘
              │
┌─────────────────────────────┐
│   项目五   消费群体与消费心理       │
│   项目六   影响消费者心理的因素     │
│   项目七   主要消费品市场的消费心理分析 │
│   项目八   营销服务与消费心理       │
└─────────────────────────────┘
              │
┌─────────────────────────────┐
│   项目九   当代社会消费心理与行为    │
│   项目十   绿色消费与消费心理       │
└─────────────────────────────┘
```

图 1-1 全书框架

任务二　消费心理学的研究原则与基本方法

一、消费心理学的研究原则

(一)理论联系实际的原则

消费心理学既是一门理论科学,也是一门应用科学。它离不开心理学和经济学的理论基础,也离不开市场营销与消费实践活动。因此,消费心理学的研究首先应当遵循理论联系实际的原则,既要对消费心理和行为进行理论分析,又要注重运用理论来说明和解决实际问题。例如,对消费者的态度进行分析,一方面应该深入探讨态度的形成过程以及态度与行为的关系;另一方面应该明确影响消费者态度的因素,以便能够促使消费者态度向有利于购买的方向转化,解决市场营销中的实际问题。

（二）客观性原则

消费者心理是客观事物的反映，一切心理活动都由外部刺激所引起，并通过社会实践活动表现出来。因此，研究消费者的心理活动，必须以他们在消费活动中可以被人们观察到的表现作为研究资料，客观地分析在一定的经济条件制约下的心理现象，揭示其发生、发展的规律。例如，要揭示消费者在购买过程中的心理活动规律，就要通过对消费者在购买现场中各种表现的分析来完成。不掌握消费者购买现场的情况，单靠主观推断来描述消费者的购买心理是毫无意义的。

（三）全面性原则

市场营销活动是社会实践活动的一部分，参与市场活动的社会成员和机构多而复杂，影响消费者购买行为的因素也有很多。因此，研究消费心理的行为必须把握全面性的原则，不能就现象谈现象，就一个领域的问题谈一个领域的问题，而必须从系统的角度进行分析。

（四）发展性原则

世间万物都是在运动变化着的，作为客观事物的反映，人的心理活动也必然有所变化和发展。用发展的眼光预测市场变化，看待消费心理活动，对于经营者指定市场营销战略和选择营销策略都是十分重要的。因此，研究消费心理和行为，应当遵循发展性的原则，探寻消费心理的变化规律，推断各种条件改变后心理变化的可能性，并针对变化采取相应的措施，这样才能使消费心理学的研究有应用价值。

二、消费心理学的研究方法

（一）观察法

1. 观察法的含义

观察法是指调查者在自然条件下有目的、有计划地观察消费者的语言、行为、表情等，分析其内在的原因，进而发现消费心理现象发展规律的研究方法。消费者在购买活动中的各种行为表现都是受其心理活动支配的，通过对消费者在购买活动中的语言、表情、动作等形态进行观察分析，可以了解支配他们行为的心理。

2. 观察法的适用范围

观察法在研究广告、商标、包装、橱窗和柜台设计的效果，商品价格对购买的影响，新产品对消费者的吸引力，以及企业的营销状况对消费者的影响等方面应用较多。例如，为了了解橱窗设计的效果，调查者可以在布置好的橱窗前观察行人注意橱窗或停下来观看橱窗的人数、停留的时间，以及观看橱窗的人数在过路行人中所占的比例；调查者还可以重新设计和布置橱窗，然后再观察统计观看人数占过路行人的比例和停留时间，以此来比较两种设计效果的优劣。

3．观察法的应用分析

观察法是在消费者并不知晓的环境下进行的观察。由于消费者没有心理负担，因此心理表露得比较自然，通过观察所获得的资料也就比较真实、可靠。此外，观察法在操作上比较简便，花费也比较少，所以无论是大型企业还是小型店铺都可以采用。

（二）访谈法

1．访谈法的含义

访谈法是指调查者通过与受访者的交谈，以口头信息传递和沟通的方式来了解消费者的动机、态度、个性和价值观念等内容的一种研究方法。

按交谈过程结构模式的差异划分，访谈法可以分为结构式访谈和无结构式访谈两种形式；按调查者与访谈对象的接触方式划分，访谈法可以分为个人访问和小组座谈两种形式。

（1）结构式访谈。结构式访谈是指调查者根据预定目标事先拟定谈话提纲，访谈时按已拟定的提纲向受访者提出问题，受访者逐一予以回答的一种研究方法。

（2）无结构式访谈。无结构式访谈是指调查者与受访者双方以自由交谈的形式进行的调查。

（3）个人访问。个人访问是指由调查者对单个受访者进行的访问，可以采取结构式访谈，询问一些预订的问题，也可以采取无结构式自由访谈的形式。

（4）小组座谈。小组座谈是指由调查人员以召开座谈会的方式向一组消费者进行的访谈。

2．访谈法的应用分析

无论调查者采用哪一种方式对消费者进行访谈都应当注意应用访谈艺术。

（1）明确访谈目标。调查者应该根据已定的调查目的、调查要求和受访者的特点，事先明确访谈的内容和范围，并在访谈过程中紧紧围绕访谈的目的进行。

（2）讲究访谈方式。不同的受访者具有不同的社会背景和心理特征，调查者要尽量采取不同的方式，或漫谈，或提问，或商讨，以便受访者在轻松愉快的气氛中表达真实意见。

（3）争取受访者的信任。调查者求得受访者信任的关键是以恰当的方式接近受访者，并且要有诚恳的态度。

（4）直截了当，言简意赅。除了为求得受访者的信任而在初次见面时就将自己的真实意图告诉对方以外，在访谈中调查者应该把受访者的注意力吸引到谈话的目标和内容上来，提问要语言简洁，尽量争取以少费时间获取有效信息。

（三）问卷法

1. 问卷法的含义

问卷法是指以请被调查者书面回答问题的方式进行调查，也可以变通为根据预先编制的调查表请消费者口头回答、由调查者记录的方式。问卷法与结构式访谈法有相似之处，只是更重视发挥书面调查表的作用。这种方法适用于了解消费者的消费动机、消费态度和消费观念等。问卷法是消费心理和行为研究中最常用的方法之一。

调查表的基本形式有两种：一种是封闭式的，如表1-2所示；另一种是开放式的，如表1-3所示。

封闭式的调查表是指让被调查者从所列出的答案中进行选择，类似学生测验中的是非题、选择题的形式。

开放式的调查表是指让被调查者根据调查表所列问题任意填写答案，不作限制，问卷上只有测试的问题，类似考试题中的填空题、简答题和发挥题。

调查表既可通过当场直接发放、让消费者填写后收回，也可将问卷通过邮寄、广告征询等方式送达消费者，待被调查者填写后寄回。后一种形式回收率较前者低，因此可能影响调查结果的精确度和调查工作的进度。

2. 调查表的设计和制作

调查表的设计是影响问卷调查效果的重要因素，在设计中应该注意以下问题。

（1）目的明确。有明确的问卷调查目的，才能确定调查表的内容和项目。调查表中所列的题目应该起到将调查目的清楚无误地告诉被调查者的作用，以求得消费者的理解与合作。

（2）题目清楚。调查表中不能含混不清或可作多种解释。设计调查表时要考虑被调查者的个性心理特征，回避其所在文化背景下的禁忌，避免运用伤害被调查者感情的词句。

表1-2　2018年浙江省大学生消费调查表

同学，您好！非常感谢您在百忙之中填写这份问卷，我们调查的目的是了解目前大学生在金钱观、消费观、消费与闲暇方式、理财素质等方面的现状，以便能为研究大学生时尚消费提供更多依据。本问卷中各项答案无所谓好坏对错，且问卷所得结果不作个别呈现，对外绝对保密，所以请您依据自己的看法，放心填写。填写说明：您认为下列的问题哪一项最合适，请选择相应选项。

1. 您对您的消费有记录吗？（　　）
   A. 有　　　　　　　　B. 没有　　　　　　　C. 有，但断断续续
2. 您有攒钱的习惯吗？（　　）
   A. 正在攒钱　　　　　　　　　　　B. 现在没有攒钱，准备攒
   C. 以前攒过，现在不攒了　　　　　D. 从来没有攒过钱
   E. 没有钱可攒

续表

3. 最近一次，您过生日时，自己所花的钱大约是多少？（　　）
   A. 没有花钱　　　　　B. 100~200元　　　　C. 200~300元
   D. 300~400元　　　　E. 400~500元　　　　F. 500元以上
4. "只要我喜欢，价格再贵的东西我都会想办法买下来"这一观点，您怎么看？（　　）
   A. 完全同意　　　　　B. 同意　　　　　　　C. 比较同意
   D. 比较不同意　　　　E. 不同意　　　　　　F. 非常不同意
5. "人靠衣装"这句话有多大程度的合理性？（　　）
   A. 非常合理　　　　　B. 合理　　　　　　　C. 比较合理
   D. 不太合理　　　　　E. 不合理　　　　　　F. 极不合理
6. 一般情况下，您的零花钱主要用在哪些方面？（　　）
   A. 运动服装及鞋子　　B. 课外书报　　　　　C. 学习辅助书籍
   D. 音乐磁带及电脑软件　E. 零食及饮料　　　　F. 社会交往

（资料来源：2018年浙江省消费者权益保护委员会"在杭大学生消费情况"问卷调查报告）

表1-3　吉利汽车调查问卷

1. 随着吉利汽车三大品牌（帝豪、全球鹰、英伦）的发布和入市，您对这三个品牌有着怎样的印象？能否用三个形容词分别描述一下？＿＿＿＿＿＿＿＿＿＿
（举例：经典、高端、成熟、稳重、尊崇、科技、品质、时尚、运动、英国品位、活力、卓越、突破、精彩、底蕴、幸福、快乐、渠道覆盖广、服务好、营销力度大、保守、内敛、产品老化、缺乏创新、影响力减弱、营销方式单一）

2. 如果把这三个品牌分别比喻成一个人物形象，在您脑海中会浮现出什么样的形象？
＿＿＿＿＿＿＿＿＿＿＿＿＿＿＿＿＿＿＿＿＿＿＿＿＿＿＿＿＿＿＿＿＿＿＿＿＿
（举例：律师、老板、公务员、家庭、白领、工薪族、医生、学者、学生……）

3. 您参加的这三大品牌的过往公关活动中，哪些印象比较深刻？印象深刻的原因有哪些？（最好三个品牌都能回答。提示：帝豪EC8上市，五星安全碰撞等）
＿＿＿＿＿＿＿＿＿＿＿＿＿＿＿＿＿＿＿＿＿＿＿＿＿＿＿＿＿＿＿＿＿＿＿＿＿

4. 面对竞争激烈的中国车市，这三大品牌尚属新兴品牌，机遇与挑战并存，如何又快又好地发展，是非常难的一个营销课题。在这方面，您有什么建议？能否就三个品牌分别提出一些针对性的推广建议？
＿＿＿＿＿＿＿＿＿＿＿＿＿＿＿＿＿＿＿＿＿＿＿＿＿＿＿＿＿＿＿＿＿＿＿＿＿

5. 关于三个品牌旗下产品：您对帝豪、全球鹰、英伦品牌旗下的哪款车型比较感兴趣？您认为它的主要竞争对手是谁？更重要的是，应该采取怎样的营销策略来赢得市场？对其推广有什么好建议？（三个品牌分别说出感兴趣的车型）
＿＿＿＿＿＿＿＿＿＿＿＿＿＿＿＿＿＿＿＿＿＿＿＿＿＿＿＿＿＿＿＿＿＿＿＿＿

（3）提前进行调查实验。调查表设计好之后应该进行预备性的调查实验，以检查问卷的质量，减少误差。

（4）要求与注意事项。调查表设计时应注明填写调查表的要求和注意事项、奖励办法等。

（四）综合调查法

综合调查法是指在市场营销活动中采取多种手段取得有关材料，从而间接地了解消费者的心理状态、活动特点和一般规律的调查方法。综合调查法可以采用的手段有多种。例如，邀请各种类型的消费者进行座谈，举办新产品展销会，进行产品商标广告的设计征集，设置征询意见箱，在销售产品时附带消费者信息征询卡，特邀消费者对产品进行点评，通过经营服务或优秀营业员总结经验，获得材料等。

（五）实验法

实验法是一种有严格控制的研究方法，是有目的、有方向、严格控制或创设一定的条件，来引起某种心理和行为的出现或变化，从而进行规律性探讨的研究方法。实验法根据实验场所的不同又分为实验室实验和现场实验两种。

实验室实验是在专门的实验室内进行的，可以借助各种仪器设备以取得精确的数据，这种方法具有控制条件严密、操作程序固定、可以反复进行实验的特点，但同时也有较大的人为因素，所得结果与实际生活存在一定的距离。

现场实验是在实际消费活动中进行的。它是把情景条件的适当控制与正常的市场活动有机结合起来，因而具有较强的现实意义。

【章首案例分析】

7-ELEVEn超市的做法，如货架的摆放、及时生产食品等都考虑了顾客的心理与实际需求。从市场营销的角度分析，7-ELEVEn不仅提高了销售水平，而且赢得了顾客的一致好评，因为它从消费者的角度出发，完全迎合了消费者的各种需求。从这个案例中，我们可以发现：消费心理学主要分析消费者的心理规律，是普通心理学在市场营销中的运用。

研究消费者心理，有助于国家提高宏观经济决策水平，促进国民经济协调发展；有助于企业制定营销决策，提高市场营销活动的效果；有助于消费者提高自身素质，科学地进行个人消费决策，实现文明消费、理性消费。

项目小结

消费心理学是市场营销学科中的一门应用型学科。它是从市场营销管理科学中细分出来的,又与心理学相互渗透、相互融合,从而形成的一门独立的学科。它是专门研究消费者在市场营销活动和日常生活中心理现象的产生、发展与变化规律的学科。对消费心理学进行研究,应该首先对消费、消费者、消费心理、消费行为等概念有基本的认识和正确的理解。

消费心理学的主要内容包括:市场营销活动中消费者各种特有的心理现象、消费者在购买行为中发生的心理现象、消费者心理活动的一般规律。消费心理学的研究内容包括影响消费者行为的内在条件与影响消费者心理及行为的外部条件两个方面。

消费心理学的研究方法主要有五种:观察法、访谈法、问卷法、综合调查法、实验法。研究消费心理学,对于提高国家宏观经济决策水平,提高消费者自身素质,从而科学、理性地消费,均具有重要的理论价值和现实意义。

同步练习

【名词解释】

1. 消费　　2. 消费者　　3. 消费心理　　4. 消费行为

【案例分析】

如何看待当前某些"高消费现象"

虽说有钱人花钱大方、出手阔绰是意料中事,但有些人一掷千金的"壮举"还是很令人惊讶的。

广东增城盛产荔枝,其中极品出自名为"西园桂绿"的百年古树,此树每年仅结果数十颗,甚为稀罕。于是便有人献策为这些"珍果"举行专场拍卖会。结果在2011年的拍卖会上,10颗荔枝换得131.5万元,其中"珍果"一号拍得55.5万元的高价。

2011年北京车展,初次亮相的宾利超豪华特长轿车售价高达888万元,但仍有不少求购者,连展车也贴上"已售"标签。上海紫园1号别墅的价格也令人咋舌,以1.3亿元的天价创下中国大陆单栋别墅最高单价。

荔枝不过是普通的水果,古树上结出的几颗珍果是稀奇之物,有人愿意花高价一饱口福无可厚非。同样,汽车、房子,一为代步工具,另一为栖身之所,豪华轿车和富丽居所能给人带来顶级的享受,有人愿意出巨款购入以提高生活质量,也在情理之中。不过价钱高得离谱,却值得深思。

问题:1. 如何看待高消费?
　　　2. 作为营销人员,如何正确地引导消费者的消费行为?

【技能训练】

测试：一个人正在他喜欢的百货商店选购一套职业服装，他花了 45 分钟试穿了几套衣服，终于选中一套喜欢的。正当他到收银台准备结账时，售货员对他说："先生，我们还有质量更好的衣服，价格和这套一样，你想看看吗？"这位顾客会有什么反应？为什么？

项目二　消费者的心理活动过程

学习目标
- 掌握感觉、知觉、记忆、思维的概念及对消费者心理的影响
- 了解注意、想象的概念，掌握影响消费者注意的因素
- 掌握情绪、情感的概念及影响消费者的情绪、情感的因素
- 掌握消费者意志过程的内涵，理解意志过程对消费行为的作用

引导案例："佳佳"和"乖乖"的不同命运

"佳佳"和"乖乖"是香脆小点心的品牌，曾经相继风靡于20世纪70年代的中国台湾市场，并掀起过一阵流行热潮，致使同类食品蜂拥而上。然而时至今日，率先上市的"佳佳"在轰动一时之后销声匿迹了，而竞争对手"乖乖"却经久不衰。为什么会出现两种截然不同的命运呢？

经考查，"佳佳"上市前作过周密的准备，并以巨额的广告申明：销售对象是青少年，尤其是恋爱男女，还包括失恋者——广告中有一句话是"失恋的人爱吃'佳佳'"。显然，"佳佳"把希望寄托在"情人的嘴巴"上。而且"佳佳"做成的是咖喱味，并采用了大盒包装。"乖乖"则是以儿童为销售目标，以甜味与咖喱味抗衡，用廉价的小包装上市，去吸引敏感而又冲动的孩子们的小嘴，让他们在举手之间吃完，嘴里留下余香。这就促使疼爱孩子们的家长重复购买。为了刺激消费者，"乖乖"的广告直截了当地说"吃"，"吃得个个笑逐颜开"。可见，"佳佳"和"乖乖"有不同的消费对象、不同大小的包装、不同的口味风格和不同的广告宣传。正是这几个不同，也最终决定了两个竞争者的不同命运。"乖乖"征服了"佳佳"，"佳佳"昙花一现。同是香脆小点心的品牌，为什么会有截然不同的命运？本项目将就这些问题做出清晰的回答。

消费心理研究指出，在购买活动中不同消费者的不同心理现象，无论是简单的还是复杂的，都有消费者对商品的认识过程、情感过程和意志过程这三个既相互区别又相互联系、相互促进的心理活动过程。

任务一　消费者的认知过程

一、消费者的感觉

（一）感觉的概念

感觉是指人脑对直接作用于一种感觉器官的外界事物的个别属性的反映，消费者的感觉是指商品的个别属性作用于消费者不同的感觉器官而产生的主观印象。消费者对商品的认识过程离不开五官的感觉，商品正是通过消费者的感觉器官产生了视觉、听觉、嗅觉、触觉，形成对这种特定商品的个别属性的反映，引起消费者的感觉。

（二）感觉的一般规律

1. 适宜刺激

所谓适宜刺激是指对特定感觉器官的特定性质的刺激，每种感觉器官只能反映特定性质的刺激，如听觉要通过耳朵而不能通过鼻子进行，视觉要通过眼睛而不能用嘴进行。

2. 感受性

所谓感受性是指感觉器官对刺激强度及其变化的感受能力。它说明引起感觉不仅要有适宜的刺激，还要有一定的强度要求。心理学用感觉阈限来衡量感受性。人的每一种感觉器官都只能在一定限度内起作用，而且刺激只有达到一定的强度和范围时，才能产生感觉。人们把能引起感觉持续一定时间的刺激量称为感觉阈限。譬如，消费者对商品的价格最为敏感，有时企业为了推销商品，往往降价出售，并标明原价和现价。降价的幅度对消费者而言是个刺激信号，此时要考虑到消费者的感觉阈限。

3. 适应性

所谓适应性是指由于外界刺激持续作用于人体感受器官而使其发生感受性变化的现象。适应引起感受性的降低，这对增强刺激效应、不断激发消费者的购买欲望是不利的。要使消费者保持对刺激物较强的感受性，可以通过调整刺激物的作用时间或经常变换刺激物的表现形式来达到目的。例如，采用间隔时间播放同一内容的广告；不断变换商品的包装、款式和色调。

4. 感觉的相互作用

各种感觉的感受性在一定条件下会出现此长彼消的现象。在微弱的声响环境中能提高人们辨别颜色的感受性，反之，声响过大，对颜色的分辨感受性会降低；人的听觉在黑暗中会得到加强，在光亮中会减弱。这些现象说明，对人的某一器官的刺激加强了，其他器官的感受性就会相应减弱，反过来，对某一器官的刺激减弱，其他器官的感受性就会加强。

知识链接：盲人的"面部视觉"

一直以来，人们都知道盲人能察觉出障碍物的存在而避免碰到它。当一位盲人走向墙壁时，能在撞到墙壁之前就停下来，这时盲人会说，他感觉到面前有一堵墙，他可能还会说，这种感觉是建立在一种触觉的基础上，即他的脸感受到了某种震动。因此，人们把盲人的这种对障碍物的感觉称为"面部视觉"。但是盲人真的是靠"面部"来避开这些障碍物的吗？

1944年，美国康奈尔大学的达伦巴哈及其同事对盲人的"面部视觉"开展了一系列的实验验证工作。实验人员用面罩和帽子盖住被试盲人的头部，只露出被试者的耳朵，这时盲人被试者仍能在碰到墙壁前停止脚步。然后，研究人员摘掉盲人的面罩和帽子而只把其耳朵堵起来，在这种实验条件下，盲人被试者一个一个地撞到了墙上。由此可见，"面部视觉"的解释是错误的，盲人是靠听觉线索避开障碍物的。

（资料来源：田雨主编，消费心理学，首都经济贸易大学出版社，2008）

（三）感觉在营销活动中的运用

1. 对消费者发出的刺激信号要适应人的感觉阈限

不同的客体刺激对人所引起的感觉不相同，相同的客体刺激对不同的人引起的感觉也不相同。所以工商企业在做广告、调整价格和介绍商品时，向消费者发出的刺激信号强度应当适应他们的感觉阈限。如果信号强度过弱，不足以引起消费者的感觉，就达不到引发其购买欲望的目的；如果刺激信号过强又会使消费者承受不了而走向反面。例如，对于食品，就要注意色、香、味、形，使其对消费者的感官产生较强刺激，诱发其食欲，以此来促进销售。

2. 要善于引起消费者的良好感觉，使消费者对商品产生良好的第一印象

感觉是消费者认识商品的起点，是一切复杂心理活动的基础，消费者只有在感觉的基础上才能获得对商品的全面认识。在市场营销中，消费者对商品的第一印象是十分重要的。消费者首先相信的是自己对商品的感觉，正因为如此，有经验的厂商在设计、宣传自己所生产或经营的产品时，总是千方百计地突出自己的商品与众不同的特点。因为这样会使消费者对商品有初步印象，而第一印象的好与坏、深刻与否，往往决定着消费者是否会去购买某种商品。

3. 感觉是引起消费者某种情绪的通道

消费者普遍具有一种先验心理。所谓先验心理是指由于人的直接感觉而产生的连锁心理反应。客观环境给予消费者感觉上的差别，会引起他们不同的情感感受。工商企业营业环境的布置、商品陈列、颜色搭配、灯光与自然光的采用、营业员的仪容仪

表，都能给消费者以不同的感觉，从而对消费者的购物行为产生影响。国外还有人利用感觉的作用创造出了"气味推销法"。伦敦的一家超级市场，在店内释放一种人造草莓气味，气味把顾客吸引到食品部，引起顾客竞相购买，结果连橱窗里的草莓样品也被抢购一空。

4．运用感觉引导消费流行，制造流行趋势

日本的专家经过系统地观察，得出这样一个结论："二战"后40多年来，消费者的感觉而制造的流行趋势决定了世界消费市场的变化。这些专家指出，目前无论在欧美、日本等发达国家还是发展中国家的消费市场上，消费风潮顺序的形成大体是先由听觉、视觉引起的，接着是触觉、味觉，最后才是嗅觉。

5．营销人员的职业对感觉的要求

从事任何职业对主体感觉器官的发达程度都有一定要求，如飞行员、特工人员的职业要求他们感觉要灵敏、承受能力要强。一般来说，作为优秀的营销员，要求他们的感觉器官的灵敏度有一定的范围，最佳感觉阈限是高度的上限阈限和中等的下限阈限。如果营业员感受性过高，容易伤感或激动，对推销服务工作无益。同时要求营销人员有一定的心理承受能力，在与难对付的客户打交道时保持"平常心"，以顽强的毅力达成交易。

二、消费者的知觉

（一）知觉的概念

知觉是指人脑对直接作用于人的感官的客观事物的整体属性的反映。它是在感觉的基础上，把感觉的材料加以综合整理，从而形成对事物的完整映像和观念。知觉不是感觉在数量上的简单相加，而是建立在个别属性内在联系基础上的对事物的完整映像。

例如，有某一物体，人用眼睛看，发现它是有一定大小的圆形，并呈现绿中透点红的颜色；用手触摸，其表面光滑，有一定的硬度；用鼻子嗅闻，有清香的水果气味；用舌头品尝，是酸甜的滋味……于是人脑便把这些属性综合起来，形成对该事物的整体印象，并判断它是"苹果"。这种对苹果的反映就是知觉。在正常的成人身上，纯粹的感觉形式是少见的，多数是以感知的形式出现的。像早晨出门感觉冷，实际上是一种"今天天气冷"的感知。

感觉和知觉的关系：首先是两者的联系。知觉是在感觉的基础上产生的，它们都是人脑对客观事物的直接反映，即感性认识，而且常常交织在一起。其次是两者的区别。感觉是人脑对客观事物个别属性的反映，知觉是人脑对客观事物整体属性的反映。经验在感觉与知觉活动中起的作用不同。只要客观事物直接作用于人脑，人的感觉有无经验作用均能产生，经验能使感受性更加敏锐，而经验是产生知觉不可缺少的条件。

知觉不是感觉数量上的简单相加，它是以感觉为基础，在知识经验的参与下，经过人脑加工，对事物加以感性理解和解释的过程，如果没有知识经验的作用，就不可能产生对客观事物整体形象的知觉。前面讲过人凭经验能判断是苹果。此外，人凭借经验用鼻子嗅，就能把汽油、煤油、酒精等区别开来，并能判断它是什么液体。盲人摸象没有经验，只能产生感觉，所以经验是产生知觉必不可少的条件，它能帮助人区别不同事物和事物的不同属性，从而能正确地认识和理解事物。

（二）知觉的特征

1. 知觉的整体性

人在知觉时，总是把每一对象的各个部分、各种属性作为统一的整体来进行知觉，这种特性叫作知觉的整体性。如消费者总是把商品的商标、价格、质量、款式、包装等综合在一起，构成对商品的整体印象，这种印象对消费者的购买行为产生直接影响。有时人在知觉活动时先知觉整体，后反映个别部分，如顾客选购商品时，先整体知觉它，然后再反映细节。

2. 知觉的理解性

人在知觉时，总是力求用已有的知识经验来理解当前知觉的对象，并用概念的形式把它标志出来，这种特性叫知觉的理解性。理解有助于人们整体地知觉事物，反映在消费者购买行为上是对各种感觉到的信息加以选择地理解。

3. 知觉的选择性

人在知觉时，只能把少数对象优先地区分出来，对这些对象知觉得比较清晰完整，而对其周围环境事物只是当成背景形成模糊的感觉，这种特性叫作知觉的选择性。如消防车、救护车的灯一闪一闪，就是利用知觉的选择性原理；再如消费者购物只重视款式，忽略质量和价格；又如商品陈列、店堂设计时突出某一商品和部位会使消费者清楚感知，这些都是利用知觉选择性的原理。

4. 知觉的恒常性

当知觉的对象没有发生变化，而知觉的条件在一定范围内有所改变时，人的知觉映像仍然保持相对不变，知觉的这种特性叫作知觉的恒常性。如强光照射煤块的亮度远远大于黄昏时粉笔的亮度，但我们仍然把强光下的煤块知觉为黑色，把黄昏时的粉笔知觉为白色；又如远处站着一个熟人，虽然距离较远，但你仍然知道他的高矮。

有些传统商品、名牌商品之所以能长期受到顾客的欢迎，就是知觉恒常性在起作用，它像一种定式，有时对新产品的推广起着阻碍作用，但是可以利用名牌商品带动其他商品销售或以老商品的销售带动新商品的销售（放在一个包装内或在一起陈列）。

5. 知觉的误差性（错觉）

错觉是指人对客观事物的不正确的知觉或对客观事物产生歪曲反映的知觉，即知觉的对象与客观事物不相符。如有的人在线段长短上产生错觉。错觉反映在消费者购买行为上就是不能准确无误地认知商品，看商品看花了眼，但是如果商家巧妙地运用错觉，可以达到促销的效果。此外，军事伪装、建筑设计、商品装潢、服装设计等，都要利用错觉的原理。日常生活中体型矮胖的人穿竖条的服装就是利用错觉来补偿自己的先天不足。

（三）知觉在市场营销中的应用

小资料

一项对商业性和非商业性电视传播的研究得出以下结论：
（1）有相当比例的受众不能正确理解电视广告；
（2）任何传播，无论是播放电视节目还是播放广告，均无法避免误解；
（3）总体信息平均有30%的部分被误解；
（4）非广告节目被误解程度比广告高；
（5）某些人口统计变量与误解有一定的关系。

（资料来源：梁清山主编，消费心理学，北京交通大学出版社，2009）

知觉是带有理解力的综合认识活动，同消费者心理活动的各个方面都有联系，因而对我们制定市场营销策略有重要意义。

1. 知觉的选择性帮助消费者确定购买目标

人在进行知觉时，常常优先把某些特性区分出来予以反映，这说明知觉是有主次的。这里的"主"是指知觉的对象，"次"是指不够突出或根本没被注意到的背景。知觉的选择性帮助消费者确定购买目标，主要是由于购买目标成为符合他们知觉的对象物，感知很清楚，而其他商品相对而言成为知觉对象的背景，或者没有注意到，或者感知得模模糊糊。

知觉的选择性可以被运用于商业设计中的许多场所，比如我们为了突出某一类商品的形象，吸引消费者对它的注意，会尽量隐去商品的背景布置，使商品的形象更加醒目；为了突出一些名贵商品的价值，也可以在商品的背景中衬以非常豪华及特殊的包装，吸引消费者的注意。

2. 利用知觉的整体性与理解性进行商品促销、广告制作

根据知觉的理解性，企业在广告中会针对购买对象的特性向消费者提供信息，其方式、方法、内容、数量必须与信息接收人的文化水平和理解能力相吻合，保证信息能够被迅速、准确地理解和接收，否则就会劳而无获。20世纪60年代，美国的一个啤酒商曾为宣传其产品，重金聘请了一个有名的滑稽团做电视连续广告，尽管广告获了奖，可啤酒的销量并没有因此而增加，后经调查方知，欣赏这一广告的消费者阶层很少喝啤酒。

知觉的整体性告诉人们，具有整体形象的事物比局部、支离破碎的事物更具有吸引力和艺术性，因此在广告图案设计中，把着眼点放在与商品有关的整体上比单纯把注意力集中在商品上效果更为突出。例如，有这样一幅宣传微型录放机的路牌图画广告，画面是一位健美的年轻姑娘，身着运动衫和牛仔裤，头戴耳机，腰间跨着小型录放机，骑在自行车上，清风拂动，姑娘微笑前行。这幅画面说明录放机与消费者生活密切联系，可减轻旅途疲劳，提高情趣，高雅不俗。这幅广告运用了知觉的理解性和整体性原理，比单纯地画一个录放机，配上死板的文字说明效果好得多。

3. 利用知觉的恒常性进行系列产品的销售

消费者容易根据原有的信息来解释新的信息，凭借以往经验确认当前的事物，把有相似特征的事物看作是相同的。这个心理现象对市场营销活动利弊兼有。如某种商品创出名牌后，使用同一商标的系列产品或其他产品也会获得消费者的好感。由于人们不愿放弃自己习惯使用的商品，所以知觉的恒常性可以成为消费者连续购买某种商品的一个重要因素，但有时这又会成为阻碍消费者弃旧图新、不利于新产品推广的因素之一。在创造一种新产品时，如果原有的同类产品名誉不佳，要使消费者能觉察到两者间的差别，才不至于将二者混为一谈。

4. 通过错觉原理制定商品促销策略

商业企业在店堂装潢、橱窗设计、广告图案、商品包装、商品陈列、器具使用等方面可以适当地利用消费者的错觉进行巧妙的艺术设计，往往能达到一定的促销效果。有人曾做过这样一个实验：他请30位被试者喝咖啡，每人喝4杯，各杯浓度一样，只是4个杯子的颜色不同，分别为咖啡色、青色、黄色和红色，喝完咖啡后，要求被试者对咖啡的浓淡做出各自的评判。

结果有2/3的被试者说红色、咖啡色杯子中的咖啡太浓，青色杯子中的咖啡太淡，只有黄色杯子中的咖啡浓度适中。据此，销售商便把咖啡店里的杯子全部改用黄色，以便更好地发挥颜色视觉的作用。又如在水果店货架背部安上镜子，使顾客对陈列的水果产生非常丰满的视觉错觉，从而诱发购买欲望。

5. 利用错觉原理提高营业员的商品推荐艺术

由错觉原理可知，明度高的色彩（如红色、黄色）有扩张感，而明度低的色彩（如灰色、蓝色和绿色）则有收缩感，两种相反的物体放在一起会相互突出。营业员在向消费者推荐服装类商品时，应学会运用人们知觉中会产生错觉的心理，合理、科学地推荐、表现服务艺术。例如，向身材较矮胖的顾客推荐深色、竖条纹的服装，劝说脸型大而圆的顾客不要穿圆领口的服装，脖子长的顾客不要穿鸡心领或V字领服装等，这样可获得顾客的信任，从而使顾客满意。

三、消费者的注意

（一）注意的概念及分类

1. 注意的概念

注意是指人的心理活动对外界一定事物的指向与集中。注意这种心理现象是普遍存在的，如工人开动机器生产，要全神贯注在操作上；战士射击打靶，要屏气凝神瞄准目标；学生上课听讲，要聚精会神地听老师讲课。人只要处于清醒状态，就会产生注意心理活动。生活中品尝食物味道、闻闻气味等也都有注意活动发生。注意与人们的一切心理活动密不可分，它伴随人们的认识、情感、意志等心理活动过程而表现出来。

注意有两个基本特征，即指向性和集中性。注意的指向性特征显示人的认识活动具有选择性，人们对认识活动的客体进行选择，在每一个瞬间，心理活动都是有选择地指向一定的对象，同时离开其余对象。例如，消费者在市场上，他们的心理活动并不能指向商店内的一切事物，而是长时间地把心理活动指向某些商品。

注意的集中性，就是把心理活动贯注于某一事物，不仅有选择地指向一定的事物，而且离开一切与注意对象无关的事物，并对局外干扰进行抑制，集中全部精力去得到注意对象鲜明、清晰的反映。例如，消费者选购商品时，其心理活动总是集中在要购买的目标上，并且能离开其他的商品，清晰、准确地反映购买目标，决定购买与否。

2. 注意的分类

根据产生和保持注意有无目的及意志努力的程度，注意可分为以下两种：

（1）无意注意。无意注意是指事先没有预定的目标，也不需要做意志努力，而不由自主地指向某一对象的注意。例如，消费者到商店想购买甲商品，无意中看到乙商品，觉得不错，所引起的对乙商品的注意就属于无意注意。

（2）有意注意。有意注意是指自觉的、有预定目的的、必要时还需做一定意志努力的注意，做手工、射击、听课都属于有意注意。例如，消费者在嘈杂的商店里专心选购欲购买的商品，学生在吵闹的环境中看书，司机在马路上开车都是有意注意。

有意注意和无意注意两者既互相联系又相互转换。只有有意注意，人就很容易疲劳，效率不能维持；只有无意注意，人就容易"分心"，心理活动不能指向某一特定事物，事情也难以做好，因此要特别强调两者之间的相互转换。

（二）发挥注意在市场营销活动中的作用

1. 用多元化经营调节消费者在购物中的注意转换

传统的零售商业企业的基本功能是向消费者出售商品，综合性大型零售商业企业也只是满足消费者吃、穿、用的全面消费需求，消费者"逛"商店觉得很疲劳，因为需要走路，需要长时间处于有意注意状态中。

而现代化零售商业企业功能已大为拓展，集购物、娱乐、休闲，甚至精神享受于一体，满足全方位的消费需求，使消费者的购物活动时而有意注意，时而无意注意，时而忙于采购，时而消遣娱乐。这种多元化经营显然有利于延长消费者在商场的滞留时间，创造更多的销售机会，同时也使消费者自然而然地进行心理调节，感到去商场购物是一件乐事。

2. 发挥注意心理功能，引发消费需求

正确地运用和发挥注意的心理功能，可以使消费者实现由无意注意到有意注意的转换，从而引起消费需求。例如，贵州茅台酒曾在 1915 年的巴拿马万国博览会上获得金奖，注意在其中立了头功。博览会初始，各国评酒专家对其貌不扬、装饰简陋的中国茅台酒不屑一顾，我国酒商急中生智，故意将一瓶茅台酒摔碎在地上，顿时香气四溢，举座皆惊，从此茅台酒名声大振，成为世界名酒。我国酒商的做法符合了强烈、鲜明、新奇的活动刺激能引起人们无意注意的原理，因此取得了成功。

（三）成功的广告要善于引起消费者的注意

广告要被消费者接受，必然要与他们的心理状态发生联系，广告失败就在于没有引起消费者的注意。有的广告用图一般、内容空泛，如"产品生产历史悠久、质量可靠、畅销全国、性能稳定、使用安全、信守合同、交货及时、实行三包、欢迎订购"，罗列许多概念化同句，讲了半天，消费者还是不知道商品的品牌、名称和型号，这样的广告难以引起消费者的注意。要使广告引起消费者注意，可运用下述方法。

1. 利用大小

形状大的刺激物比形状小的刺激物更容易引起注意，尤其是介绍新产品的广告，应尽可能刊登大幅广告，如现在有一些在报刊上刊登的广告，除了具有图文并茂的特点外，占到了版面的 1/3，有的甚至整版，极易映入读者眼帘。

2. 利用强度

洪亮的声音比微弱的声音容易引起注意。电视节目播出商业广告时，音量突然增加，正是利用强度原理。但要注意刺激强度不能超过消费者的感觉阈限，否则亦会走向反面。

3. 运用色彩

鲜明的色彩比暗淡的色彩容易引起消费者的注意，一般黑色比白色更引人注目。现在，虽然彩色广告到处可见，但是黑白对比鲜明的广告同样可以给人以新鲜的感觉。

4. 利用位置

自选商场商品举目可望，而从人的胸部到眼部是最能引起消费者注意的商品陈列位置。据国外的调查结果显示，对于印刷在报纸上的广告，上边比下边、左边比右边更容易引起读者的注意。

5．利用活动

活动的刺激物比静止的刺激物更容易引起注意。例如，反复变化的霓虹灯广告比静止的更引人注目，更能引起消费者的兴趣和注意。

6．运用对比

对比度越高越容易引起人们的注意。例如，强音和弱音、明亮和昏暗、大型和小型轮流出现比单一出现更容易引起消费者的注意。

7．利用隔离

被放置或描绘在大空间或空白的中央的对象更易引起注意。例如，有的报纸整个版面都是印刷广告，效果不甚理想，因为消费者的注意力被分散了，造成视而不见的后果，如果在整版广告中央设计广告物，反而能够引起注意。

四、消费者的记忆

（一）记忆的概念和过程

1．记忆的概念

记忆是指人们过去经历过的事情在头脑中的反映。如在过去感知过的事物、思考过的问题、体验过的情感、进行过的行为与活动等，都能以经验的形式在头脑中保存下来，并在一定的条件下重新再现出来，这就是记忆的过程。由于有了记忆的心理活动，人们以后的行为就可以用以前记忆中的经验作为行为的参考依据。消费者的记忆与消费者收集商品的信息（尤其是从广告中得到的商品信息）、对商品的认识、对购物场所的认识以及消费者购买的决策等活动关系密切。

2．记忆的心理过程

心理学研究表明，记忆的心理过程包括识记、保持、回忆和再认4个环节。

（1）识记。识记是人们为了获得对客观事物的深刻印象而反复进行感觉、知觉的过程。在购买行为中，消费者运用视觉、听觉和触觉认识商品，在大脑皮层上建立与商品之间的联系，留下商品的印迹，从而识记商品。

（2）保持。保持是指在头脑中保存和巩固已识记的经验、知识的过程。它是对识记的材料进行的进一步加工、储存。但是随着时间的推移，这些知识的保存量会逐步减少，即人脑会遗忘一些内容。

（3）回忆。回忆是指在不同的情况下恢复过去经验的过程，也就是过去曾反映过的事物不在眼前，但能把对它的反映重现出来。如消费者在购买某种商品时，为了进行比较，往往在脑海中重现曾在别处见过或自己使用过的同种商品。

（4）再认。再认是指过去感知的事物重新出现时，能够感到听过、见过或经历过。如消费者在市场上看到一些商品，能认出曾使用过或在电视广告中见过，似曾相识甚至很熟悉。一般而言，再认比回忆容易，其记忆质量要低于回忆。

识记、保持、回忆、再认 4 个环节彼此联系、相互制约。没有识记谈不上对经验的保持，没有识记和保持就不可能对经历过的事物有回忆的认知。识记和保持是回忆与再认的基础，回忆与再认既是识记和保持的结果，也是巩固与强化识记和保持的催化剂。

（二）记忆的分类

20 世纪 50 年代以后，世界各国的许多心理学家都倾向用信息论解释记忆，并把记忆分为 3 种系统或 3 个阶段，即感觉记忆、短时记忆和长时记忆，如图 2-1 所示。

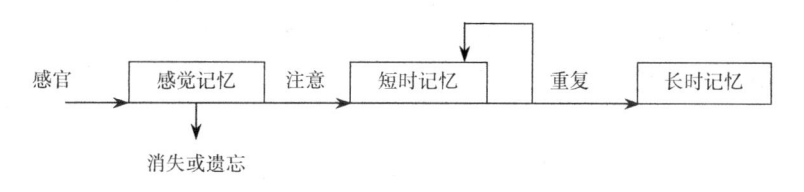

图 2-1 记忆的 3 个阶段

1. 感觉记忆

感觉记忆也叫瞬时记忆，这种记忆中的材料保持时间极短，通常是 0.25~2 秒。特点是容量较小、持续时间短、瞬息即逝。在瞬时记忆的过程中，人们一般只能记住 7~8 个单位的信息，这是一个极为重要的记忆特征，绝大部分人的记忆能力都是在这一范围之内。如果信息超过了这个范围，消费者仅仅能接受 7~8 个感兴趣的信息单位，而排斥其余的信息。比如对于商品的信息，其单位可以是商品价格中的一个数字、介绍商品功能与特点时的一个字或一个词组。记忆中的这个特征对于商业设计具有极为重要的参考价值，值得设计者仔细研究。

2. 短时记忆

短时记忆中材料的保持时间为 5~20 秒，最长不超过 1 分钟。感觉记忆中的材料如果受到主体的注意就会进入短时记忆阶段。商业广告要想使消费者越过感觉记忆阶段，就必须利用各种方法和手段引起消费者的注意。

3. 长时记忆

长时记忆是指 1 分钟以上，直到多年甚至保持终生的记忆。长时记忆是对短时记忆加工复述的结果，有时富有感情的事或强烈意外的刺激信息也能一次形成长时记忆。在商店里，消费者面对的是几千种甚至几万种商品，消费者的眼光瞥过这些商品的包装、价格、款式、色彩时，对于绝大部分商品的注意都只能形成一种瞬间的记忆；让消费者感兴趣的一些商品，可能会在他们头脑中形成短时的记忆；只有极少数的商品信息会形成长时记忆，如果整个商店没有令消费者感兴趣的地方，可能就没有长时记忆。

商业广告要想使广告内容成为消费者长时记忆的材料，以提高产品知名度，达到引导消费、创造需求的目的，其基本方法就是重复向消费者传播商品信息。日本的许多商品在中国市场上有很高的知名度，就是多次反复地在电视节目中播放广告的结果。

> **知识链接：记忆的规律**
>
> 记忆也是有规律可循的。根据一些学者的研究，记忆规律包括以下几个方面。
>
> （1）时间规律。研究表明，每次信息的重复输入，其维持记忆的时间是各不相同的。以外语单词记忆为例，第1次可能是几秒钟；第2次、第3次可能是几分钟到几小时；再重复就能达到几天，甚至几个月。重复次数越多，记忆时间就越长。
>
> （2）数量规律。当需要记忆的材料数量偏大时，会给记忆带来困难。研究表明，在这种情况下，把需记忆的材料适当分散成若干小单元后再依次记忆，记忆的效果可能会好些。
>
> （3）联系规律。认识的循序渐进规律揭示了新旧知识之间的内在联系。任何新知识的获得都是由原来知识发展、衍生或转化而来的。因此，在对新信息的记忆中，通过对原来知识的各种形式的联想（接近联想、类似联想、对比联想、因果联想等），形成新、旧知识之间有机联系的系统，是有利于知识储存的。
>
> （4）转化规律。记忆是一个不断巩固的过程。由瞬时记忆到短时记忆再到长时记忆有一个转化过程；由感知保持到理解、再到衍生新知也有一个转化过程。这个过程是一个由量变到质变的过程，质变之后外来信息就能长期、牢固地保存在大脑中。
>
> （5）干涉规律。当一个新的信息输入后，它与原来的知识储备之间会产生一种相互干扰。这种干扰表现为：一是前后信息互相加强，称为"正干涉"；二是前后信息互为干扰，称为"负干涉"。正干涉有利于记忆，负干涉则对记忆起抑制作用，因此，营销人员要充分利用正干涉而避免负干涉。
>
> （6）强烈规律。刺激强烈、新鲜能激起兴趣，使人感受突出，就会使记忆强化。例如，一些广告画面就是利用这个规律来强化人们的记忆。
>
> （资料来源：田雨主编，消费心理学，首都经济贸易大学出版社，2008）

（三）记忆在市场营销中的应用

1. 帮助顾客明确购买目的，促成顾客有意记忆

顾客的有意记忆是指顾客有明确的购买目的，主动收集商品的信息，运用一定方法记住这些信息的内容，当商品不在时，能比较清楚地回忆出这些信息的内容。而无意记忆是指顾客事先没有明确的购买目的，也不用任何有助于记忆的方法的记忆。实验证明：有意记忆比无意记忆的效果好得多。根据这一规律，经营者应主动介绍宣传商品，帮助顾客明确购买目的，以形成顾客的有意记忆，促成购买。

2．使信息内容通俗易懂、喜闻乐见，以增强顾客的记忆

实验表明：建立在理解基础上的意义识记记忆效果好，机械识记记忆效果差。因此，经营者应注意通过喜闻乐见的形式将信息传递出去，使顾客易于接受和理解，增强记忆和信息传递效果。

3．吸引顾客积极参与各种活动，以增强顾客记忆

运动记忆保持的时间比较长，记忆效果好，因此经营者应注意采取一些措施吸引顾客积极地参与商品的使用活动，调动其积极性，以增强消费者对商品的记忆。如让顾客进行实际操作（健身器）或让顾客品尝食品等。

4．利用不同系列位置增强顾客的记忆

实验表明：识记对象在材料中的位置不同，记忆效果或遗忘的情况也有所不同。一般来讲，材料的中间部分容易忘记，首尾部分容易记住。因此陈列商品时、广告播放时、报纸刊登信息时，都要利用不同系列位置增强顾客的记忆。

5．增进与顾客的感情，增强顾客的记忆

情绪与情感是影响顾客记忆的因素之一，情绪处于愉快、兴奋、激动的状态中，记忆效果好，保持时间长。因此，经营者应为顾客提供积极、主动、热情、耐心、周到的服务，使顾客产生积极的情感体验，增强顾客的记忆。

五、消费者的联想

（一）联想的概念和规律

联想是指由一种事物想到另一种事物，是一种比较重要的消费心理活动。联想可以由当时的情境引起（如当时注意、感知到的事物），也可以由内心的回忆等方式引起。在消费心理的研究中，主要侧重于注意、感知等因素所激发的联想。在开展营销活动时，可以通过控制消费者所处的购物环境，同时使用各种各样的方法来激发消费者形成有益于营销活动的联想。

联想的规律主要有：接近联想、类似联想、对比联想、因果联想和特殊联想。

1．接近联想

由于两种事物在位置、空间距离或时间上比较接近，所以认知到一种事物的时候很容易联想到另一种事物。

2．类似联想

由于两种事物在大小、形状、功能、地理背景、时间背景等方面有类似之处，认知到一种事物的时候就会联想到另一种事物，如由电视机联想到录音机，由羽绒服联

想到鸭绒服。

3．对比联想

两种事物在性质、大小、外观等一些方面存在着相反的特点，人们在认识到某一事物时会从反面想到另一事物，如由组合音响想到袖珍录音机，由暖风机想到冷风机等。

4．因果联想

两种事物之间存在着一定的因果关系，由一种原因会联想到一种结果，或由事物的结果联想到它的原因等。如在一次对产品售后服务的电视跟踪调查中，电视台选择海尔作为代表，不禁让人联想其中的原因，这就是因果联想。

5．特殊联想

由一种事物联想到另一种事物的时候，不一定是按以上的规律进行的，事物之间不存在必然联系，而是由于消费者所经历过的某些特殊事件使得消费者见到一种事物时就会自然地联想到另一种事物。如一位顾客在购买商品时接受了良好的服务，以后每一次对服务十分满意的时候这位顾客都会想到那位热情的服务员。

（二）消费者的联想与商品的经营策略

1．联想与商品的相关性策略

商品的相关性策略是指根据接近联想规律，在经营中考虑到消费者的心理状态，使经销的商品配套，从而方便顾客购买。比如经营西服应同时经营领带、衬衣、皮鞋等相关性商品。

从消费者的共同心理来说，买东西时都乐意去商品丰富、品种齐全的商店，这是因为消费者的需求具有相关性，这样不用跑更多的路程就可买齐自己所需要的商品，节省时间，同时商品多、品种全，有较大的挑选余地，能使消费者更方便地买到称心如意的商品。一个商店如果既经营适销对路的大宗商品，又重视经营低档小商品，不仅能做到经营品种齐全、配套，还能在商品品种的稳定上下工夫，这样空手离开商店、快速离去的顾客越来越少，生意必将越做越红火。

案例讨论

日本东京上野车站附近有一家名叫"和光堂"的药店，老板是位善于体察消费者心理的女性。她专门走访了经营健康食品、药品的批发商，收集了大量的资料，掌握了有关的专门知识，然后在自己的店里增设了健康食品专柜，使药铺变成了一家以药品、医疗器械经营为主，兼营健康食品的综合型店铺。每月初她还特意安排一天时间作为正确使用健康药品辅导日，在店堂的最里边开设了一间辅导室，一边为顾客介绍正确服用健康食品、药品的方法等知识，一边为顾客调配药品。这样一来，药店成了患者和健康人士都愿意光顾的场所，营业额急剧增加。

（案例来源：范明明主编，消费心理学，中国财政经济出版社，2005）

2. 联想与商品包装的艺术

利用类似联想和对比联想使商品包装更加艺术化，特别是在包装采用的色泽上下工夫，将会对顾客的购买欲望产生重大影响。商品包装的色泽必须与商品本身的颜色相协调，色调错误，足以令顾客失去对商品的兴趣。我国有一家工艺品出口公司生产的"学生砚"，原来外包装采用的是白底黑字、外加花边的纸盒，结果这一产品在国外的销路很差，购买者寥寥无几，产品滞销积压。后来设计者改变了它的包装，采用黑底金字，并在包装盒的右上角配上了"马踏飞燕"的图案，使整个包装显得古朴、典雅，充满艺术气息。这一招居然产生了意想不到的效果，原先滞销的产品一跃成为畅销品，并且出现购买盒子自配砚台的现象。这说明任何商品要吸引顾客购买，应使消费者在一瞥中最大限度地感知商品的存在和特性，使人产生美好的联想。此时，直觉效果所引起的作用是举足轻重的。

> **知识链接**
>
> 红色易使人想起熊熊的火焰，万紫千红的春天，我国人民每逢喜庆之日，一般喜欢购买配用红颜色包装的物品，寓热烈庆贺、如意吉祥之意，而忌讳配用黑色与纯白色包装的物品，因为纯黑色往往象征哀悼之意，容易使人产生恐惧和悲伤的心理联想；而纯白色多在医院使用，也容易使人产生不吉利与愁闷的心理联想。又如绿色使人联想到绿水、森林，所以冷饮店的墙壁上常涂以绿色，若涂上红色和棕色，相信顾客是不愿意光顾的，因为红色和棕色给人以炽热感。另外，粉红色使人联想到女性的温柔美丽，并富于浪漫的情调，所以适用于各种美容化妆品以及女用内衣、个人卫生品等商品。而白色和蓝色给人以洁净之感，是各类清洁剂的最佳包装色泽。
>
> （资料来源：范明明主编，消费心理学，中国财政经济出版社，2005）

3. 研究联想原理对于商品的推销宣传具有借鉴意义

现代成功的广告都采用了某些间接的表现手法，借用比喻和联想，使意境更加深刻、生动，内容更加活跃、丰富，从而增加了广告的推销魅力，使广大消费者从一些互相接近、相似、相反以及相关联的事物中，对广告宣传的商品产生美好的想象，进而产生购买的欲望和行动。

六、消费者的想象

(一)想象的概念

想象是指用过去感知的材料来创造新形象的过程,或者说想象是指头脑改造记忆中的表象而创造新形象的过程。心理学中客观事物作用于人脑后,人脑产生的这一事物的形象就是表象。对于已经形成的表象,经过人脑的加工改造,创造出并没有直接感知过的事物的新形象就是想象。

由此可知,想象活动具备3个条件:一是必须要有已有过或已经感知过的经验,这种经验不一定局限于想象者个人的第一手资料,也可以是前人、他人积累的经验;二是想象的过程必须依赖于人脑的创造性,需要对表象进行加工,而不是表象本身;三是想象的结果是一个新的形象,是主体没有直接感知过的事物。

(二)想象在市场营销中的运用

1. 消费者在评价商品时常伴随着想象活动的进行

想象对消费行为会产生一定的影响,对于发展和深化消费者的认识有重要作用。在消费者的购买活动中,常常伴随有想象的心理活动,如消费者购买一套高级组合家具,经常伴随着对生活环境一种美好效果的想象;购置高档耐用消费品,往往具有显示经济实力或社会地位,即延伸人格的想象;有些女性消费者在购买衣料时,常常把衣料搭在身上边照镜子边欣赏、边想象,对衣料进行评价。这些都会极大地激发消费者的购买欲望,从而导致购买行为。因此,服装设计师设计服装、广告设计师设计广告、商店经理布置橱窗进行商品宣传的时候,都可以用多种方法来丰富消费者的想象力,促使消费者购买。

2. 运用想象提高广告效果

一个成功的商业广告,总是经过细致的素材加工,利用事物间的内在联系,用明晰巧妙的象征、比拟的表现手法,用消费者熟知的形象来比喻广告的形象或特点,以激发消费者有益的想象,从而丰富广告的内容,加强刺激的深度与广度。当然,在商业广告中要发挥想象的心理功能,必须充分研究广告指向市场的消费习惯、消费水平和消费趋势,掌握广告指向消费者的普遍心理或使用的信心和决心,从而引导消费行为。

3. 营销人员的工作需要一定的想象力

营销人员在为顾客服务和推销商品的过程中,想象的作用不可忽视。成交率的高低在很大程度上取决于营销人员的再造想象的运用。优秀的营销员应该能够想象出哪种商品更适合客户的需要,同时在诱导顾客的过程中,以自己的想象力去丰富顾客的想象力。此外,对商业企业来说,营业员在摆放商品、陈列橱窗、介绍商品和展示商品等业务中,都可以发挥创造想象。

七、消费者的思维

（一）思维的概念及过程

1. 思维的概念

思维是人脑对客观事物本质特征的间接的和概括的反映，这是人的认识活动的最高阶段。思维具有两个主要特征：间接性、概括性。间接性是指通过媒介来认识客观事物；概括性是指借助已有的知识来理解和把握那些没有直接感知过的或根本不可能感知到的事物。例如有的消费者对某种羽绒制品的性质、质量不了解，但可以通过对这种羽绒制品的感知表象，如手感、轻重、保暖性等，借助已有的知识经验，间接地认识它的质量和性能。概括性是通过对同一类事物的共同特性、本质特征或事物间规律性的联系来认识事物，如消费者在购买过程中多次感知到名牌商标与商品质量之间的联系，从而得出"名牌商品质量好、信得过"的认识。

根据思维过程所凭借对象的不同，思维可分为形象思维和逻辑思维。形象思维是指利用直观形象和表象对事物进行分析判断的思维；逻辑思维是指利用概念和理论知识来反映客观事物，依据概念、判断、推理等基本形式来达到对事物本质特征的认识。在现实生活中，形象思维和逻辑思维往往交替使用。企业在经营活动中应结合不同的目标和顾客的特点进行广告和宣传，以更好地满足各类顾客的需求，实现企业经营目标。例如，儿童思维的发展是先有形象思维，后有逻辑思维，有的商场专门开设儿童乐园、儿童天地，并用生动有趣的卡通形象来吸引他们的顾客。如动画片《蓝猫》播放之后，出现了专门经营儿童用品的"蓝猫专卖店"，有些儿童服装上也因为印了蓝猫图案而畅销。

2. 消费者的一般思维过程

消费者对商品的认识是从表面特征开始的，是通过分析、综合、比较、抽象具体化等基本阶段完成的，反映在其购买过程中，有以下3个步骤。

（1）分析过程。分析是指在头脑中把事物的整体分解成部分、个别特征或个别方面。比如购买汽车可选择的范围很广，消费者通过分析确定买国产的还是进口的，然后分析各个品牌的价格、性能、外观和型号等个别属性，在此基础上再初步确定购买目标。

（2）比较过程。比较是指依据一定的标准以确定事物异同的思维过程，也是对事物进行鉴别和综合的过程。消费者通过初步分析确定所购买的目标之后，还要借助比较，进一步鉴别商品质量的优劣、性能的好坏和价格的高低，从而在商品之间进行选择。

（3）评价过程。评价是指消费者在确定了购买目标以后会对其进行预测评价，运用判断、推理等思维方式对商品的内在属性及其本质进行概括，为制定购买决策做好心理准备。在购买了该商品后，消费者仍会对其进行分析、比较及评价，即购后体验，以加深这种思维过程、积累消费经验。因此，企业营销者应为消费者做好售后服务工作,促使消费者肯定其购买决策的正确性,如汽车公司应向新车的买主提供细致、周到的售后服务,列出维修站的地点,征求改进意见等。

(二)思维在营销活动中的作用

消费者的思维过程就是决策过程,由于消费者思维方法和能力的差异,购买决策的方式和速度也各不相同。思维能力强的消费者,其思维的独立性、灵活性、逻辑性以及深度和广度都比较好,因此决策果断、迅速、正确;反之,决策缓慢、反复不定、失误较多。从事营销工作的营销员要思维灵活,对市场情况进行科学、全面地分析和概括,并迅速、灵活地做出结论,才能使企业的营销活动获得成功,使企业经营立于不败之地。

总结起来,思维对企业营销活动的意义主要有以下几个方面:

(1)利用思维的变通性,举一反三,灵活进行经营活动。思维的变通性带动经营的灵活性。有位推销员在欧洲某海滨城市推销皇冠牌香烟,但该地的香烟市场已被其他公司捷足先登了。他在苦思冥想中登上一辆公共汽车,抬头看见车上写着"禁止吸烟"的宣传牌,顿时灵机一动,想出一个绝妙的主意。不久,这个城市到处贴着这样的广告:"此处禁止吸烟,连皇冠牌香烟也不例外。"结果,皇冠牌香烟销量激增。

(2)利用思维的敏捷性,企业及时调整经营策略,增强灵活应变能力。思维的敏捷性增加企业的市场应变能力。2006年,"超级女声"选秀活动大获成功,蒙牛集团迅速抓住这一机会,成为"超级女声"活动的赞助商,从而使蒙牛集团的知名度得以大幅度提升。

(3)思维的独立性使人们从不同的角度思考问题,创造性地提出解决问题的新途径。还可以利用发散思维,由点及面地发现经济现象之间的内在联系,揭示经济活动规律。

案例讨论

日本西铁城手表销售商为了提高西铁城手表在澳大利亚的知名度和开拓澳大利亚市场而想出一个奇招:在当地重要传媒上发布广告,称某年某月将有直升机在指定广场上空空投西铁城手表,谁捡到便归其所有。消息一经传开马上引起轰动,成千上万的人涌到指定的广场,好奇地看着一只只手表从天而降,当人们捡起这些手表时,发现手表完好无损,于是西铁城手表在澳大利亚名声大振。

(案例来源:田雨主编,消费心理学,首都经济贸易大学出版社,2008)

任务二　消费者的情感过程

理论上讲，消费者购买商品要通过感觉、知觉等对商品进行初步的感知；然后调动其记忆、想象，并运用自己的知识经验进一步深化对商品的认识；最后经过思维活动做出购买决策。消费者的购买活动应该是高度理性的行动，然而在现实购买活动中并非完全如此。购买行为不仅受理智控制，还为情感所左右。消费者的心理活动过程既是认识不断发展的过程，也是情感不断变化的过程。

案例讨论

江苏红豆实业股份有限公司用移情手法，把唐朝诗人王维的一首著名的爱情诗创造的意境移入品牌创意之中，推出以"红豆"为商标的服装。"红豆生南国，春来发几枝。愿君多采撷，此物最相思。"人们购买"红豆"牌服装送给自己的爱人，或者自己买一件穿在身上，在穿衣的同时享受着一种文化、一种爱意，使"红豆"牌服装具有一种不同于其他品牌的独特价值，从而备受消费者青睐。"红豆"牌服装成为著名服装名牌，其产品多年来畅销不衰。"红豆"商标一举成功的原因，就在于它适应了消费者的情感需求。

（案例来源：田雨主编，消费心理学，首都经济贸易大学出版社，2008）

一、情绪和情感的概念

情绪和情感是人对客观世界的一种特殊的反映形式，是人对客观事物是否符合自己需要的态度的体验。我们可以从以下几个方面进行理解。

（1）情绪和情感是人对客观现实的一种反映形式。客观现实中的对象和现象与人们自己的关系是情绪与情感的源泉。因为人同各种事物的关系不完全一样，人对这些事物所抱的态度也不一样，所以人对这些事物的情绪情感的体验也不同。由于消费者情绪和情感的主观性和产生原因的复杂性，即使面对同样的客观刺激，尤其是社会性或心理性的刺激，对于不同的消费者也会具有不同的意义，因而消费者产生的情感反应也就有所差异。

（2）人之所以对自己对于客观现实是否符合需要的态度能有所体验，是因为在认识世界和改造世界的过程中，客观现实与人的需要之间形成了不同的关系。消费者的情绪和情感与其消费需要是否被满足有直接关系。消费活动是一种满足需要的活动，它是直接通过商品的购买与使用来实现的。消费者在选购和使用商品过程中，对于满足需要的商品会产生肯定的情绪和情感，如愉快、满意、高兴、欢乐等；相反，不能满足消费需求，消费者就会产生否定的情绪和情感，如悲伤、丧气、愤怒、忧愁等。随着人类历史的发展和人们生活水平的提高，消费者的需要会发生一定的变化，而情绪和情感也会随着需要的变化而发生一定的改变。

（3）在现实生活中，并不是所有事物都可以产生情绪和情感。例如，人们每天都要接触各种各样的事物，固然有很多事物会引起我们的喜欢或厌恶的情绪与情感，但也确实有不少事物是无所谓的，对我们来说是既不厌恶也不喜欢的。这里必须指出的是，与人们的需要具有这样或那样关系的事物才能引起人们的情绪和情感。

二、消费者的情绪和情感

（一）消费者情感的外部表现

消费者在某些特定刺激影响下改变了正常活动而引起情感发生时，有机体的内部和外部会发生一系列的变化。内部变化表现在各种生理反应上，如呼吸加快、心跳加速、血压升高等，外部变化则主要体现在人的表情上。表情是情绪和情感的外部表现，它有3种基本形式。

1. 面部表情

情绪和情感表现在面部上称为面部表情，面部表情是3种表情形式中最丰富、最重要的一种。消费者的喜、怒、哀、乐等都通过不同的面部表情表现出来。例如，高兴时笑容满面，悲哀时哭丧着脸；见到所喜欢的商品，就会较长时间地盯着看，而很快中断目光接触，则表示对其缺乏兴趣。总之，消费者在消费活动中各种复杂的心理感受和情感变化都会通过不同的面部表情表现出来。

2. 言语表情

情绪和情感表现在说话的声调、速度、节奏、音量等方面称为言语表情。比如悲哀时音调低沉、言语缓慢、语调高低差别较小；而音调高、言语速度快、语调高低差别较大则说明人具有喜悦之情；人在愤怒时，声大音高且颤抖。即使同一句话，由于说话人在音速、音调、语气上的差别，也会表达出不同的情感。例如，用不同的声调说出"你好"这句话，既可以表现出热情、友好、亲切、愉快，也可以表现出冷淡、不满、蔑视、怨恨等多种情感。

3. 体态表情

情绪和情感表现在身体的姿势、动作上称为体态表情，如欢乐时手舞足蹈、悲痛时号啕大哭、气愤时捶胸顿足、兴奋时拍手鼓掌。事实上，人体姿态或站、或蹲、或举手、或垂头，都各有一定的含义，能表现出某种情感状态。身体姿势有助于情感的表达，也有助于人们对情感的识别。

（二）消费者的情绪

1. 消费者在购买过程中的情绪

消费者在购买过程中的情绪多种多样，各种情绪表现的程度有着明显的差异。但归结起来主要有以下三种。

（1）积极的情绪。这种情绪能增强购买欲望，促成购买行为。如有位顾客看到市场上新出现的一种面料花色新颖，令他喜爱，尽管他暂时还不需要添置衣服，但还是买了。

（2）消极的情绪。这种情绪抑制购买欲望。如一种猫头鹰造型的发条玩具使小朋友望而生畏，甚至被吓哭，这样的玩具就很难销售出去。

（3）双重的情绪。如高兴又怀疑，基本满意又不完全称心等。一位消费者走了好多家商店，终于找到了他所需的商品，这时会高兴，但这种商品已快卖完，剩下的几件都有一些不影响使用的小毛病，但因急需它而不得不买，可总有些不称心。

2．消费者对商品的具体情绪过程

消费者从对某商品产生需要到最终决定购买的情绪过程大致可分为以下五个阶段。

（1）悬念阶段。消费者产生了购买的需要，但还未采取行动到商店去寻求这种商品。这时消费者处在一种悬念状态中，其情绪特点是不安，如果他的需要是强烈的，那么他就会产生一种急切感。

（2）定向阶段。这时消费者已面对他所需求的那种商品，但他对商品的观察还是初步的、笼统的。这时的情绪已获得定向，即趋向喜欢或不喜欢，趋向满意或不满意。

（3）强化阶段。强烈的购买欲望迅速形成。有些消费者在强烈的购买欲望的推动下立即完成购买行动，而有些消费者比较冷静，他们还想再推敲一下。此时对大多数消费者来说，情绪过程还没有完成。

（4）冲突阶段。这时消费者将对商品进行较为全面的评价。如价格是否合理，质量是否可靠，造型是否新颖，社会上是否流行，是否有假冒品等。由于十全十美的商品很少，大多数商品都会在某些方面使人不满意，因此消费者往往要体验不同情绪之间的矛盾和冲突。如基本满意而又不完全称心、比较喜欢而又略感遗憾等。如果积极的情绪占了主导地位，那么一个购买决定就做出了。这时情绪过程大大增加了理智的成分，通过评价，感情同理智逐步趋于统一。

（5）选定阶段。通过各种评估，这时消费者对某种商品产生了偏好，并准备对这一商品采取行动，形成购买行为。

3．影响消费者情绪的因素

影响消费者情绪、情感的因素是多方面的，这里只是稍作提示。

（1）个人心境。这里讲的个人心境是指消费者进入购买现场时的情绪状态或精神状态。心境是较微弱、平静而持久的情绪体验。在心境产生的全部时间里，它能影响人的整体行动表现，保持它的积极或消极的影响。不同心境会使消费者行为带有不同的情绪色彩，或兴高采烈，或抑郁寡欢，或暴躁不安等。

（2）审美情趣。这是人们根据自己的看法对客观事物审美价值的评价。当消费者产生对某种事物和现象的美感时，实际上是抱肯定态度，并会以积极的情绪色彩表现出来。消费者的美感不仅受到各自的出身地位、文化素养、兴趣爱好和实践经验的影响，也受到一定社会生活条件的制约。不同国家、不同民族的美感差异十分明显，但有一点是共同的，即认为商品的美必须是形式和内容的统一，欣赏价值和实用价值的统一。

（3）购买环境。消费者的情绪产生和变化首先受购物环境的影响，若步入宽敞明亮、美观雅洁、温度宜人的商场，营销人员服务周到，顾客之间礼貌相让会引起消费者愉快、舒畅的情绪。相反，则引起消费者失望、厌烦等消极的情绪。正因为如此，很多商场很注意店堂内的设施和门面的装修。旧上海的一些商人有出钱雇人帮忙，就是要营造门庭若市的现场气氛，以吸引路人光顾。现代大商场也很讲究"人气"，打折酬宾时，顾客往往很多，此时的商场"人气"旺，"财气"也旺。

（4）商品因素。消费者是来购买商品的，因此商品就成为最主要的客观因素。消费需求的满足大多是借助商品实现的，所以商品的外观和内涵等各方面的特征能够引起消费者的不同情绪，这在购买现场是最容易观察到的。

三、培养消费者积极情感，有效开展营销活动

消费者的情感并不是凭空产生的，而是在一定客观条件刺激下形成和发展的，企业应善于运用影响消费者情感的因素，激发和培养消费者的积极情感，开展营销活动。

（一）提供全方位满足消费者需要的整体产品

商品是影响消费者情感的一项主要因素，商品的各种属性，或者说构成商品的各个要素对消费者都有重大意义。消费者对商品的认识是从商品的各种属性开始的，商品的质量、色彩、造型、样式、性能、价格、包装、商标、广告，甚至出售的优惠条件，都是消费者认识的对象，它们对消费者情感的形成与变化均能产生制约作用。因此，企业生产者在设计商品时，必须把这些因素摆在重要位置上，以便设计出让消费者满意的产品，否则就难以打开销路。比如1964年年初，日本东京正在筹办奥运会，许多制作服装的厂商设计生产了大量色彩鲜艳的运动服装，以为可以在奥运会期间赚大钱。可是事与愿违，这些色彩鲜艳的运动服装无人问津，而原以为没有多少销路的藏青色服装却大行其道，深受消费者欢迎。原来，1961年苏联发射了人类第一艘载人飞船进入太空，从而在世界范围内掀起了"宇宙热"。藏青色象征着宇宙色，故而受到人们的青睐。因此，企业要努力为消费者提供满足消费者需要的整体产品，促进消费者积极情绪、情感的形成。

（二）营造良好的购物环境

消费者的情感变化除了受商品因素影响外，还受购物场所的制约。如果购物场所舒适优雅，消费者就会产生愉快、满意的情绪，反之，则会引起否定的情感。从消费

者购物活动来看，直接刺激他们的感官，导致情感变化的场所因素有：购物场所的设施、温度、光线、照明、色彩、气味、音响等。购物场所宽敞明亮会使消费者心情舒畅，如果狭窄拥挤，则使人心烦意乱。购物场所温度适宜能使人心情平静、温和，而温度过高会使人心情烦躁、火气过盛。商店的气味也是不可忽视的因素，它对人的生理和心理同样产生某种影响，气味清新能使消费者心旷神怡，增强购买商品的欲望。

颜色与人的情绪也有密切的关系。心理学研究表明，人对色彩有一种本能的感受，红色令人兴奋、绿色令人安详、蓝色令人沉静、黄色令人活泼、黑色令人沉重等。所以，购物场所的色彩布置要注意与所销商品相协调，讲究色彩丰富、整体一致，以引起消费者积极的情感反应。声音对情感也具有影响作用，轻松柔和的音乐能使消费者心情愉快，联想丰富，优美动听的音乐能使消费者流连忘返，对商品精挑细选。噪声的副作用也必须受到重视，嘈杂的声音使人情绪烦躁，心情压抑，注意力分散，甚至引起头痛、耳鸣、听力下降。超过 80 分贝的强噪声，不仅会使顾客却步，还会降低营业员的工作效率。

此外，商品的陈列和柜台摆设也很重要。购物场所装饰得美观新颖，商品陈列得琳琅满目、整洁美观，会给消费者美的感受，引起其愉快的情感反应，激发其观看商品、挑选商品、购买商品的兴趣；相反，商品杂乱无章、零乱不堪，会使消费者反感，抑制其购买欲望。所以企业要善于营造良好的购物环境，以利于消费者形成良好的情绪和情感。

（三）提供满意的服务

消费者进入商店后要与营业员面对面地交流，营业员的服务状况如何，态度是否良好，直接影响消费者的心理感受和情感变化，进而影响整个购买活动的进行。营业员的微笑服务能直接影响消费者的情绪，因为情绪是能够传染的。一个人愉快时，能引起与其交往的人也发生愉快的情绪反应；营业员饱满的情绪，愉快的表现，能感染消费者也产生相同的情绪，使他们变得欢快舒畅；营业员态度和蔼，能给人一种善良、淳朴、宽厚的感觉，从而使消费者愿意与其交往，乐意与其交换意见，并产生行为偏好，喜欢到此购买商品。从影响消费者情感的客观因素来说，营业员的服务接待工作对消费者购买行为的完成具有关键的作用。消费者对商品和购物形成良好印象后，能否转变为实际的购买行为，就要看营业员的服务工作做得如何。如果营业员热情接待顾客，服务周到，就会激发消费者的购买欲望；如果态度恶劣，表情冷淡，就会打击消费者的积极购物情绪，抑制其购买行为。因此，在商业服务工作中，态度和蔼并以微笑的形式接待各式各样的顾客，是营业员必须遵守的一项基本原则。

任务三　消费者的意志过程

消费者在认识商品、进行购买决策、采取购买行为时，还需要排除各种干扰，以保证实现购买目的。所以意志过程同认识过程、情感过程一样，是心理活动过程中不可缺少的组成部分。

一、消费者的意志及特征

（一）意志的含义

意志是指人们自觉地确定目的，并支配、调节其行动，通过克服困难实现预定目的的心理过程。意志是人脑所特有的产物，是人的意识能动作用的表现。人们在进行某种活动之前，活动的结果已经作为意志行动的目的而观念性地存在于人们的头脑之中。要把观念转变为现实，必须以预定的目的来指导和激励自己的行动，排除干扰、克服困难，从而达到行动的目的。因此，意志过程是人的内部意识向外部动作转化的过程。消费者在购买活动中不仅要通过感知、记忆、思维等活动来认识商品（伴随着认识产生一定的内心体验和态度），而且有赖于意志过程来确定购买目的，并排除各种主客观因素的影响，采取行动实现购买目的。

（二）意志的特征

1. 能够自觉地确定目的

人类的活动是有意识、有目的和有计划的活动，与其他动物的活动是完全不同的。在消费行为中，正是意志的目的性使消费者在行动之前确定明确的购买目的，并有计划地根据购买目的去分析和调节自己的购买行为，以实现购买目的。

2. 意志过程具有能动性

人在繁杂的环境中主动地确定目的，同时主动地采取行动来改变环境以满足自己的需要。因此，意志集中地体现出人的心理活动的自觉能动性。

3. 意志具有对行为和心理的调节作用

意志对行为的调节，有发动和制止两个方面。发动是推动人去进行为达到预定目的所必需的行动；制止是阻止不符合预定目的的行动。意志对心理的调节主要表现为可以调节人的认识活动和情绪活动。如排除干扰、专心学习等，都是意志对认识活动的调节；而遇到危险时，保持镇静或自我安慰是对情绪的调节。

4. 意志过程是与克服困难相联系的

意志对行为的调节并不是轻而易举的，有时会遇到各种困难，因此意志过程的实现往往与克服困难相联系，克服困难意味着对行动的预定目的的坚持。

> **小资料**
>
> 面对几种自己都喜欢的商品，而自己的财力只允许购买一种时；喜欢购买名牌商品、高档商品，但有限的经济条件不能满足这一愿望时；想货比三家，购买质优价廉的商品，而自己又没有很多时间时；自己对商品认识的能力有限，不能确定商品的内在质量时，都会给消费者的购买行动造成一定的困难，妨碍购买目的的实现。面对这样或那样的困难，意志坚强的消费者通过意志上的努力，最终将困难克服，确保购买目的的实现；相反，意志薄弱的消费者在困难面前常常是束手无策，对困难不作深入地调查和研究，也不重视困难的程度，易于感情用事，缺少理智思考，表现出马虎从事、冒险轻率的购买行为，或者因优柔寡断、缺乏主见而坐失良机。
>
> （资料来源：范明明主编，消费心理学，中国财政经济出版社，2005）

二、消费者的意志品质

消费者的意志品质是其意志的具体体现，在实际消费活动中表现为有些消费者购买商品时果断、迅速、沉着、冷静、独立性强，而有些消费者则犹豫、彷徨、冲动、草率、独立性差。消费者的这些不同表现，一方面是由他们的个性特征不同决定的，另一方面则反映了他们意志品质的差别。消费者的意志品质主要表现在以下4个方面。

（一）自觉性

自觉性是指消费者在购买行动中有明确的目的，能充分认识自己行动的正确性、合理性以及行动的结果。富有自觉性品质的消费者能督促自己采取行动以实现购买目的。在购买活动中，他既能吸取别人的正确意见，又能不受别人错误意见的干扰，这是因为他的购买目的和行动计划是在权衡各种利弊基础上制订的，对购买行动的正确性有明确的认识，所以他的购买行动有条不紊。而自觉性较差的消费者，其购买行为缺乏计划性和条理性，容易盲目接受他人的暗示，或者不加分析地拒绝他人的意见，从而妨碍其购买行为的顺利实现。

（二）果断性

消费者善于明辨是非好坏，当机立断，毫不犹豫地做出决定并执行决定，这就是意志的果断性。具有果断性的消费者对所购买的商品能够根据各种信息正确地判断各种利弊因素，迅速做出是否购买的决定。这样的消费者不仅善于当机立断做出购买决定和执行决定，还善于等待、把握时机。但是果断性差的消费者则表现为优柔寡断、犹豫不决、决策过程患得患失等。意志的果断性是以勇敢和深思熟虑为前提的，不能与草率行事混为一谈。草率行事似乎也是当机立断，但缺乏深思熟虑，它不顾行动本身和环境条件，也不顾行动结果及其影响而盲目从事。

（三）坚毅性

坚毅性是消费者坚信购买行为的目的、方法正确，坚持不懈地克服各种困难，坚持执行购买决定的品质。要达到一定的购买目的，特别是对于一些具有较大意义的目的的实现，需要有充沛的精力和顽强的毅力。坚毅性不仅表现为有坚持购买或坚持不购买的决心，还包含顽强奋斗的精神，即在较长的时间内，努力克服内部和外部困难，坚决完成购买任务。如有的消费者不辞辛苦、不怕周折、四处奔波，直至购买到某种商品，这就是坚毅性的表现。

与坚毅性相反的是见异思迁、虎头蛇尾、半途而废，这类消费者购买活动的效率和成功率都比较低。需要注意的是，要把坚毅性和固执性区别开来。固执性是自以为是，固执己见，这类消费者即使发觉客观条件已发生了变化，或者有人提出更好的办法，甚至经意识到自己的行为是徒劳无功的，仍一意孤行；而坚毅性则包含一定的灵活性，在客观条件发生变化时善于改变方法甚至停止行动，并采取符合新条件的新行动。

（四）自制性

善于控制和支配自己的行动、克制自己的情绪和冲动，就是意志的自制性的体现。自制性反映着意志的抑制机能，主要表现为能够约束自己，不干扰购买目的的实现。在购买商品时，营业员与顾客有时会发生矛盾，自制性强的顾客能控制自己的情绪坚持说理，不和对方争吵；而缺乏自制的顾客则容易意气用事，可能吵得面红耳赤，这既影响购买行为的完成，又会造成心理上的创伤。所以消费者与营业员都应该培养自己的自制能力，以便更好地与对方交流。

消费者购买活动的意志品质主要体现在自觉性、果断性、坚毅性和自制性上，良好的意志品质对更好地完成购买活动是非常必要的。因此，培养良好的意志品质值得每一位消费者重视。

三、消费者意志过程的分析

消费者的意志过程可分为决策、执行和体验三个阶段。

（一）决策阶段

决策阶段包括购买动机的冲突及取舍，购买目的及购买对象的确定，购买地点、购买方式的选择，购买计划的制订等。这些选择有时取决于消费者对具体情况的认识和自身的经验，有时取决于不同购买动机之间的抉择。该阶段是意志开始参与的准备阶段。

（二）执行阶段

执行阶段是指消费者按照预定的决策方案组织实施的过程，是意志活动的高峰。

因为执行阶段有时并不顺利，商品的质量、价格、式样等有时并不都完全符合消费者的要求，这就需要消费者进行比较和权衡。这不仅要求消费者具有一定的智力、体力，甚至还要忍受种种不愉快的体验、遭受挫折，并要处理在准备阶段没有料到的新情况。消费者如果意志薄弱，就可能放弃执行购买决策，只有有意识地自觉排除外界干扰因素，战胜所面临的全部困难，才能较好地执行购买决策，完成购买活动。

（三）体验阶段

消费者对所购商品或劳务的意志体验阶段是意志过程的最后发展阶段。例如，使用商品的过程是否与预想一致，是否取得了其他附加效果等，这些都可以检验和评判其当初购买决策的正确与否。如果结论比较满意，消费者就有可能在意志的肯定下再次惠顾，如果在意志的体验阶段遭到否定或产生矛盾，就会使消费者在以后的购买中考虑回避或减少对该商品的购买。

消费者购买过程中的心理活动从对某种商品的认识过程开始，经过情感过程和意志过程，就基本完成了一次购买活动。针对不同的商品，这一过程的作用时间有的较长，有的则较短暂，而且由于对某些商品的习惯性购买，有的过程将省略，但这并不等于可以缺少某个心理活动过程，而是这种心理活动过程早已被消费者体验和熟悉。

【章首案例分析】

首先，从消费者心理活动的认识过程来看，消费者购买行为发生的心理基础是对商品已有的认识，但并不是任何商品都能引起消费者的认知。心理实验证明，商品只有某些属性或总体形象对消费者具有一定强度的刺激以后，才会选为认知对象。如果刺激达不到强度或超过了感觉阈限的承受度，都不会引起消费者认知系统的兴奋。商品对消费者刺激强弱的影响因素较多。以"佳佳"和"乖乖"为例，商品包装规格大小、消费对象的设计、宣传语言的选择均对消费者产生程度不同的刺激，"佳佳"采用大盒包装，消费者对新产品的基本心理定式是"试试看"，偌大一包不知底细的食品，消费者踌躇之后，往往不予问津；而消费对象限于恋爱情人，又赶走了一批消费者；再加上广告语中的"失恋者爱吃'佳佳'"一语，又使一部分消费者在"与我无关"的心理驱动下，对佳佳视而不见。"乖乖"的设计就颇有吸引力：一是廉价小包装，消费者在"好坏不论，试试再说"的心理指导下，愿意一试，因为量小，品尝不佳损失也不大；再者广告突出了"吃"字，吃得开心，开心地吃，正是消费者满足食欲刺激的兴奋点。两相对比，"乖乖"以适度、恰当的刺激，引起了消费认知，在市场竞争中，最终击败了"佳佳"。

其次，从消费心理活动的情感过程来看，在通常情况下，消费者完成对商品的认知过程后，具备了购买的可能性。但消费行为的发生，还需要消费者情感过程的参与。积极的情感如喜欢、热爱、愉快，可以增强消费者的购买欲望，反之，消极的情感如厌恶、反感、失望等，会打消购买欲望。佳佳的口味设计，咖喱的辣味与恋爱情调中的轻松与甜蜜不太相宜，未免扫兴。再加上"失恋的人爱吃'佳佳'"这种晦气的印象，给人以消极的情感刺激。因此，它最终败下阵来也就没有什么可以奇怪的了。

在商品购买心理的认知过程和情感过程这两个阶段，"佳佳"都未能给消费者造成充分的良性情感刺激度，失去了顾客的爱心；而"乖乖"则给人以充分的积极情绪的心理刺激，大获消费者青睐。因此，消费者在意志过程的决断中，舍谁取谁，已在不言之中了。

项目小结

心理活动过程，是指不同形式的心理现象对现实的动态反映过程。消费者的心理活动过程，从认知层面上包括感觉和知觉、注意、记忆、想象和思维等；从情感层面上则包括情绪和情感；从意志层面上包括消费者的意志。消费者的心理活动是产生消费行为的基础，任何一种消费行为的发生都涉及消费者的心理活动过程，因此研究其心理活动过程的规律对于企业的营销策略具有非常重要的指导意义。本项目从认知、情感和意志三个层面具体阐述了消费者心理活动过程的规律，并结合消费领域中的实际情况，探讨此规律对消费行为的影响以及在消费领域中的意义。

同步练习

【名词解释】

1．感觉　2．知觉　3．想象　4．思维　5．情绪
6．情感　7．意志

【案例分析】

有一位成功的商人，有人问他成功的秘诀是什么？他说是一辈子装聋作哑。原来当顾客走进店里，指着一件商品问："这个多少钱？""什么啊？"商人手贴着耳朵问。"这个多少钱？""什么？""有多少？""是多少钱？"顾客有点对商人恼怒了。

"哦，这个多少钱啊？"商人对着里屋的人喊。

"老板，这个柜台上的东西多少钱啊？"

里屋传来一阵带着睡意又有点不耐烦的吼声："不是说了吗？那里的商品要80元，好了，别烦我！"

"哦，这样啊，好的！"商人回过身来，对着顾客："您也听见了，老板说要50元，我可以便宜点卖，40元拿走怎么样？"

顾客窃喜，匆匆付钱后就走了。

问题： 请从消费者的心理活动角度分析，商人成功的关键点是什么？

【技能训练】

测试：小王是个在校大学生，因为学习需要，想购买一台电脑。由于他对电脑不太熟悉，于是先翻阅了相关的电脑书籍，上网查询了选购电脑的经验，并向同学、朋友征询了意见，最后结合自己的经济状况和学习需要，初步确定了购买意向。在商场，营业员极力向他推荐一款正在促销的电脑，配置较高，性能较好，还有赠品，但是价格比较昂贵。小王经过对比，认为自己购买电脑的主要目的是学习，虽然偶尔玩玩电脑游戏，但都比较简单，对电脑配置要求不高。另外电脑的升级淘汰很快，毕业后肯定还要更换。于是，小王最终决定选择一款配置普通、价格较低、有品牌信誉的电脑。这样，既满足了自己的学习需要，又不会对生活产生大的影响。

问题： 小王购买电脑的过程反映了消费者的哪些心理活动过程？商场、生产厂家应该采取什么手段来促进商品的销售？

项目三 消费者的个性心理特征

学习目标

- 掌握气质的概念、类型，不同气质类型消费者的购物特点及营销对策
- 掌握不同性格的消费者的购物特点及营销对策
- 了解能力的概念、分类，掌握消费者的能力与购买行为的影响
- 了解兴趣的概念，掌握消费者的兴趣与消费行为的影响

引导案例：消费者意见征求函

在"中国质量万里行"活动中，不少制造、销售伪劣商品的工商企业被曝光，消费者感到由衷的高兴。3月15日，正值世界消费者权益日，某大型零售企业为了改善服务态度、提高服务质量，向消费者发出意见征询函，调查内容是"如果您去商店退换商品，销售员不予退换怎么办"，要求被调查者写出自己遇到这种事时怎样做。其中，有如下几种答案：

（1）耐心诉说。尽自己最大努力，苦口婆心，慢慢解释退换商品的原因，直至得到解决。

（2）自认倒霉。向商店申诉也没用，商品质量不好又不是商店生产的，自己吃点亏，下回长经验。

（3）灵活变通。找好说话的其他售货员申诉，找营业组长或值班经理求情，只要有一人同意退换就可解决。

（4）据理力争。绝不求情，脸红脖子粗地与售货员争到底，不行就往报纸投稿曝光，再不解决就向工商局、消费者协会投诉。

为什么面对同样的退换商品问题，不同的消费者会表现出不同的态度和解决问题的方式？这个调查内容能否反映出消费者个性心理特征的本质？4种答案各反映出消费者哪些气质特征？本项目将就这些问题做出清晰的回答。

任务一　消费者个性概述

个性是在个体生理素质的基础上经由外界环境的作用逐步形成的。个性的形成既受遗传和生理因素的影响，又与后天的社会环境，尤其是童年时的经验有直接关系。

一、消费者个性的含义

个性（Personality），心理学中称为人格，该词来源于拉丁语 Persona，最初是指演员所戴的面具，其后是指演员和他所扮演的角色。心理学家引申其含义，把个体在人生舞台上扮演角色的外在行为和心理特质都称为个性。关于个性的定义，迄今为止众说纷纭。这里我们引用施契夫曼和卜努克对个性所下的定义：个性是指决定和折射个体如何对环境做出反应的内在心理特征。内在心理特征包括使某一个体与其他个体相区别的具体品性、特质、行为方式等多个方面。因此，个性是个综合性概念，它包括气质、性格、能力和兴趣等多种心理特征。

个性首先建立在人的生理基础之上，因而个性心理具有生理属性。这是人生来就有的生理特点，主要表现在基本神经反应的品质、天资和气质等方面，包括了人体感觉器官、运动器官和神经系统等的特点和类型。生理素质通过遗传获得，是个性心理产生的物质基础。

个体后天在社会实践活动中所逐渐形成的心理因素则是个性心理的社会属性，主要表现在人生观、兴趣、爱好、能力和性格等方面。个人所处的社会环境、生活经历、家庭背景等方面因素，对个性心理的形成、发展和转变具有决定性作用。正是由于个性的生理属性和社会属性的不同，决定了消费者个性心理的差异。

二、消费者个性的特点

个性作为反映个体基本精神面貌的本质的心理特征，具有稳定性、整体性、独特性和可塑性等基本特点。

（一）稳定性

个性的稳定性是指消费者经常表现出来的，表明消费者个人精神面貌的心理倾向和心理特点。偶尔或暂时出现的心理现象并不是主体的个性特征。

（二）整体性

个性的整体性是指消费者的各种个性倾向、个性心理特征以及心理过程都是有机地联系在一起的。它们之间紧密结合、相互依赖，形成个性的整体结构。

（三）独特性

个性的独特性是指在某一个具体的、特定的消费者身上，由独特的个性倾向以及个性心理特征组成的独有的、不同于他人的精神风貌。正是这些独具的精神风貌使不同消费者的个性带有明显的差异性。

（四）可塑性

个性的可塑性是指个性心理特征随着主体的经历而发生不同程度的变化，从而在每一阶段都呈现出不同的特征。个性的稳定性并不意味着一成不变，随着环境的变化、年龄的增长和消费实践活动的改变，个性也是可以改变的。

三、消费者个性的内部结构

从内部结构看，消费者的个性心理主要由个性倾向性和个性心理特征两部分组成。个性倾向性是指消费者在社会实践活动中对现实事物的看法、态度和倾向，具体包括需要、动机、兴趣、爱好、态度、理想、信念、价值观等。个性倾向性体现了人对社会环境的态度和行为的积极特征，对消费者心理的影响主要表现在心理活动的选择性、对消费对象的不同态度体验，以及消费行为模式上。

个性心理特征是气质、性格、能力等心理机能的独特结合。气质显示个体心理活动的动力特征；性格反映个体对现实环境和完成活动的态度上的特征；能力体现个体完成某种活动的潜在可能性特征。气质、性格、能力三者的独特结合构成个性心理的主要方面。研究消费者的个性心理与其行为的关系，主要就是研究不同消费者在气质、性格、能力等方面的差异及其在消费行为上的反映。

四、消费者个性与消费者行为

（一）运用个性预测消费者购买者行为

大多数个性研究是为了预测消费者的行为。营销研究者认为个性特征应当有助于预测品牌或店铺偏好等购买活动。虽然几项研究发现了关于个性与产品选择和使用之间存在相关关系的证据，但个性所能解释的变动量是很小的。迄今为止，即使是在颇具结论性的研究中，个性所能解释的变动量也不超过10%。个性对行为只有较小的预测力，实际上并不奇怪，因为它只是影响消费者行为的众多因素中的一个因素而已。即使个性特征是行为或购买意向的有效的预示器，能否据此细分市场还取决于很多条件。

案例讨论

在20世纪50年代，美国学者伊万斯（Evans）试图用个性预测消费者是拥有"福特"汽车还是"雪佛兰"汽车。他将一种标准的个性测量表分发给"福特"和"雪佛兰"车的拥有者，然后对收集到的数据用判别分析法进行分析。结果发现，在63%的情形下，个性特征能够准确地预测实际的汽车所有者。由于即使在随机情况下这一预测的准确率也仅达到 50%，所以个性对行为的预测力并不很大。伊万斯由此得出结论，个性在预测汽车品牌的选择上价值较小。

（资料来源：江林，消费者行为学，首都经济贸易大学出版社，2007）

（二）个性与品牌选择

品牌个性是品牌形象的一部分，它是指产品或品牌特性的传播以及在此基础上消费者对这些特性的感知。目前，越来越多的研究人员开始摒弃那种认为个性特征对消费者决策行为的影响放之四海而皆准的假设，相反认为具体的品牌具有激发消费者一致性反应的作用。品牌个性具有一定的主观性，然而它一旦形成就会与其他刺激因素共同作用于信息处理过程，使消费者获得这一品牌是否适合自己的印象。品牌个性不但使其与其他品牌相区别，还具有激发情绪和情感，为消费者提供无形利益的作用。

案例讨论

有一个公司为它的 4 个品牌的啤酒分别制作了不同的广告。每一则广告宣传一个品牌，每一品牌被描绘成适用于具有某一特定个性特征的消费者。比如其中一个品牌的广告中是一位"补偿型饮酒者"，他正值中年，有献身精神，对他来说，喝啤酒是对自己无私奉献的一种犒劳。其他几个品牌分别被赋予"社交饮酒者"（如在大学同学联谊会上的豪饮者）、"酒鬼"（认为自己很失败而嗜酒）等"个性"。试验让 250 位饮酒者观看这 4 则广告并品尝广告中宣传的啤酒，然后让他们按自己的喜欢程度对这 4 种啤酒排序，同时填写一份测量其"饮酒个性"的问卷。试验结果显示，大多数人喜欢品牌个性与自己的个性相一致的啤酒。这种好恶倾向非常明显，以致大多人认为至少有一种品牌的啤酒不适于饮用。他们不知道，其实这 4 个品牌的啤酒是完全一样的。

（资料来源：江林，消费者行为学，首都经济贸易大学出版社，2007）

（三）个性与新产品购买

消费者使用新产品有先有后，有些人是新产品的率先使用者，而另一些人则是落后使用者。率先使用者和落后使用者有哪些区别性特征，这是营销者特别希望了解的。消费者的创新性实际上反映的是消费者对新事物的接受倾向与态度，有些人对几乎所有新生事物采取排斥和怀疑的态度，另外一些人则采取开放和乐于接受的态度。

消费者对新产品的率先或落后使用，主要受消费者的"教条主义倾向"和"社会性格"等个性特质的影响。教条主义倾向反映了个体对不熟悉的事物或与其现有信念相抵触的信息在多大程度上持僵化立场。一般教条倾向严重的人很可能选择既有产品或已经成名的产品，从而成为新产品的落后使用者；少教条性的人更可能选择创新性产品，即成为新产品的率先使用者。社会性格是用来描述个体从内倾到外倾的个性特质。内倾型消费者倾向于运用自己内心的价值观或标准来评价新产品，他们更可能成为新产品的率先使用者；相反，外倾型消费者倾向于依赖别人的指引做出是非判断，因此成为创新采用者的可能性相对要小。

（四）个性与购买决策

虽然个性用于预测购买结果的效果并不尽如人意，但它对解释不同购买决策阶段的行为却颇有帮助。目前，关于这方面的研究主要集中于个性与信息处理变量的关系上，其中主要涉及认知需要与风险承担等概念。

认知需要是指个体进行思考的努力程度，或者说个体喜爱思考活动的程度。广告如何影响消费者对产品态度的形成与认知需要有密切的关系。研究发现，高认知需要者更多地被广告的内容与陈述质量所影响，而低认知需要者更多地被广告的边缘刺激，如陈述者的吸引力所影响。

风险承担，即是否愿意承担风险将直接影响消费者对诸如新产品推广和目录销售等营销活动的反应。在个性研究中，风险不仅表现为决策后果的不确定性，它也意味着对将要发生损失的个人预期。一些消费者被描绘成"T型顾客"，这类顾客较一般人具有更高的寻求刺激的需要，很容易变得腻倦，他们具有追求冒险的内在倾向，更可能将成功和能力视为生活的目标。与此相反，风险规避者更可能将幸福和快乐视为生活的首要目标。

任务二　消费者的气质

气质是消费者典型的个性心理特征之一，对消费者的购买行为起着重要的影响作用。消费者气质的差异导致每个消费者在进行各种消费活动时表现出不同的心理活动过程，形成各自独特的购买行为色彩。

一、气质的含义和特征

从消费心理学的角度看，气质是指个体心理活动的典型的、稳定的动力特征。这些动力特征主要表现在心理过程的强度、速度、稳定性、灵活性及指向性上。情绪的强弱、意志力的强度、耐受力的大小等属于心理过程的强度；知觉的快慢、思维的敏捷性等属于心理过程的速度；情绪的稳定性、注意力集中时间的长短等属于心理过程的稳定性；兴奋与抑制转换快慢、注意转换的难易等属于心理过程的灵活性；心理活动是倾向于外部事物，还是倾向于内心活动，体现心理活动过程的指向性特点。

气质作为个体典型的心理动力特征，是在先天生理素质的基础上通过生活实践在后天条件影响下形成的。由于先天遗传因素不同及后天生活环境的差异，不同个体之间在气质类型上存在着多种个别差异。这种差异会直接影响个体的心理和行为，从而使每个人的行为表现出独特的风格和特点。如有些人热情活泼、善于交际、表情丰富、行动敏捷，而另一些人则比较冷漠、不善言谈、行动迟缓。这种气质的差异和影响同样存在于消费者及其消费活动中，对于同一商品，不同气质类型的消费者会采取完全不同的购买行为。

气质作为个体稳定的心理动力特征，一经形成便会长期保持下去，并对人的心理和行为产生持久影响，也就是说，一个人的气质往往表现出相对稳定的、持久性的特点。但是随着生活环境的变化、职业的熏陶、所属群体的影响以及年龄的增长，消费者的气质也会有所改变，当然，这一变化是相当缓慢的、渐进的过程。

二、气质学说与类型

长期以来，心理学家对气质这一心理特征进行了多方面研究，从不同角度提出了各种气质学说，并对气质类型做了相应分类。

（一）主要的气质学说

1. 体液学说

早在公元前5世纪，古希腊的著名医生希波克拉底就提出了气质的体液学说，认为人体的状态是由体液的类型和数量决定的。他通过临床实践研究，认为人体内有四种体液：血液、黏液、黄胆汁、黑胆汁。根据每种体液在人体内所占比例不同，可以形成四种不同的气质类型。血液占优势的属于多血质，黏液占优势的属于黏液质，黄胆汁占优势的属于胆汁质，黑胆汁占优势的属于抑郁质。希波克拉底还详细描述了四种典型气质的行为表现，由于他的理论较易理解，所以这一分类方法至今仍为人们所沿用，但其关于体液存在的观点始终未得到生理学和现代医学的验证。

2. 血型说

日本学者古川竹二等人认为气质与人的血型有一定联系。人的血型有四种，即O型、A型、B型、AB型。其中，O型气质的人意志坚强、志向稳定、独立性强、有支配欲、积极进取；A型气质的人性情温和、老实顺从、孤独害羞、情绪易波动、依赖他人；B型气质的人感觉灵敏、大胆好动、能言善辩、爱管闲事；AB型气质的人则兼有A型和B型的特点。这一学说在日本较为流行。

3. 体形说

德国的精神病学家克瑞奇米尔根据临床观察研究，认为人的气质与体形有关。属于细长体形的人具有分裂气质，表现为不善交际、孤僻、神经质、多思虑；属于肥胖体形的人具有躁狂气质，表现为善于交际、表情活泼、热情；属于筋骨体形的人具有黏着气质，表现为迷恋、一丝不苟、情绪具有爆发性。

4. 倾向学说

这种学说由瑞士著名心理学家荣格提出，它以个人倾向性作为标准，将人的气质分为外倾型和内倾型两种。荣格认为外倾型的人易以环境作为行为出发点，凡事但求适应环境，心理活动倾向于外部，活泼、开朗、容易流露自己的感情，待人接物决断快，但比较轻率、独立性强、缺乏自我分析和自我批评，不拘泥于一般的小事，善于交际。内倾型的人以自我作为行为的出发点，凡事以自我为中心，心理活动倾向于内部，感情比较深沉，待人接物比较小心谨慎，经常反复思考，常因过分担心而缺乏判断能力，但对事锲而不舍，能够进行自我分析和自我批评，不善于交际。这一学说在西方心理学界有较大的影响。

5. 高级神经活动类型学说

俄国心理学家巴甫洛夫通过实验发现，人的高级神经活动在心理的生理机制中占有重要地位。高级神经活动具有三大基本特性，即强度、平衡性、灵活性。所谓强度是指大脑皮层细胞经受强烈刺激或持久工作的能力；平衡性是指兴奋过程的强度和抑制过程的强度之间是否相当；灵活性是指对刺激的反应速度和兴奋过程与抑制过程相互替代、转换的速度。

巴甫洛夫根据上述三种特性的相互结合提出高级神经活动类型的概念，指出气质是高级神经活动类型的特点在动物和人的行为中的表现，并据此划分出高级神经活动的四种基本类型。

（1）兴奋型。这类人的神经素质反应较强，但兴奋过程与抑制过程不平衡，且兴奋过程时常占据优势，情绪易激动，暴躁而有力，言谈举止有狂热表现。

（2）活泼型。这类人的神经活动过程平衡，强度和灵活性都高，行动敏捷而迅速，兴奋与抑制之间转换快，对环境的适应性强。

（3）安静型。这类人的神经活动过程平衡，强度高但灵活性较低，反应较慢而深沉，不易受环境因素影响，行动迟缓而有惰性。

（4）抑制型。这类人的兴奋和抑制两种过程都很弱，且抑制过程更弱一些，难以接受较强刺激，是一种胆小而容易伤感的类型。

（二）气质的基本类型

由于巴甫洛夫的结论是在实验基础上得出的，因而具有较强的科学依据。同时由于各种神经活动类型的表现形式与传统的体液说有对应关系，因此，人们以体液说作为气质类型的基本形式，而以巴甫洛夫的高级神经活动类型说作为气质类型的生理学依据，把人的气质划分为以下4种基本类型。

1. 胆汁质型

这种气质的人的高级神经活动类型属于兴奋型。其情绪兴奋性高、抑制能力差、反应速度快但不灵活、直率热情、精力旺盛、脾气暴躁、容易冲动、心境变化剧烈。

2. 多血质型

这种气质的人的高级神经活动类型属于活泼型。其情绪兴奋性高、外部表露明显、反应速度快且灵活、活泼好动、动作敏捷、喜欢交往、乐观开朗、兴趣广泛但不持久、注意力易转移、情感丰富但不够深刻稳定。

3. 黏液质型

这种气质的人的高级神经活动类型属于安静型。其情绪兴奋性低、外部表现少、反应速度慢，一般表现为沉静安详、少言寡语、行动迟缓、善于克制忍耐、情绪不外露、做事踏实、慎重细致但不够灵活、易固执己见。

4. 抑郁质型

这种气质的人的高级神经活动类型属于抑制型。其情绪兴奋性低，反应速度慢而不灵活，具有刻板性、敏感细腻、脆弱多疑、孤僻寡欢、对事物反应较强、情感体验深刻，但很少外露。

以上是4种气质类型的典型表现，而在现实生活中绝对属于某种气质类型的人并不多，大多数人是以某一种气质类型为主，兼有其他气质特征的混合型。同时需要指出的是，一个人的气质无所谓好坏，但对人的品质的形成的影响却有积极和消极之分。了解一个人的气质，有助于根据消费者的各种购买行为发现和识别其气质方面的特点，注意利用其积极的方面，而控制其消极面。

案例讨论

张某是湖南某大学工商管理专业的一名研究生，毕业时有两家用人单位对她亮了"绿灯"。一家是江苏某技校欲聘请她做老师，一家是湖南某工商局欲聘请她为办公室秘书。她再三思考后，觉得自己的气质不适合做文秘工作，而比较适合搞研究及从事教学工作。因为在性格上，她有一种纯情和天真的气质，适合与学生打交道。于是她在别人不理解的眼光中毅然到技校执掌教鞭。幸运的是，她在现在的工作中感到非常顺心、舒心。她肯定了自己按照气质类型选择职业的正确性。我们每个人都应该在了解了自己的气质类型之后，有针对性地选择适合自己的职业。

（资料来源：根据气质择业成功人士案例，www.stupress.com/ebook/dxszyzd）

三、消费者的气质类型与消费行为

消费者不同的气质类型特点必然会直接影响他们的消费行为，使之显现出不同的，甚至是截然相反的行为方式、风格和特点。因此，认识和掌握不同气质特征的消费行为，有助于提高商品销售活动的技巧。

（一）胆汁质类型消费者

胆汁质类型消费者在购买过程中反应迅速，一旦感到某种需要，购买动机就很快形成，而且表现比较强烈；决策过程短，情绪易于冲动，满意与否的情绪反应强烈并表现明显；喜欢购买新颖奇特、标新立异的商品；购买目标一经决定就会立即购买，不愿花太多时间进行比较和思考，而事后又往往后悔不迭。在购买过程中，如果遇到礼貌热情的接待便会迅速成交；如果营业人员态度欠佳或使消费者等候时间过长，则容易引发他们的急躁情绪乃至发生冲突。所以接待这类消费者要眼明手快、及时应答，并辅以柔和的语言与目光，千万不要刺激对方，使消费者的购物情绪达到最佳状态。

（二）多血质类型消费者

多血质类型消费者在购买过程中善于表达自己的愿望，表情丰富，反应灵敏，有较多的商品信息来源；决策过程迅速，但有时也会由于缺乏深思熟虑而作出轻率的选择，容易见异思迁；他们善于交际，乐于向营业员咨询、攀谈所要购买的商品，甚至言及他事。因此，接待这类消费者应主动介绍、与之交谈，要不厌其烦地有问必答，尽量帮助他们缩短购买商品的过程，当好他们的参谋。

（三）黏液质类型消费者

黏液质类型消费者在购买过程中对商品刺激反应缓慢，喜欢与否不露声色；沉着冷静，决策过程较长；情绪稳定，善于控制自己；自信心较强，不易受广告宣传、商品包装及他人意见的干扰影响，喜欢通过自己的观察、比较作出购买决定，对自己喜爱和熟悉的商品会产生连续购买行为。接待这类消费者要有耐心，应有的放矢，避免过多的语言和过分的热情，以免引起消费者的反感。

（四）抑郁质类型消费者

抑郁质类型消费者在购买过程中对外界刺激反应迟钝，不善于表达个人的购买欲望和要求；情绪变化缓慢，观察商品仔细认真，而且体验深刻，往往能发现商品的细微之处；购买行为拘谨，不愿与他人沟通，对营业员的推荐介绍心怀戒备，甚至买后还会怀疑是否上当受骗。接待这类消费者要注意态度和蔼、耐心，对他们可作些有关商品的介绍以消除其疑虑，促成交易，对他们的反复应予以理解。

任务三　消费者的性格

一、性格的含义与特征

（一）性格的含义

性格是指个人对现实的稳定态度和与之相适应的习惯化的行为方式。性格是个性中最鲜明的、最主要的心理特征，它通过人对事物的倾向性态度、意志、活动、言语、外貌等方面表现出来，是个性心理特征最重要的表现。人在现实生活中表现出的一贯性的态度倾向和行为方式，如勤奋、懒惰、诚实、虚伪、慷慨、谦虚、骄傲、勇敢、懦弱等，这些都反映了自身的性格特点。

性格与气质同属人的个性心理特征，有时易被混为一谈。两者区别如下。

1. 两者形成的客观基础条件不同

气质的形成直接取决于人的高级神经活动类型，具有自然性质；性格形成的生理基础受高级神经活动类型的影响，但更受社会环境、教育背景等后天因素影响，具有社会性质。

2. 两者的稳定程度不同

气质具有先天性，受遗传因素的影响，虽然也会受到外界环境的影响，但其变化极为缓慢，具有较强的稳定性；性格主要是后天形成的，是在人与外界环境的相互作用中逐渐形成和发展的，虽然也具有稳定性特点，但与气质相比较容易改变，具有较强的可塑性。

3. 两者的社会评价不同

气质反映的是人在情绪和行为活动中的动力性特征，具有某种气质类型的人在不同的活动中会以同样的方式表现出来。因此气质不受活动内容的影响，也不具有社会评价意义，无好坏之分。性格反映的是人的社会特征，是对客观事物的态度和行为方式，常与他人发生一定的社会关系，产生一定影响，或有益于社会和他人，或有害于社会和他人。因此，性格具有社会评价意义，有好坏之分。

性格与气质的相互联系和相互影响主要表现如下：

（1）气质可以按照每种类型的动力特征影响性格的表现方式，从而使性格带有独特的色彩。例如，同样是对人友善的性格，胆汁质类型的人表现为热情豪爽，多血质类型的人表现为亲切关怀，黏液质类型的人表现为诚恳，而抑郁质类型的人表现为温柔。

（2）气质可以影响性格形成和发展的速度。例如，对于勇敢性格的形成，胆汁质类型的人比较自然和容易，而抑郁质类型的人往往需要经过长时间的努力和锻炼。

（3）性格可以制约气质的表现，也可以影响气质的改变。例如，顽强坚定的性格可以克制气质的某些消极方面，使积极方面得到充分发展。一个意志坚强、认真负责的营业员的气质属于胆汁质类型，她在接待顾客时，经常告诫和要求自己切不可急躁冲动，而要保持热情和耐心，动作快而不乱，使顾客得到满意的服务。

在性格与气质的关系中，气质只反映活动的进行方式，而性格则引导着活动的方向，并调节、改变气质因素，使活动达到预定的目标。因此性格是最本质、最核心、最富有代表性的个性心理特征。

(二)性格的特征

性格是十分复杂的心理现象,具有多方面的特征,主要体现在以下 4 个方面。

1. 性格的态度特征

性格的态度特征表现为个人对待客观事物和现实的态度的倾向性特点。这种特征主要体现在三个方面：一是对社会、集体和他人的态度上的差异,如热情或冷淡、大公无私或自私自利、富于同情心或冷漠无情、诚实或虚伪等；二是对事业、工作、学习、劳动和生活的态度上的差异,如耐心细致或粗心大意、勇于创新或墨守成规、勤劳或懒惰、节俭朴素或奢侈浮华、努力进取或松懈退却等；三是对自己的态度上的差异,如谦虚或骄傲、自信或自卑、严于律己或放任自流等。

2. 性格的理智特征

性格的理智特征是指人在对事物认知过程中表现出来的个体差异方面的特点。例如,在感知方面有主动观察与被动知觉的差异,在想象方面有富于创造性想象和依赖模仿性想象的差异,在思维方面有抽象与具体罗列的性格差异等。

3. 性格的情绪特征

性格的情绪特征是指个人受情绪影响或控制情绪程度状态的特点。主要体现在以下三个方面：一是情绪反应的程度,如对同一件事情,有的人反应强烈、体验深刻,而有的人则反应较弱、体验肤浅；二是情绪的稳定性,有的人稳重并善于自控,有的人则极易冲动；三是情绪的持久性,如有些人情绪持续的时间长,留下的印象深刻,而有些人情绪持续时间短,几乎不留痕迹。

4. 性格的意志特征

性格的意志特征是指在意志的作用下,表现出来的对自身行为的自觉调节方式和控制程度的特点。这种特征体现在四个方面：一是行为目标明确程度的特征,如做事是有计划性的还是盲目性的,是积极主动的还是消极被动的；二是对自己的行为自觉控制水平的特征,如是主动控制还是一时冲动,是自制力强还是放任自流；三是在紧急或困难条件下表现出来的意志特征,如是沉着镇定还是惊慌失措,是果断顽强还是犹豫不决；四是对待长期工作的意志特征,如是严谨还是马虎,是坚毅还是半途而废等。

上述几个方面的性格特征相互联系,构成统一整体。每个人不但有不同的性格特征,而且这些特征的结构也不相同,从而使同一性格特征在不同的人身上表现出差异性。人们的个性特征差异是极其丰富的,很难找出两个性格特征和结构完全相同的人。反映到消费者的消费行为上,就构成了千差万别的消费性格。

案例分析

姜先生,研究生学历,已有 5 年工作经验,现就职于国内一家大型知名企业做销售工作。姜先生销售业绩不错，其敬业的工作态度也得到了大家的肯定。然而今年公司面临市场激烈竞争，姜先生所在的部门结构重整，销售模式也发生相应改变，姜先生突然觉得自己不适合工作的要求了。因为公司赋予了销售人员更多的权利，工作环境也更加复杂，性格比较内向的他发觉自己处理不了那么多不确定的事情。他的压力感愈来愈强，工作业绩也不太理想，姜先生开始怀疑自己的性格不适合这份工作了。

（资料来源：百度文库）

分析：面临工作困难，将原因归结为性格不适，是否过于武断，或存在着一些逃避现实的原因？姜先生的销售工作在前两年取得了不错的业绩，为什么在公司一些制度方法改变后，就变得不适合了呢？经过分析我们发现姜先生发生职业危机的根本原因在于面临公司变革，适应力不够。姜先生将自己的工作危机归结为性格原因，是一种潜意识中的对现实问题的逃避。那么，对更多的职业人来说，当面临职业发展问题时，同样不要轻易下结论，不要认为性格不适就放弃工作，要进一步挖掘深层次的原因。

二、性格的理论学说及类型

长期以来许多心理学家高度重视性格理论的研究和探讨，并尝试从不同的角度对人的性格进行分类。有关性格的理论学说及分类，比较典型的主要有以下几种。

（一）机能类型说

这种学说主张根据理智、情绪、意志三种心理机能在性格结构中所占的优势地位来确定性格类型。其中，理智占优势的性格称为理智型，这种性格的人善于冷静、理智地思考和推理，用理智来衡量事物，行为举止多受理智的支配和影响；情绪占优势的性格称为情绪型，这种性格的人情绪体验深刻，不善于进行理性思考，言行易受情绪支配，处理问题喜欢感情用事；意志占优势的性格称为意志型，这种性格的人在各种活动中都具有明确的目标，行为积极主动，意志比较坚定，较少受其他因素干扰。

（二）向性说

美国心理学家艾克森提出按照个体心理活动的倾向来划分性格类型，并据此把性格分为内倾、外倾两类。内倾型的人心理内倾、沉默寡言、情感深沉、待人接物小心谨慎、性情孤僻、不善交际。外倾型的人心理外倾、对外部事物比较关心、情感容易流露、待人接物比较随和、开朗、大方、善于交际。

（三）独立—顺从说

这种学说按照个体的独立性把性格分为独立型和顺从型两类。独立型表现为善于独立发现和解决问题，有主见，不易受外界影响，较少依赖他人。顺从型则表现出独立性差，易受他人影响，人云亦云，抉择问题时犹豫不决。

（四）价值倾向说

美国心理学家阿波特根据人的价值观念倾向，将性格划分为以下六种类型。

（1）理论型。这种性格的人求知欲旺盛，乐于钻研，擅长于观察、分析和推理，自制力强，对于情绪有较强的控制力。

（2）经济型。这种性格的人倾向于务实，从实际出发，注重物质利益和经济效益。

（3）艺术型。这种性格的人重视事物的审美价值，善于审视和享受各种美好的事物，以美学或艺术价值作为衡量标准。

（4）社会型。这种性格的人具有较强的社会责任感，以爱护、关心他人作为自己的职责，为人善良随和、宽容大度、乐于交际。

（5）政治型。这种性格的人对于权力有较大的兴趣，十分自信，习惯自我肯定，也有的人表现为自负、专横。

（6）宗教型。这是指那些重视命运和超自然力量的人，一般有稳定甚至坚定的信仰，逃避现实，自愿克服比较低级的欲望，乐于沉思和自我否定。

（五）性格九分法

近年来，性格九分法作为一种新的性格分类方法在国际上开始引起重视并逐渐流行开来。这种分类把性格划分为九种基本类型。

（1）完美主义型。其特征表现为谨慎、理智、苛求、刻板。

（2）施予者型。其特征表现为有同情心、感情外露，但可能具有侵略性，爱发号施令。

（3）演员型。其特征表现为竞争性强、能力强、有进取心、性情急躁，为自己的形象所困扰。

（4）浪漫型。其特征表现为有创造性、气质忧郁，热衷于不现实的事情。

（5）观察者型。其特征表现为情绪冷淡、超然于众人之外、不动声色、行动秘密、聪明。

（6）质疑者型。其特征表现为怀疑成性、忠诚、胆怯，总是注意着危险的信号。

（7）享乐主义者型。其特征表现为热衷享受、孩子气、不愿承担义务。

（8）老板型。其特征表现为独裁、好斗、有保护欲、爱负责任、喜欢战胜别人。

（9）调停者型。其特征表现为有耐心、沉稳、善于安慰人，但可能因安于享受而对现实不闻不问。

从上述理论介绍中可以看出，由于不同学者在划分性格类型时的研究角度和所持的依据各不相同，因而得出的结论也各不相同。这说明性格作为主要在社会实践中形成并随环境变化而改变的个性心理特征，具有极其复杂多样的特质构成与表征，单纯以少数因素加以分类是难以涵盖其全部类型的。由于消费活动与其他社会活动相比更为复杂、多变，因此，消费者的性格类型更难于作出统一界定，而只能结合具体的消费实践加以研究和划分。

三、消费者的性格与消费行为

消费者千差万别的性格特点，往往会表现在他们对消费活动的态度和习惯化的购买行为方式以及个体活动的独立性程度上，从而构成千姿百态的消费性格。依据不同的角度，消费性格可以划分为不同的类型，体现出不同的消费行为。

（一）从消费态度角度划分

1. 节俭型

节俭型消费者崇尚节俭，反对不必要的开支和浪费。他们在选购商品时较为注重商品的质量和实用性，不太重视商品的品牌和外观，不喜欢华而不实、中看不中用的商品，受商品外在包装及商品广告宣传影响较小。

2. 保守型

保守型消费者的性格一般比较内向，消费态度大都比较严谨、固执，习惯于传统的消费方式。接受新产品、新观念比较慢，有时甚至很困难。在购物时，喜欢购买传统的和有过多次使用经验的商品，不太愿意冒险尝试新产品。

3. 自由型

自由型消费者的消费态度比较随意，没有长久、稳定的消费模式。在选购商品时表现出较大的随机性，选择商品的标准也往往多样化，经常根据实际需要和商品种类的不同采取不同的选择标准，同时受外界环境及广告宣传的影响较大。

（二）从购买方式角度划分

1. 习惯型

习惯型消费者往往根据以往的消费和使用经验采取购买行动。当他们一旦对某种品牌的商品熟悉并产生偏爱后，便会经常重复购买，不易改变自己的观点和行为。

2. 慎重型

慎重型消费者大都较稳重，遇事冷静、客观，情绪不易外露。选购商品时，常根据自己的实际需要和购物经验作出决定，受外界影响小，不易冲动，具有较强的自控能力。他们在购物之前往往会广泛收集有关信息，经过慎重的考虑、比较和选择之后才会作出购买决定。

3. 挑剔型

挑剔型消费者大都具有一定的商品知识和购买经验，在选购商品时主观性强，较少征询他人意见。选购商品极为细心，有时甚至很苛刻，对销售人员的推荐介绍有相当敏感的戒备心理。

4．被动型

被动型消费者大多缺乏商品知识和购买经验，对商品品牌、款式等没有固定的偏好，选购商品时缺乏自信和主见，希望得到别人的意见和帮助。因此，销售人员的宣传和推荐往往会对这类消费者的购买行为产生较大的影响。

5．冲动型

冲动型消费者的情绪特征非常明显，对外部刺激的反应非常敏感。在选购商品时以直观感觉为主，易受广告宣传、产品包装等因素影响，并喜欢追求新产品和时尚商品。对商品价格、功能考虑不多，常凭个人一时冲动购买。

我们要注意，在实际购买活动中，由于环境的影响，消费者的性格往往表现得比较模糊。所以在判断和分析消费者的性格特征时，必须考虑性格的稳定性特点，而不能凭一时的购买态度和偶然的购买行为对其消费性格做出判定。

任务四　消费者的能力

能力总是和人们完成一定的活动联系在一起，离开了具体活动就不能表现人的能力。消费者的能力则是通过消费活动表现出来，因此研究消费者的能力结构及其对消费者行为的影响具有重要的现实意义。

一、能力的含义

能力是指人顺利完成某项活动所必须具备的，并且直接影响活动效率的个性心理特征。在实践中，要想成功地完成一项活动，往往需要具备多种综合能力，其中包括观察力、记忆力、想象力、思维能力、注意力，以及听觉、运算、鉴别能力和组织能力等。这些不同种类的能力彼此联系、相互促进、共同发挥作用。当然，不同的活动需具备不同的能力结构，所需的能力强度也不相同。例如在进行购买活动时，一般商品的购买只要求消费者具有注意力、记忆、思维、比较和决策的能力。而购买特殊商品时则还需加上鉴别能力和检验能力等。

对能力的理解要注意两点：首先，能力是顺利完成某项活动的主观条件。消费者只有具备良好的观察能力、记忆能力和思维能力等，才能保证购买活动的顺利进行。其次，能力总与人的活动相联系，并直接影响人的活动效率。人的能力总是存在于人的活动之中，并通过活动表现出来，同时也只能从活动的效率和效果中看出其能力的大小和强弱。

人的能力的形成和发展与许多因素有关。研究表明，人的能力发展与遗传因素有关。但遗传因素仅是能力形成和发展的自然基础，只提供了心理发展的可能性，要转化为现实性还需要环境因素的配合。环境对人的能力形成与发展起着重要的作用，因而许多学者强调早期教育的重要性。同时人的社会实践是能力发展的关键因素。人在改造客观世界的实践活动中逐渐形成和发展了各种能力。另外，人的心理因素与人的能力发展也有着密切的联系。许多研究表明，远大的理想、浓厚的兴趣以及顽强的意志等，可以极大地促进一个人能力的发展。

二、能力的类型与差异

（一）能力的类型

人的能力是由多种具体能力构成的有机结构体。依据不同的标准，能力可以划分为不同的类型。

1. 依据作用方式不同，可以划分为一般能力和特殊能力

一般能力是指顺利完成各种活动所必须具备的基本能力，如观察能力、记忆能力、思维能力、想象力、注意力等。它是人们完成任何活动所不可缺少的，是从事各种活动的前提条件。特殊能力是指顺利完成某种专业活动所必须具备的能力，如创造力、鉴赏力、组织领导能力等。

2. 依据在能力结构中所处地位的不同，可以划分为优势能力和非优势能力

优势能力是指在能力结构中处于主导地位、表现最为突出的能力。非优势能力则处于从属地位，表现比较微弱的能力。优势能力与非优势能力在每个人身上相比较而存在。任何人都不可能是全才，只要具备某一方面的优势能力同样可以获得成功。

（二）能力的差异

由于受到环境、教育、社会实践等众多因素的影响，人与人之间在能力上存在着个体差异，正是这些差异决定了人们的行为活动具有不同的效率和效果。具体而言，能力的差异主要表现在以下几个方面。

1. 能力类型的差异

能力类型的差异是指人的能力在类别上以及在同类中的不同能力之间的差别。例如有些人的一般能力比较强，而特殊能力较弱；有些人的认知能力较强，而操作能力较弱。在同类的认知能力中，有些人观察能力、知觉能力较强，而记忆能力或想象能力较弱。人的能力类型的差异虽然是客观存在的，但这并不表明一种类型的能力优于另一种类型的能力，因为在任何类型能力的基础上，各种能力都可以得到相应的发展。每个人都可以根据自身的特点，发展与之相适应的各种能力，以适应各种社会实践活动的需要。

2. 能力水平的差异

能力水平的差异是指不同的人之间在同种能力的发展水平上存在高低的差别。如果在相同条件下，一个人从事某项活动的顺利程度和取得的成绩高于别人，那么在一定程度上表明他的能力比其他人强。研究发现，就一般能力来看，在全世界人口中，智力水平基本呈正态分布，即智力极低或智力极高的人很少，绝大多数的人属于中等智力。表 3-1 是美国心理学家推孟（L. M. Terman）抽取 2 904 个年龄在 2~18 岁的人进行测验得出的智商情况。可以看出，位于两端的百分比很小，而中间部分很大。

表 3-1 智力水平等级划分表

智商	等级	人口比例/%
139 以上	非常优秀	1
120~139	优秀	11
110~119	中上	18
90~109	中等智商	46
80~89	中下	15
70~79	及格	6
70 以下	低智商	3

（资料来源：王雁，普通心理学，人民教育出版社，2002）

3. 能力表现时间的差异

能力表现时间的差异是指不同人之间在同种能力的发展上表现出时间早晚的差别。对于某种能力，有的人表现得早一些，而有的人却表现得比较晚。有的人是"人才早熟"，有的人是"大器晚成"。消费者能力表现的早晚主要与后天消费实践的多少及专门训练的程度有关。

小资料

根据历史记载，我国许多名人在幼年时期就显露其才华。李白"五岁读六甲，十岁观百家"；杜甫"七龄思即壮，开口咏《凤凰》"；明末爱国诗人夏完淳 5 岁知五经，9 岁擅辞赋古文。近年来，全国各地更是涌现出一些早慧儿童成为小画家、小音乐家、小文学家等。中国科技大学自 1978 年以来已招收多期少年班大学生，他们都是十四五岁就上了大学。事实上，大器晚成的人在古今中外不乏其例：姜子牙辅佐周武王，72 岁才任宰相；著名画家齐白石 40 岁表现出绘画才能；人类学家摩尔根发表基因遗传理论时已 60 岁了；苏联学者伊·古谢妓 40 岁才学文化，后跟儿子一起毕业于农业大学，73 岁完成博士论文。

一般说来，科学家做出贡献的最佳年龄是中年。专家们认为，中年人年富力强，精力充沛，既有丰富知识经验，又有较强的抽象思维能力和记忆能力，思维敏捷，较少保守，易于革新，勇于创造，是成才的好时机。有人对 301 位诺贝尔奖获得者做了统计，结果表明，30~45 岁是人的智力最佳年龄区。301 位诺贝尔奖获得者中有 75%的人获诺贝尔奖时年龄处于这个最佳年龄区，当代世界上杰出的科学家取得成就的年龄的峰值在 36 岁。

（资料来源：王雁，普通心理学，人民教育出版社，2002）

三、消费者的能力构成

在市场经济条件下，消费者必须具备多方面的能力，以适应消费活动复杂化和多样化的要求。消费者的能力由以下几个方面构成。

（一）从事各种消费活动所需要的基本能力

消费者从事各种消费活动所需要的基本能力包括对商品的感知、记忆、辨别能力，对信息的综合分析、比较评价能力，购买过程中的选择、决策能力以及记忆力、想象力等，这些基本能力是消费者实施消费活动的必备条件。基本能力的高低强弱会直接造成消费行为的方式和效果的差异。

1. 感知能力

感知能力是指消费者对商品的外部特征和外部联系加以直接反映的能力。感知能力是消费行为的先导，通过它，消费者可以了解商品的外观、色彩、气味、轻重以及所呈现的整体风格，从而形成对商品的初步印象，为消费者进一步对商品做出分析判断提供依据。

消费者感知能力的差异主要表现在速度、准确度和敏锐度方面。感知能力的强弱会影响消费者对消费刺激的反应程度。感知能力强的消费者能够对商品的微小变化和同类商品之间的细微差别清晰辨认；感知能力弱的消费者则可能忽略或难以区分细小的变化。

2. 分析评价能力

分析评价能力是指消费者对接收到的各种商品信息进行整理加工、分析综合、比较评价，进而对商品的优劣好坏做出准确判断的能力。分析评价能力的强弱主要取决于消费者的思维能力和思维方式。

有的消费者思维的独立性、灵活性和抽象概括力很强，能够根据已有信息对传播源的可信度、他人行为及消费时尚、企业促销手段的性质、商品的真伪优劣等做出客观的分析，在此基础上形成对商品的全面认识、对不同商品之间差异的深入比较，以及对现实环境与自身条件的综合权衡；有的消费者则缺乏综合分析能力，难以从众多信息中择取有用信息，不能迅速做出清晰、准确的评价判断。

3. 选择决策能力

选择决策能力是指消费者在充分选择和比较商品的基础上，及时果断地做出购买决定的能力。消费者的决策能力直接受到个人性格和气质的影响。由于性格特点和气质类型的不同，有的消费者在购买过程中大胆果断，决断力强，决策过程迅速；有的人则常常表现出优柔寡断，易受他人态度或意见的左右，反复不定。决策能力还与对商品的认识程度、使用经验和购买习惯有关。消费者对商品的特性越熟悉、使用经验越丰富、习惯性购买驱动越强、决策过程越迅速，决策能力也便相应加强；反之，决策能力会相对减弱。

此外，记忆力、想象力也是消费者必须具备和经常运用的基本能力。消费者在选购商品时，经常要参照和依据以往的购买、使用经验及了解的商品知识，这就需要消费者具备良好的记忆能力；而丰富的想象力可以使消费者从商品本身想象到该商品在一定环境和条件下的使用效果，从而激发其美好的情感和购买欲望。

（二）从事特殊消费活动所需要的特殊能力

特殊能力主要是指消费者购买和使用某些专业性商品所应具有的能力。它通常表现为以专业知识为基础的消费技能。由于特殊能力是针对某一类或某一种特定商品的消费而言的，而商品的种类成千上万，因此消费者的特殊能力也有多种多样的表现形式。除适用于专业性商品消费外，特殊能力还包括由某些一般能力高度发展而形成的优势能力，如创造力、审美能力等。

（三）消费者对自身权益的保护能力

消费者作为市场经济的主体之一，享有多方面的权力和利益。这些权力和利益经法律认定就成为消费者的合法权益。然而，这一权益的实现并不是自然的过程，尤其在我国市场经济尚不成熟的环境中，由于法制不健全，市场秩序不规范，侵犯消费者权益的事例常有发生。这在客观上要求消费者自身需要不断提高自我保护的能力。

四、能力与消费行为表现

消费者的能力特性与消费行为直接相关，其能力差异必然使他们在购买和使用商品的过程中表现出不同的行为特点。具体可以分为以下几种典型类型。

（一）成熟型

这类消费者通常具有较全面的能力构成。他们对于所需要的商品不但非常了解，而且有长期的购买和使用经验，对商品的性能、质量、价格、市场行情、生产情况等方面的信息极为熟悉。因此在购买的过程中，他们通常注重从整体角度综合评价商品的各项性能，因而能够正确辨认商品的质量优劣。这类消费者由于具有丰富的商品知识和购买经验，加之有明确的购买目标和具体要求，所以在购买现场往往表现得比较自信、坚定、自主性较高，能够按照自己的意志独立做出决策，并较少受外界环境及他人意见的影响。

（二）一般型

这类消费者的能力构成和水平处于中等状态。他们通常具备一些商品方面的知识，但仅掌握有限的商品信息，缺乏相应的消费经验，主要通过广告宣传、他人介绍等途径来了解商品。在购买之前，一般只有一个笼统的目标，缺乏对商品的具体要求，因而很难对商品的内在质量、性能、适用条件等提出明确的意见。

限于能力水平，这类消费者在购买过程中往往更乐于听取销售人员的介绍和厂商的宣传，并经常主动向销售人员或其他消费者进行咨询，以求更全面地收集信息。由于商品知识不足，他们会显现出缺乏自信，需要在广泛征询他人意见的基础上做出决策，因而容易受外界环境的影响。

（三）缺乏型

这类消费者的能力构成和水平均处于低下状态。他们不但不了解有关商品的知识和信息，而且不具备任何购买经验。在购买之前，往往没有明确的购买目标，仅有一些朦胧的意识和想法；在选购过程中，对商品的了解仅建立在直觉观察和表面认识的基础上，缺乏把握商品本质特征及消费信息内在联系的能力，因而难于做出正确的比较选择；在制定决策时，经常表现出犹豫不决，极易受环境影响和他人意见左右，其购买行为常常带有很大的随意性和盲目性。这种状况通常仅存在于对某类不熟悉商品或新产品的消费者中，以及不具备或丧失生活能力的婴幼儿、老年人和残疾人消费者中。

任何能力及行为类型都是相对的。消费者可能在某一方面或某一类商品的消费中表现为成熟型，而对于另一类商品的消费又表现为一般型。此外随着生活经验的积累以及个人有意识地自我培养，消费者的能力水平也会不断提高。

任务五　消费者的兴趣

消费者购买行为的发生，除了因对商品的需要而产生的购买动机有直接关系外，还与兴趣密切相关。因此，研究消费者的兴趣具有重要的现实意义。

一、兴趣的含义和特点

（一）兴趣的含义

兴趣是指一个人力求接触和认识某种事物的一种意识倾向。当一个人对某种事物感兴趣时，就会关注、积极探索并为其投入大量时间和精力。例如对邮票感兴趣的人，就会想尽办法对古今中外的各种邮票进行收集、珍藏和研究。兴趣是以需要为前提和基础的，人们需要什么也就会对什么感兴趣。在现实生活中，由于人们的需要是多种多样的，因此人们的兴趣也是十分广泛的。同时，兴趣受社会性制约，不同社会环境、阶层、职业以及文化层次的人，感兴趣的事物往往有所不同。随着年龄的变化和时代的变迁，人的兴趣也会发生变化。

（二）兴趣的特点

1. 倾向性

兴趣的倾向性是指兴趣所指向的客观事物的具体内容和对象。人们的任何兴趣都是针对一定的事物而产生的，至于人们兴趣指向的对象是什么却因人而异。例如许多女性消费者对逛街购物有极大的兴趣，而绝大部分男性消费者对此丝毫不感兴趣。

2. 效能性

兴趣的效能性是指兴趣对人们行动所产生的作用和效果。兴趣在人们身上发生后，所起的作用因人而异。有些人的兴趣很容易付诸实践行动，而有些人只停留在好奇和期望的状态，不会产生实际效果。例如有的消费者对某种商品不仅感兴趣还下决心购买，体现在行动上的效能就高；而有的消费者仅仅是有兴趣而不购买。

3. 广泛性

兴趣的广泛性是指感兴趣的客观对象范围的大小。兴趣的范围因人而异，有的人兴趣范围广泛，琴棋书画样样爱好；有的人对什么事情都不感兴趣，百无聊赖。一般而言，兴趣广泛，学习的知识就较多，经验就比较丰富；兴趣狭窄，就会缺乏掌握信息、知识和经验的机会。因此，兴趣的广泛性是人的心理及行为充分发展的前提条件之一。

4. 稳定性

兴趣的稳定性是指人的兴趣持续时间的长短。兴趣的稳定性对消费者的购买行为具有一定的影响，兴趣稳定的消费者对商品了解细致，品牌忠诚度较高；而缺乏稳定兴趣的消费者对商品容易见异思迁、喜新厌旧，品牌忠诚度不够。

二、兴趣的类型

人们的兴趣很广泛，概括起来可以有以下几种分类。

（一）物质兴趣和精神兴趣

这是依据兴趣的内容和倾向性来划分的。物质兴趣是指人们对物质生活的兴趣，如消费者对衣、食、住、行等方面的渴望和爱好；精神兴趣是指人们为满足精神需求而形成的态度倾向，如对文学、艺术的爱好等。

（二）直接兴趣和间接兴趣

这是依据兴趣与指向对象的关系来划分的。由事物本身引起的兴趣称为直接兴趣，如青年学生由于对牛仔服的喜爱而省吃俭用去购买它。对某种事物本身没有兴趣而对于这种事物未来的结果有兴趣，这种兴趣称为间接兴趣，如为升学晋职而引起对外语的学习兴趣。

三、兴趣与消费者的购买行为

在购买活动中,兴趣对消费者的购买行为有着较大的影响,这种影响主要表现在以下几个方面。

(一)兴趣有助于消费者为未来的购买活动作准备

消费者如果对某种商品感兴趣,往往会主动收集有关信息、积累知识,为未来的购买活动打下基础。例如一个喜爱汽车的人,平时就会关注汽车的品牌、价格等,真正购买时就有大量的参考信息。

(二)兴趣能使消费者缩短决策过程,尽快做出购买决定并加以执行

消费者在选购自己感兴趣的商品时,一般来说心情比较愉快、注意力比较集中、态度积极认真,这样能使购买过程易于顺利进行。

(三)兴趣可以刺激消费者对某种商品重复购买或长期使用

消费者一旦对某种商品产生持久的兴趣,就会发展成为一种个人偏好,从而促使他固定地使用,形成重复的、长期的购买行为。例如有人已习惯使用黑人牙膏,对其有了偏好,不管有何新的牙膏产品问世他都不改变习惯,总是购买黑人牙膏。

总之,兴趣对消费者的购买行为有着重要的影响。很难想象一个对某种商品不感兴趣的消费者会经常地、积极地、主动地购买这种商品。因此在营销实践中,培养消费者对本企业产品的兴趣具有十分重要的意义。

【章首案例分析】

面对同样的退换商品问题,不同的消费者会表现出不同的态度和解决问题的方式,其原因在于不同消费者的个性特征不同。这个调查结果能够在一定程度上反映出消费者个性心理特征的本质。

从个性的基本特征看,除了具有稳定性、整体性外,还具有独特性和倾向性。从本案例的"去商店退换商品,销售员不予退换"这件事情的4种消费者如何做的调查内容来看,体现了消费者个性中相当大的差异,每个消费者在某种程度上都具有不同于他人的心理特征,有的外向,有的内向,有的反应温和,有的反应激烈。每个消费者都以自己的独特行为模式和思想方法来适应购物中的环境或问题。

气质是个人典型、稳定的心理特征,主要是指人的心理活动在动力方面的特点。根据希波克拉特的有关理论,气质可以分为多血质、胆汁质、黏液质和抑郁质四种。

案例的第一个答案:"耐心诉说。尽自己最大努力,苦口婆心慢慢解释退换商品原因,直至得到解决。"比较明显地反映出黏液质的特征,这种气质类型的消费者情绪稳定,有耐心、自信心强。

案例的第二个答案:"自认倒霉。向商店申诉也没用,商品质量不好又不是商店

生产的，自己吃点亏下回长经验。"比较明显地反映出抑郁质的特征，这类消费者行为内向，言行缓慢，优柔寡断。

案例的第三个答案："灵活变通。找好说话的其他售货员申诉，找营业组长或值班经理求情，只要有一人同意退换就可望解决。"比较明显地反映出多血质的特征，这类消费者喜欢与营业员和其他顾客交换意见，行为外向，比较热情。

案例的第四个答案："据理力争。绝不求情，脸红脖子粗地与售货员争到底，不行就往报纸投稿曝光，再不解决向工商局、消费者协会投诉。"比较明显地反映出胆汁质的特征。这类消费者反应迅速，情绪有时激烈、冲动，很外向。

项目小结

个性是导致行为以及使一个人区别于其他人的各种特征和属性的动态组合。消费者的个性心理特征可以从气质、性格、能力以及兴趣4个方面进行探讨。消费者不同的气质类型、不同的性格以及不同的能力水平都对消费心理和行为产生重要影响，研究消费者的个性心理特征对于企业的营销策略具有非常重要的指导意义。本章结合消费领域中的实际案例，详细阐述了气质、性格、能力的有关理论及其在消费领域中的应用，另外特别阐述了消费者的兴趣与消费行为的关系。

同步练习

【名词解释】

1. 个性　2. 气质　3. 性格　4. 能力　5. 兴趣

【技能训练】

测试：假设你是某家商场的营业员，现在有3种类型（理智型、情感型和挑剔型）的消费者要去买同一产品，你将怎样对待他们？

项目四 消费需要与购买动机

学习目标
- 掌握需要的特征和马斯洛需要层次理论
- 掌握动机对购买行为的影响

引导案例：中老年中药保健品

目前，我国老龄人口占总人口的比重呈现不断上升的趋势，到 2050 年老年人口将达到 4.7 亿，占总人口的 27.8%，随着老龄化的扩大和生活水平的提高，人们的保健意识也在增强，对保健品的需求不断提高，因此产生一个庞大的市场，被形象地称为"银色经济"，它将成为 21 世纪的"朝阳"。

老年中药保健食品是指以中药或天然药物为主要原料生产的具有特定保健功能的食品，适用于特定的人群食用，具有调节人体机能的作用，与药物有本质的区别（不以治疗疾病为目的）。中药保健品具有中医药和养生文化的内涵，注重中医药整体性和系统性。老年人又是特殊的消费群体，所以老年中药保健品营销策略的分析是一个非常值得探讨的问题。

老年人饱经沧桑、阅历人生，消费心理具有成熟、稳定、理性、谨慎、节俭、求真，重视产品质量、物美价廉等特点，这是一种具有中国传统文化的固定心理模式。同时老年人希望得到体贴、关心、周到的服务，要主动为老年消费者提供方便措施。

走亲访友、互送礼品是中国的传统礼仪，由于人口老龄化和生活水平的提高，选择礼品的观念也发生了变化，送礼送健康，老年保健品正受到人们的青睐。

医保改革措施出台，很多老年人选择了保健防病的道路，老年人保健意识逐渐增强。

（资料来源：徐萍等主编，消费心理学，上海财经大学出版社，2014）

分析： 请问如何看待我国中老年中药保健品发展前景？为什么？

任务一　消费需要的概念与特征

人们的任何消费行为都是在一定的动机驱使下，满足某种特定的需要或欲望的活动。在市场营销理念中，营销的目标就是发现需要并满足它。而消费者的任何一次购买行为，无论其外在表现是什么，但内在的动因都来自需要和动机，这是消费者购物的根源，所以，要研究消费者的具体购买决策，要先从需要和动机谈起。

一、需要的概念

我们知道，人同时具有自然属性和社会属性，这样就会产生人对自身和外部环境的要求，当这些要求无法达到满意时，就会产生一种"想得到"的心理状态，这种心理状态就是需要。

心理学认为需要是指个体对内外环境的客观需求在脑中的反映，是由于缺乏某种东西而产生的不平衡的主观状态。这种不平衡包括生理不平衡和心理不平衡，由此产生生理需要和精神需要。它常以一种"缺乏感"体现着，以意向、愿望的形式表现出来，最终形成推动人进行活动的动机。

生理不平衡来源于内部刺激。例如，由于天气变冷，缺乏御寒衣物而产生的购买衣服的需要。人们对于食物、睡眠、药物等的需要就属于这一种。这是一种初级需要，但也是最基本的需要。

心理不平衡来源于外部刺激。例如，看到朋友的手机很时尚，产生了想更换手机的需要。为了提升自己的能力而想要参加业余培训班，深造学习的需要。精神需要可以体现为对美、求知、社交等的需要。

当然，某些时候，我们的某种需要既包括生理需要也来自精神需要，如奢侈品的消费，高档品的消费等。

人有需要，就必然去追求、去争取、去努力。因此，正如一些心理学家所说："需要是积极性的源泉。""需要——这是被人感受到的一定的生活和发展条件的必要性。需要激发人的积极性。""需要是人的思想活动的基本动力。"

需要和需求在应用时容易被混淆，其实它们是在心理学和经济学两个不同的概念。需求（demand）是指市场需求。需求是指既有愿望，又有支付能力的需要。如果没有支付能力，则不能将需要称为需求。需要（need）是指人们对某种东西感到缺失的一种心理状态。另外，需求是对应供给而言的，供需关系是研究市场经济的核心工具。而需要是一种心理状态。最后，需求是客观的，需要则是主观的，是对客观需求的一种主观映象，一种主观意识。

二、需要的特征

消费者由于不同的主观原因和客观条件会对商品产生不同的需要，同时这些需要总是指向某种东西、条件或活动的结果等,具有周期性,并随着满足需要的具体内容和方式的改变而不断变化和发展。但无论何种形式的需要,无论哪类消费者的需要都体现出如下几个特点。

1. 需要的对象性和目的性

消费者的需要总是指向某类特定的商品,也就是说,消费者的需要可以通过某类商品得以实现。比如,饿了买东西吃,渴了喝水,冷了穿衣。虽然体现出来的针对的具体商品有差别,但都可以找到对应的商品。这就要求企业要先寻找消费者的需要,根据需要设计生产对应的商品。

2. 需要的差异性和多样性

由于消费者在民族、风俗、年龄、收入、地区、教育水平、消费目的等方面的不同,体现出多种多样的需要差异。比如对手机的需要,有的消费者只关注其通话、信息等基本通信功能,而有的消费者在这个基础上也同样重视其外观、多功能、时尚程度等。又如广州人讲究吃的消费习惯使广东的名菜、美点都集中在广州。各酒家的烹调工艺精美,采用的原料、辅料考究,各种飞禽、走兽、鱼虾,经大师制作,皆成美味佳肴。另外酒家、小食店网点密、品种多,十分方便。因此,也就有了"吃在广州"的美名。而上海是全国服装总汇,以服装的款式多变、色泽协调、做工精细引导着全国服装潮流。大多数上海人比较注重"穿",可以说宁愿在吃的、用的方面节俭一些,也不肯在穿的方面马虎。因此也就有了"上海人喜欢穿,穿在上海"的说法。

企业应调查了解消费者的不同需求,对应不同目标人群,提供不同的商品。另外,需要的差异性也提醒企业,任何市场都有可能存在还没有完全满足的需求,企业只要用心寻找和挖掘这类需求,仍然可以在竞争中找到自己的位置。

案例讨论:空调产品五花八门　消费需求多样

通过对已拥有空调的调查者反馈,在他们所青睐的空调产品款式中,进出风口自动闭合以41%的高票占据首位,而彩壳、彩屏产品则分别得到了24%、16.5%的比例,而志高空调今年新推出的镜面画款式也获得了15%的得票率。

这反映了消费者在空调选购心态上,多样化、层次化的变化。而随着人们生活水平的不断提升,这种多样化的需求趋势将愈演愈烈,这也将大大地推动我国空调厂家在产品款式多元化开发和推广上的积极性。

在调查者最需要的空调功能上,空调的节能性和健康性分别占据了50.2%、38.3%的份额,基本上代表了我国空调产品今后的发展方向。作为空调厂家而言,面对这种二元化的发展趋势,必须要根据自身的实际情况进行产品的研发和推广。

同时,众多空调企业近年来在特色产品的推广上,也获得了长足的发展,其中海尔直流双新风空调得到调查者的关注最多,大家对这款具有健康节能功能的空调，显示出非常强的喜爱；另外，格兰仕光波空调、志高镜画面空调、澳柯玛木制空调、格力节能王子空调、海信变频空调、LG 清新空调、三星银离子空调、美的全健康空调、春兰静博士空调，也多为调查者所提及，成为调查者所熟知的特色产品，也成为他们今后再次购买空调时的参照。

（资料来源：新浪地产，2011 年 5 月 27 日）

3. 需要的层次性和发展性

需要有层次，不同层次有不同的选择标准，从而产生不同的需要。例如，同样是购买食品，对于食不果腹的人来说，它的需要就是能食用即可；而对于追求生活质量的人来说，则对食品的安全性、健康、营养等方面更加关注。但无论何时，最低层次的生存需要是必须满足的。

一般情况下，消费者在满足基本需要后就会要求更高层次的需要，比如受人尊重、实现自我价值等。消费者需要的发展性体现在市场上表现为消费数量的增多和消费质量的提高。一种需要满足后，又会产生新的需要。因此，人的需要不会有被完全满足和终结的时候。正是需要的无限发展性，决定了人类活动的长久性和永恒性，而这正是推动企业不断创新，市场不断发展的原动力。

例如，吃饭经历了吃饱求生存、好吃求美味、吃好求健康三个阶段。目前，健康美食和绿色餐饮已成为餐饮业的重要选择，很多酒店以健康作为自己的一个营销热点来吸引消费者。这就要求餐饮业和厨师向消费者提供既美味又健康的食品。有的餐饮业的服务人员主动向消费者介绍菜的数量和营养成分，指导消费者"适量点菜，够吃正好，科学膳食，健康消费"的做法，得到了消费者的认同。

人的需要心理活动是永远不会停止的，因而需要也是永远不会得到满足的。认识到这一点对于市场营销十分重要，因为消费者的需要不满足的状态是经常存在的，而且从市场学的角度看，消费者的需要不满足，正是市场策略的第一步。20 世纪 80 年代初，某地一家鞋帽公司适时推出一种新型女性绒帽，在市场上十分抢手，估计需要 20 万顶，但这家公司先抛出 15 万顶，造成供不应求的局面，结果再抛出 12 万顶，还是卖光了。这一例子充分说明研究消费者需求心理对制定营销策略有显著作用。

4. 需要的可变性和可诱导性

消费者需要的产生、发展和变化，同生活环境、消费环境等有密切的关系。消费者的需要不是一成不变的，它会随着周围环境的变化而发生改变。比如，对服装的需要在学生阶段和就业阶段就会有不同的表现。随着生活状况的改变，人们对休闲娱乐的需要越来越多。

正是由于需要可以改变，即可以通过人为地、有意识地给予外部刺激或改变外部环境诱使需要按照目标发生变化和转移。社会政治经济的变革、生活工作环境的变化、企业的广告宣传等都有可能诱发需要的变化或转移。基于此，企业可以通过一些人为的手段来刺激消费者的需要。比如通过促销、广告、倡导时尚、明星示范等诱导需要的产生。

任务二 消费需要的形态、分类与层次

一、需要的基本形态

根据消费者需要的完成程度，需要可表现为：

（1）已实现的消费需要。这是指消费者已经在需要的驱使下完成了对某种商品的购买，达到了最初的目标，满足了需要。

（2）现实需要。即待实现的消费需要，这是指具有支付能力并已做出购买决策而尚未发生购买行为的市场需求。

（3）潜在的消费需要。即待开发引导的消费需要，这是指具有支付能力但尚未有具体商品作为购买目标，或指支付能力暂时不足但可以通过某种方式予以弥补解决的市场需求。

营销的重点，在满足他们的显性需要的同时，要创造新的营销卖点去唤起消费者的隐性需要，刺激他们的显性需要进一步增长。

> **知识链接**
>
> 自古以来，女人世世代代采用手搓、脚踩、棒打的方式来洗衣服，简单重复、费力费时，却成为天经地义的生活方式，人们摆脱这种繁重家务劳动的需要就处于潜意识状态。一旦企业推出洗衣机，这种需求就从潜在转变为现实。可以说，凡是人们感到生活不便时，都存在潜在需要。

二、需要的分类

消费者的需要纷繁复杂，我们可以根据不同的划分标准对其进行归类。

1. 根据需要的起源

可以分为生理性需要和社会性需要。

生理性需要：是指个体为维持生命和延续后代而产生的需要，如进食、饮水、睡眠、运动、排泄、性生活，等等。生理性需要是人类最原始、最基本的需要，它是人和动物所共有的，而且往往带有明显的周期性。比如，受生物钟的控制，人需要有规律地、周而复始地睡眠，需要日复一日地进食、排泄；否则，人就不能正常地生活，甚至不能生存。应当指出，人的生理需要和动物的生理需要有本质区别。正如马克思

所说,"饥饿总是饥饿,但是使用刀叉吃熟肉来解除的饥饿不同于用手、指甲和牙齿啃生肉来解除的饥饿。"

社会性需要:是指人类在社会生活中形成的,为维护社会的存在和发展而产生的需要,如求知、求美、友谊、荣誉、社交等。社会性需要是人类特有的,它往往打上时代、阶级、文化的印记。社会性需要得不到满足,虽不直接危及人的生存,但会使人产生不舒服、不愉快的体验和情绪,从而影响人的身心健康。一些物质上很富有的人,因得不到友谊、爱,得不到别人的认同而产生孤独感、压抑感,恰恰从一个侧面反映出社会性需要的满足在人的发展过程中的重要性。

2. 根据需要的对象

可以分为物质需要和精神需要。

物质需要是指消费者对以物质形态出现的、有形的商品的需要。这主要是对与衣、食、住、行有关的物品的需要。在生产力水平较低的社会条件下,人们购买物质产品在很大程度上是为了满足其生理性需要。但随着社会的发展和进步,人们越来越多地运用物质产品体现自己的个性、成就和地位,因此,物质需要不能简单地对应于前面所介绍的生理性需要,它实际上已日益增多地渗透着社会性需要的内容。比如高档服装,豪华跑车,健身器材等的需要。

精神需要主要体现于消费者的精神满足,比如对美、艺术、知识、兴趣爱好等的需要,这类需要主要不是由生理上的匮乏感,而是由心理上的匮乏感所引起的。但同样对消费者的行为起重要作用。

3. 按照需要的形式

可以分为生存的需要、享受的需要和发展的需要。

生存的需要包括对基本的物质生活资料、休息、健康、安全的需要。满足这类需要的目的是使消费者的生命存在得以维持和延续。

享受的需要表现为要求吃好、穿好、住得舒适、用得奢华,有丰富的消遣娱乐生活。这类需要的满足,可以使消费者在生理和心理上获得最大限度的享受。

发展的需要体现为要求学习文化知识,增进智力和体力,提高个人修养,掌握专业技能,在某一领域取得突出成就等。这类需要的满足,可以使消费者的潜能得到充分释放,人格得到高度发展。

三、需求层次

(一)马斯洛需要层次理论

美国人本主义心理学家马斯洛于1943年提出了"需要层次理论",他将人类需要按由低级到高级的顺序分成五个层次或五种基本类型。马斯洛理论把需求分成生理需求、安全需求、归属与爱的需求、尊重需求和自我实现需求五类,依次由较低层次到较高层次排列。

生理需要（Physiological Need）是指维持个体生存和人类繁衍而产生的需要，如对食物、氧气、水、睡眠等的需要。如果这些需要中的（除性以外）任何一项得不到满足，人类个人的生理机能就无法正常运转。生理需要是推动人们行动最首要的动力。马斯洛认为，只有这些最基本的需要满足到维持生存所必需的程度后，其他的需要才能成为新的激励因素，而到了此时，这些已相对满足的需要也就不再成为激励因素了。

安全需要（Safety Need）即在生理及心理方面免受伤害，获得保护、照顾和安全感的需要，如要求人身的健康，安全、有序的环境，稳定的职业和有保障的生活等。这些是人们希望保护自己的机体和精神不受危害的欲求。

归属和爱的需要（Love and Belongingness）即希望给予或接受他人的友谊、关怀和爱护，得到某些群体的承认、接纳和重视。如乐于结识朋友，交流情感，表达和接受爱情，融入某些社会团体并参加他们的活动，等等。

自尊的需要（Self-Esteem）即希望获得荣誉，受到尊重和尊敬，博得好评，得到一定的社会地位的需要。自尊的需要是与个人的荣辱感紧密联系在一起的，它涉及独立、自信、自由、地位、名誉、被人尊重等多方面内容。

自我实现的需要（Self-Actualization）即希望充分发挥自己的潜能，实现自己的理想和抱负的需要。自我实现是人类最高级的需要，它涉及求知、审美、创造、成就等内容。

马斯洛需求层次理论认为，人的需要包括不同的层次，而这些需要都是逐渐往更高层次发展的，当一个层次的需要得到满足后，消费者会转向更高层次的需要。但需要的产生由低级向高级的发展是波浪式地推进的，在低一级需要没有完全满足时，高级的需要就产生了，而当低一级需要的高峰过去了但没有完全消失时，高一级的需要就逐步增强，直到占绝对优势。越是低层次的需要其强度越大，也越容易满足；越是高层次的需要越不容易满足。在同一时期，这些需要可以同时存在。

（二）马斯洛需要层次理论的启示

1. 消费者的一次消费行为可能出于多种需求

比如购买貂皮大衣，一方面出自取暖的生理需要，同时可能也存在消费者的自尊需要。企业要找到消费者的真实需要，依据消费者对不同需要的关注程度确定自己的商品定位。

2. 企业要先满足低层次需求再满足高层次需求，但无论何时，基本需求都是必要的

当产品能够满足低层次的基本需要后，可以考虑这个商品是否还可以满足哪些更高层次的需要，为产品提供更多的附加值。但这里要注意，一定要保证其基本功能不能丧失。

案例讨论：钻石手机昙花一现

数年前，在国产手机产能过剩、行业发展停滞的情况下，××品牌推出售价高达万元的钻石手机，在疯狂的概念炒作及大规模的广告投放的推动下，停滞的市场一时间被炸开一个缺口，终端销售迅速上升，此次行动的领导人更是获得"手机狂人"的称号。

但是好景不长，不久就有媒体披露出消息，号称每一颗钻石彰显尊贵地位的××3388手机上的76颗小钻每颗仅值2.1元，同时，大量购买该手机的消费者投诉，手机菜单反应迟钝，通话质量差。为了挽救负面报道的影响，××品牌对这种双屏幕宝石手机的市场零售价连续几次大幅度调低，先由3180元降至2980元，再由2980元降至2480元，一个月内下降700元，接着又降至1500多元，业界一片哗然。但是，钻石手机的虚幻概念破灭之后，消费者对此手机已经失去了兴趣，降价并不能刺激起新需求，这种认为是给"乡长老婆"用的钻石手机就很快被市场彻底抛弃。

赋予手机新的定位，让手机突破现有手机营销困境，这是开发此款钻石手机的最初目的。但是，从价值创新的角度上，钻石手机的重点放在哗众取宠的廉价钻石之上，而对手机应有的基本通信质量、使用方便性却无从保证。这种舍本逐末的创新方式违背了消费者的需求心理，最终难逃被淘汰的命运。

3. 越是低级的需求，其行为越明确，越高级的需求，其行为越不明确，也越不容易满足

这是我们挖掘潜在需求，引导消费的理论前提。什么样的装修才算奢华？越贵越好。要贵到什么程度？没有标准。怎样才算实现了自我价值？没有标准。所以越是高层次的需要，其需要越无限。企业可以根据这个思想不断更新产品，引导和激发新的需要。

需求层次越高，消费者就越不容易被满足。经济学上有一种理论认为"消费者愿意支付的价格≌消费者获得的满意度"。满足消费者需求层次越高，消费者能接受的产品定价也越高。市场的竞争，总是越低端越激烈，价格竞争显然是将"需求层次"降到最低，消费者感觉不到其他层次的"满意"，愿意支付的价格当然也低。

任务三　动机理论与消费者购买动机

需要一经唤醒，可以促使消费者为消除匮乏感和不平衡状态采取行动，但它并不具有对具体行为的定向作用。在需要和行为之间还存在着动机、驱动力、诱因等中间变量。比如，当饿的时候，消费者会为寻找食物而活动，但面对面包、馒头、饼干、面条等众多选择物，到底以何种食品充饥，则并不完全由需要本身所决定。换句话说，需要只是对应于大类备选产品，它并不为人们为什么购买某种特定产品、服务或某种特定牌号的产品、服务提供充分解答。而由于某种动机的作用，消费者可以在这些大类中选择更具体的产品。

一、动机

（一）动机的概念

动机（Motivation）这一概念是由伍德沃斯（R. Wood-worth）于1918年率先引入心理学的。他把动机视为决定行为的内在动力。一般认为，动机是指引起个体活动，维持已引起的活动，并促使活动朝向某一目标进行的内在作用。所以说动机是推动人从事某种活动，并朝一个方向前进的内部动力，它是个体的内在过程，行为是这种内在过程的表现。

（二）需要、动机和行为

引起动机的内在条件是需要，引起动机的外在条件是诱因。人的需要产生后并不一定都会付诸行动，而在有动机参与的条件下，消费者会把需要转化为行动。动机是为实现一定目的而行动的原因，是推动人们活动的直接原因。

既然如此，为什么不直接用需要解释人的行为后的动因，而是在需要概念之外引入动机这一概念呢？

（1）需要只有处于唤醒状态，才会驱使个体采取行动，而需要的唤醒既可能源于内部刺激，亦可能源于外部刺激，换句话说，仅仅有需要不一定会导致个体的行动。

（2）需要只为行为指明大致的或总的方向，而不规定具体的行动线路。满足同一需要的方式或途径很多，消费者为什么选择这一方式而不选择另外的方式，对此，需要并不能提供充分的解释。引进动机概念，正是试图从能量与具体方向两个方面对行为提供更充分的解释。

（3）不是所有的需要都能转化为动机，需要转化为动机必须满足两个条件。

第一，需要必须有一定的强度。就是说，某种需要必须成为个体的强烈愿望，迫切要求得到满足。如果需要不迫切，则不足以促使人去行动以满足这个需要。

第二，需要转化为动机还要有适当的客观条件，即诱因的刺激，它既包括物质的刺激也包括社会性的刺激。有了客观的诱因才能促使人去追求它、得到它，以满足某种需要；相反，就无法转化为动机。例如，人处荒岛，很想与人交往，但荒岛缺乏交往的对象（诱因），这种需要就无法转化为动机。

可见，人的行为动力是由主观需要和客观事物共同制约决定的。按心理学所揭示的规律，欲求或需要引起动机，动机支配着人们的行为。

（4）在有些情况下，需要只引起人体自动调节机制发挥作用，而不一定引起某种行为动机。典型的例子是人的体温，虽然人类的体温只能在很有限的范围内变动，但它却能自动调节，以适应高于体温（如洗热水澡）与低于体温（如冬泳）的环境。当然，人体均衡机制的调节幅度也是有限的，当均衡状态被大大地打破且超出了正常的调节幅度时，人体内会自动产生需要恢复均衡的力量，动机也就由此而生。

（5）即使缺乏内在的需要，单凭外在的刺激，有时也能引起动机和产生行为。饥而求食固然属于一般现象，然而无饥饿之感时若遇美味佳肴，也可能会使人顿生一饱口福的动机。

（三）动机对购买行为的作用

购买动机是消费者需求与其购买行为的中间环节，具有承前启后的中介作用。动机对购买应为的作用可体现在以下几点。

1．激发作用

购买动机能够驱使消费者产生行动。这是引起顾客购买行为的初始作用，这种作用能有效地引导顾客购买商品。动机会促使人产生某种活动。例如，顾客张先生是个足球迷，想要在世界杯赛期间观看世界杯足球比赛，所以买了台电视机。

2．选择作用

选择作用是动机的调节功能所起的作用。因为顾客的动机是多种多样的，这些动机的目标可能一致，也可能矛盾。动机的选择作用，可以引导顾客决定购买某种品牌的商品。

3．维持作用

动机的实现往往也要有一定的时间过程，在这个过程中，动机始终都起着激励作用，直到行为目标实现为止。例如，在顾客购买冰箱的过程中，追求冰箱的外形好、功能多、效率高等动机对购买某个品牌的冰箱具有维持作用。

4．强化作用

行为的结果对动机有着巨大的影响，动机会因良好的行为结果而使行为重复出现，使行为得到加强；动机也会因不好的行为结果，使行为受到削弱，减少以至不再出现。这两种作用都是强化作用，前者叫正强化，后者叫负强化。正强化能够肯定行为，鼓励行为，加强行为；负强化则可以削弱行为，惩罚行为，不定行为。

（四）购买动机的特点

1．迫切性

购买动机的迫切性是由消费者的高强度需求引起的。如有人对骑自行车本身不感兴趣，但搬到新家后，上班远了，乘车又不方便，看到邻居骑车上下班很方便，就会产生迫切需要一辆自行车的想法。

2. 内隐性

内隐性是指消费者出于某种原因而不愿让别人知道自己真正的购买动机的心理特点。如某些尚未用上电的农村，一些姑娘结婚时，非要让男方买电视机，美其名曰以后使用，实质上其真正的购买动机可能是为了显示自己的身价及富有程度，满足自己的虚荣心。有人家里铺了地毯，其主导动机是显示优越感和高雅，但当别人问起为什么铺地毯时，却回答说是为了居室清爽少尘。消费者的主导动机有时不是能观察到的，而是需要我们根据他的行为和我们的经验推断出来的。

3. 可变性和可诱导性

在消费者的诸多消费需求中，往往只有一种需求占主导地位（优势消费需求），同时还具有许多辅助的需求。在外部条件作用下，占主导地位的消费需求将会产生主导动机，辅助性的需求将会产生辅助性动机。主导性的动机能引起优先购买行为。一旦消费者的优先购买行为实现，优势消费需求得到满足，或者消费者在购买决策过程或购买过程中出现新的刺激，原来的辅助性购买动机便可能转化为主导性的购买动机。

动机的形成决定于内在需要和外部环境两大因素。当环境发生变化时，动机也会发生变化。这就说明动机是可诱导的，我们可以通过改变环境来改变购买动机。

4. 模糊性

有关的研究表明，引起消费者购买活动的动机有几百种，其中最普遍的是多种动机的组合作用。有些是消费者意识到的动机，有些则处于潜意识状态。这往往表现在一些消费者自己也不清楚自己购买某种商品到底是为了什么。这主要是由于人们动机的复杂性，多层次和多变性等造成的。

5. 矛盾性

当个体同时存在两种以上消费需求，且两种需求互相抵触、不可兼得时，内心就会出现矛盾。这里人们常常采用"两利相权取其重，两害相权取其轻"的原则来解决矛盾。只有当消费者面临两个同时具有吸引力或排斥力的需求目标而又必须选择其一时，才会产生遗憾的感觉。

二、动机理论

动机领域非常复杂，不仅存在多种观点，多种比喻，而且在这一领域还具有许多论题，有许多不同的研究方面，可以解释多种现象。因此，对于将来的动机领域，我们可以用多元性而非包罗万象的理论来描述。动机这一解释消费者行为的重要概念提出来后，有关动机的理论曾出现了很多，提出了不同的观点和不同的看法，丰富了动机理论的发展，其中比较有代表性的有如下几种。

(一) 精神分析理论

S·弗洛伊德认为人有两大类本能：一种是生存本能，如饮食等；另一种是死亡本能，如残暴和自杀等。但这两种本能在现实生活中都不能自由发展，而常常会受到压抑。这些被压抑下去的无意识冲动在梦、失言和笔误等以及许多神经症状中会显露出来，在日常生活中也会以升华或其他文饰的方式出现。

弗洛伊德认为，造成人类行为的真正心理力量大部分是无意识的，人类在成长和接受社会规范的过程中，不断压抑其心理冲动。但这些冲动永远无法完全消除或完全予以控制，它们会在梦中出现，在不经意中脱口而出或表现在神经过敏的行为中。

把弗洛伊德的动机理论应用到市场营销中，即探究顾客的"无意识需求"，并将此作为指导企业生产和销售的一个根据。

(二) 内驱力理论

霍尔最早提出，伍德沃斯提出行为因果机制的驱力概念；而让内驱力理论得以大力推广的是赫尔（C. L. Hull）。内驱力理论认为行为的动力是个体内部状况（如饥、渴等）所产生的驱动或需要。机体的需要产生内驱力，内驱力迫使机体活动，但引起哪种活动或反应，要依环境中的对象来决定。只要内驱力状态存在，外部的适当刺激就会引起一定的反应。这种反应与刺激之间的联结是与生俱来的。如果反应减弱了内驱力的紧张状态，那么反应与刺激之间的联结就会和条件反射的机制一样得到加强。由于多次加强的累积作用，习惯本身也获得了驱力。简单来说，内驱力理论认为，生理需要引起紧张或造成驱力状态，有机体必须从事某种活动以满足需要，才能降低内驱力。这种"需要→驱力→行为"的关系是受机体平衡作用所控制的。

(三) 期望理论

揭示外在目标对人产生激励过程规律的理论，是西方行为科学中经典的动机理论之一。20世纪30年代，德国心理学家K·勒温和美国心理学家E·托尔曼所做的认知理论研究为期望理论的发展奠定了基础。勒温和托尔曼分别用人和动物作被试做了大量实验，发现一个共同规律，即无论人或动物的行为都有一定的目的性，他们期望得到所向往的东西而回避所厌恶的东西。因此，他们在行动之前往往先进行一系列推测，分析行为结果可能伴有的效益，并根据效益的价值和实现的可能性来调节自己的行为。

后来，美国心理学家E·弗罗姆进一步进行了有关人类行为内部原因的系统研究。他在1964年出版的《工作与激励》一书中提出了期望模式，又称VIE激励模式。期望理论原理解决动机的两个问题：期望什么，即实现目的的可能性有多大以及目的的价值如何。E·弗罗姆为了解决这两个问题提出了期望效价理论模型。简单地说，一个人的努力大小是达到目的的似然率和该目的的效价的函数。

在这个基础上，产生了期望理论的公式：$F=V×E$，其中V为效价，而E表示效价的似然率。

期望理论告诉我们动机的大小取决于消费者认为通过购买可以获得的效用的大小和购买成功的概率。一个人把某种目标的价值看得越大，估计能实现的概率越高，那么这个目标激发动机的力量越强烈。

三、消费者购买动机的类型

消费者动机理论要研究的中心问题，是消费者行为中的"为什么"问题。消费者为什么要购买某种商品？为什么选购了某种品牌的商品而不是其他品牌？为什么消费者对商品广告有截然不同的态度？为什么消费者经常惠顾某些零售商店？动机不同，消费者的行为表现就会不同。

（一）购买动机的类型

根据动机的性质，可以把购买动机分为生理性购买动机和心理性购买动机。

1. 生理性购买动机

人类为了维持和延续生命，有饥渴、冷暖、行止、作息等生理本能。这种由生理本能引起的动机叫作生理性购买动机。它具体表现形式有维持生命动机、保护生命动机、延续生命动机等。这种为满足生理需要购买动机推动下的购买行为，具有经常性、重复性和习惯性的特点。所购买的商品大都是供求弹性较小的日用必需品。例如，消费者为了解除饥渴而购买食品饮料，是在维持生命动机驱使下进行的；为抵御寒冷而购买服装鞋帽，是在保护生命动机驱使下进行的；为实现知识化、专业化而购买书籍杂志，是在发展生命动机驱使下进行的。

2. 心理性购买动机

由人们的认识、情感、意志等心理过程引起的行为动机，叫作心理性购买动机。具体包括以下几种动机。

（1）感情动机。感情动机是指由人的感情需要而引发的购买欲望。感情动机可以细分为两种情况，一种是情绪动机，另一种是情感动机。情绪动机是指由于人们情绪的喜、怒、哀、乐的变化所引起的购买欲望。针对这种购买动机，在促销时就要营造顾客可以接受的情绪背景。情感动机是指由人们的道德感、友谊感等情感需要所引发的动机。例如，为了友谊的需要而购买礼品，购物用于馈赠亲朋好友等。

（2）理智动机。理智动机是指消费者经过对各种需要、不同商品满足需要的效果和价格进行认真思考以后产生的动机，具有客观性、周密性、控制性。所以，理智动机是消费者对某种商品有了清醒的了解和认知，在对这个商品比较熟悉的基础上所进行的理性抉择和做出的购买行为。拥有理智动机的往往是那些具有比较丰富的生活阅历、有一定的文化修养、比较成熟的中年人。他们在生活实践中养成了爱思考的习惯，并把这种习惯转化到商品的购买当中。正如很多小商小贩说的，现在最难"对付"的就是中年妇女。

（3）信任动机。感情和理智的经验，对特定的商店、品牌或商品产生特殊的信任和偏好，使消费者重复地、习惯地前往购买的一种行为动机，具有经常性、习惯性。信任动机就是基于对某个品牌、某个产品或者某个企业的信任所产生的重复性的购买动机。

心理性购买动机比生理性购买动机更为复杂多样。特别是当经济发展到一定水平，社会信息传播技术越现代化，消费者与社会的联系越紧密，激起人们购买行为的心理性购买动机就越占有重要地位。

（二）消费者购买动机的表现形式

在实际的购买活动过程中，消费者的购买动机可以表现为求实购买动机、求新购买动机、求美购买动机、求名购买动机、求廉购买动机、求便动机、模仿与从众动机、好癖动机等。

👉 案例讨论：高档卷烟消费动机分析

高档卷烟消费者与一般卷烟消费者在消费动机上既有共同点，又有不同点。对一般的卷烟消费者而言，吸烟的原因和作用很多。但归纳起来主要有六种吸烟者：一是缓解精神压力；二是习惯性依赖；三是自我欣赏体验；四是炫耀性表现；五是社交；六是上述两种或两种以上原因混合的综合原因。

在这六种人中，缓解压力型的消费者比较注重口味，只要适合自己口味的烟，又在自己的经济条件允许范围内，他们都会选择。习惯性依赖型消费者一般不注重品牌和档次，多数是有什么抽什么。高档卷烟的消费群体主要集中在第三种到第六种，即自我欣赏体验型、炫耀性表现型、社交型和综合型。据此，高档卷烟消费动机大致分为以下几种。

追求个人享乐体验动机。 基于这种动机消费高档卷烟的人是部分富裕阶层中消费观念已趋于理性和成熟的消费者。他们的主要消费动机是：追求精致的生活体验和自我赠礼。他们不再一味追求地位炫耀和虚荣的消费动机取向，而是主要追求"个人导向"，追求产品中的个人意义，按照自己的品味和标准来判断产品的好坏，通过高档产品消费获得自我享乐体验。他们选择适合自己品位的高档卷烟，作为享受高档生活的一种体验，作为对事业成功的一种自我欣赏和自我肯定。

炫耀性表现动机。 炫耀性消费是指消费商品的目的主要是炫耀，而不是满足正常的消费需求。炫耀性消费是为财富或权力提供证明以获得并保持尊荣的消费活动。在我国消费者中，有相当一部分高档卷烟消费者的动机是出于炫耀，他们会以此来暗示自己的经济实力和社会地位。据有关调查显示，在问及高档卷烟的炫耀作用时，有78.36%的被访者认可"像名表、名牌服装、高端手机一样，高档卷烟是身份、地位的象征"。

求同动机。即追求身份认同。在急剧变化的现代社会中,人们普遍有一种认同危机和现实中的孤独感。在这种情况下,人们往往把在一个群体中使用有别于其他群体的特殊消费品来作为建立身份表述、获取群体认同的途径之一,使自己在感觉上从属于某个特定等级的社会群体。有关调查显示,在问及高端卷烟的选择时,认可"高端卷烟是随主流"的被访者有42%。

攀比动机。消费者的攀比心理是基于消费者对自己所处的阶层、身份以及地位的认同,从而选择所在的阶层人群为参照和比较对象而表现出来的心理行为。相比炫耀心理,攀比心理更在乎"你有我也有"。具有这种购买动机的消费者并不是为了满足某种急切的需要才购买,而是为了赶上并超过他人,达到心理上的平衡和满足,其中"面子"起了很大的作用。据有关调查显示,在问及高档卷烟的作用时,认可"高档卷烟只是用来撑面子的,自己平时不太吸"的有33%。

送礼动机。送礼是我国消费者购买高档卷烟的主要用途之一。中国是礼仪之邦,礼仪文化的传统根深蒂固。高档卷烟作为一种特殊的高档消费品,长期以来是礼品市场的重要组成部分。据一些名烟名酒店老板介绍,高档卷烟的销售量近几年都有上涨的趋势。从节日期间高档卷烟销量情况也可以证明这一点。春节、中秋两大节日期间,高档高档卷烟销售规模迅速扩大,节日消费的特点非常明显,说明其礼品功能十分明显。

(资料来源:曹红祥,中国烟草,2011年第10期)

---

1. 求实动机

它是指消费者以追求商品或服务的使用价值为主导倾向的购买动机。在这种动机支配下,消费者在选购商品时,特别重视商品的质量、功效,要求一分钱一分货,相对而言,对商品的象征意义,所显示的"个性",不是特别强调商品的造型与款式等。比如,在选择布料的过程中,当几种布料价格接近时,消费者宁愿选择布幅较宽、质地厚实的布料,而对色彩、是否流行等给予的关注相对较少。

2. 求新动机

它是指消费者以追求商品、服务的时尚、新颖、奇特为主导倾向的购买动机。在这种动机支配下,消费者选择产品时,特别注重商品的款式、色泽、流行性、独特性与新颖性,相对而言,产品的耐用性、价格等成为次要的考虑因素。一般而言,在收入水平比较高的人群以及青年群体中,求新的购买动机比较常见。在改革开放初期,我国上海等地生产的雨伞虽然做工考察、经久耐用,但在国际市场上,却竞争不过中国台湾、新加坡等地生产的雨伞,原因是后者生产的雨伞虽然内在质量很一般,但款式新颖、造型别致、色彩纷呈,能迎合欧美消费者在雨伞选择上以求新为主的购买动机。

3. 求美动机

它是指消费者以追求商品欣赏价值和艺术价值为主要倾向的购买动机。在这种动机支配下，消费者选购商品时特别重视商品的颜色、造型、外观、包装等因素，讲究商品的造型美、装潢美和艺术美。求美动机的核心是讲求赏心悦目，注重商品的美化作用和美化效果，它在受教育程度较高的群体以及从事文化、教育等工作的人群中是比较常见的。据一项对近400名各类消费者的调查发现，在购买活动中首先考虑商品美观、漂亮和具有艺术性的人占被调查总人数的41.2%，居第一位。而在这中间，大学生和从事教育工作、机关工作及文化艺术工作的人占80%以上。

4. 求名动机

它是指消费者以追求名牌、高档商品，借以显示或提高自己的身份、地位而形成的购买动机。当前，在一些高收入层、大中学生中，求名购买动机比较明显。求名动机形成的原因实际上是相当复杂的。购买名牌商品，除了有显示身份、地位、富有和表现自我等作用以外，还隐含着减少购买风险、简化决策程序和节省购买时间等多方面考虑因素。

5. 求廉动机

它是指消费者以追求商品、服务的价格低廉为主导倾向的购买动机。在求廉动机的驱使下，消费者选择商品以价格为第一考虑因素。他们宁肯多花体力和精力，多方面了解、比较产品价格差异，选择价格便宜的产品。相对而言，持求廉动机的消费者对商品质量、花色、款式、包装、品牌等方面不是十分挑剔，而对降价、折让等促销活动抱有较大兴趣。

6. 求便动机

它是指消费者以追求商品购买和使用过程中的省时、便利为主导倾向的购买动机。在求便动机支配下，消费者对时间、效率特别重视，对商品本身则不甚挑剔。他们特别关心能否快速方便地买到商品，讨厌过长的等候时间和过低的销售效率，对购买的商品要求携带方便，便于使用和维修。一般而言，成就感比较高，时间机会成本比较大，时间观念比较强的人，更倾向于持有求便的购买动机。

7. 模仿或从众动机

它是指消费者在购买商品时自觉不自觉地模仿他人的购买行为而形成的购买动机。模仿是一种很普遍的社会现象，其形成的原因多种多样。有出于仰慕、钦羡和获得认同而产生的模仿；有由于惧怕风险、保守而产生的模仿；有缺乏主见，随大流或随波逐流而产生的模仿。不管缘于何种原因，持模仿动机的消费者的购买行为受他人影响比较大。一般而言，普通消费者的模仿对象多是社会名流或其所崇拜、仰慕的偶像。电视广告中经常出现某些歌星、影星、体育明星使用某种产品的画面或镜头，目的之一就是要刺激受众的模仿动机，促进产品销售。

8. 癖好动机

它是指消费者以满足个人特殊兴趣、爱好为主导倾向的购买动机。其核心是为了满足某种嗜好、情趣。具有这种动机的消费者，大多出于生活习惯或个人癖好而购买某些类型的商品。比如，有些人喜爱养花、养鸟、摄影、集邮，有些人爱好收集古玩、古董、古书、古画，还有人好喝酒、饮茶。在好癖动机支配下，消费者选择商品往往比较理智，比较挑剔，不轻易盲从。

当然，这几种动机可以同时作用于一次购买行为中，其中，哪种动机占主导地位，哪种动机对最终的决策起决定作用。

四、消费者购买动机的诱导

（一）顾客的购买动机具有可诱导性

在实际购买过程中，顾客的购买行为大都是在各种各样的购买动机共同驱使下进行的，是各种动机综合作用的结果。顾客所具有的各种购买动机既有主导性的动机，又有辅助性的动机；既有清晰的动机，又有隐藏迷惑的动机；既有稳定的动机，又有偶然的动机等。顾客的购买行为就是在这种有意识和无意识购买动机总和的驱动下进行的。动机总和有两种基本方式，第一种是方向一致的动机总和，即多个购买动机方向一致，共同作用于促进购买性，它可以使顾客产生更为强大的推动购买商品的心理力量，强化购买行为。第二种是方向相反的动机总和，方向相反的动机总和对购买行为的作用表现为两个方面：一是方向相反的动机总和作用不平衡，占上风的大致决定购买行为；二是方向相反的动机总和作用平衡，外力的加入能决定顾客的购买行为。由此可见，在关键时刻给顾客加上倾向购买的力，可以强化顾客购买动机，采取购买行为，即顾客购买动机具有可诱导性。

所谓诱导性是指营业员针对顾客购买主导动机指向，运用各种方法和手段，向顾客提供商品信息资料，对商品进行说明，使顾客购买动机得到强化，对该商品产生喜欢倾向，进而采取购买行为的过程。顾客购买动机的可诱导性为商业企业扩大商品销售提供了可能，营业员的诱导，可促使顾客的心理倾向购买方向，有利于帮助实现销售。

（二）诱导顾客购买动机的方式

营业员运营顾客购买动机的可诱导性对顾客购买动机进行诱导，必须遵守顾客至上、遵守职业道德、积极善诱、灵活多样的原则，并采取科学的诱导方式，强化顾客购买动机。主要的诱导方式有以下几种。

（1）证明性诱导。具体包括实证诱导、证据诱导和论证诱导。实证诱导就是在购物现场向顾客提供实物证明的方法，如当场播放影像给顾客观看、当场操作示范厨具等。

证据诱导就是向顾客提供间接使用效用证据的方法，如向顾客提供已使用过该商品的顾客的资料，作为诱导顾客产生购买动机的证据。

论证诱导是以口语化的理论说明取得顾客信任的方法，如介绍商品的成分、生产工艺、性能、使用方法等。

（2）转化性诱导。在买卖交往中，有可能出现针锋相对的局面，使买卖陷入僵局，这时就需要通过转化诱导，缓解矛盾，缓和气氛，重新引起顾客的兴趣，使无望购买行为转变为现实购买行为。常用的转化性诱导方法有：先肯定再陈述，如先肯定顾客言之有理，使顾客从心理上得到满足，然后再婉言陈述自己的意见，以这样的方式求得好的诱导效果；询问法，如对顾客提出的问题，利用反问的方式，提出询问的问题，请顾客再做考虑，启发顾客的购买动机；转移法，如面对顾客提出的一些难以回答的问题，可采取转换话题，分散顾客注意的方法，间接地诱导顾客的购买动机；拖延法，如遇到顾客提出的问题无法回答得准确、圆满时，先让顾客看商品说明书，以拖延时间给顾客充分、自由地考虑，以便产生诱导效果。

（3）建议性诱导。建议性诱导是指在证明性诱导或转化性诱导成功后，不失时机地向顾客提出购买建议，达到扩大销售的目的。对顾客进行建议性诱导的关键是抓住提供建议的时机，并提供与顾客需要一致的建议内容。

【章首案例分析】

随着人口老龄化的加剧，老年用品市场会迎来新的发展机遇，老年消费群体有其特点，老年人大多会增加健康方面的需求，而且子女孝敬老人也会增加保健品的购买。中药保健品大多由药食同源的中药材制成，深受老年消费群体欢迎。

项目小结

人的任何行为都是以需要和动机为基础的，需要是一种"缺乏感"，是一种不平衡的主观状态，需要可以是生理需要也可以是精神需要，但无论哪种需要都具有对象性、差异性、层次性、发展性和可诱导性等特点。根据马斯洛的理论，人类的需要可以划分为五个层次，当一个层次的需要得到满足后，消费者会转向更高层次的需要。马斯洛的需要理论为企业提供了市场营销方面的启示。动机是行为的内在动力。动机对购买行为具有激发、选择、维持和强化的作用。消费者的动机有多种表现形式。当然，这几种动机可以同时作用于一次购买行为中，同时，哪种动机占主导地位，哪种动机对最终的决策起决定作用。

同步练习

【名词解释】

1. 需要　　2. 动机　　3. 马斯洛需要层次

【案例分析】

白领消费奢侈品渐成风气

平时，我们可能会见到时尚女郎背着一线品牌的包挤公交、挤地铁，也听说有人宁愿啃一个月的面包，只为买一件名牌衣服，白领们对奢侈品的热爱，可见一斑。近日，有网站发起了关于"白领奢侈品购买"的调查报告，发现九成以上的白领人群购买过奢侈品，其中有接近16%的白领拥有10件以上的奢侈品。

网站的这个调查显示，无论是收入在2 000元还是在20 000元以上的白领人群，所喜欢的名牌箱包几乎一样，可见，白领对奢侈品的钟爱和收入无关。大部分的男女白领在接受调查时表示，购买奢侈品的动机是出于个人爱好和对于生活品质的追求。不同的是，35%的女性白领认为购买奢侈品是因为工作辛苦而用来犒赏自己；而46%男性是以国际知名品牌的品质保证作为对身份的象征。42%的女性白领网民在购买奢侈品时容易受到打折促销所驱动，而男性白领购买奢侈品时多是固定的消费行为，其比例达到40%。

不过，奢侈品消费在地域上有明显差异：上海的白领各项奢侈品拥有的比例均高出其他城市。四成的广东白领购买奢侈品属于冲动消费，朋友推荐对其奢侈品消费的影响相对较小。而北京和上海的白领购买奢侈品则呈现出固定消费的态势，分别占38%和37%。

虽然国内专卖店仍是大家购买奢侈品的最主要途径，但白领人群由于有较多的机会到国外旅游或出差，因此在国外购买奢侈品的机会比普通网民高出近15%，而出国机会有限的人有一半以上选择代购奢侈品。

（资料来源：羊城晚报，2010年5月5日）

问题：请运用需要和动机理论解释"背着LV挤公交"的现象。

【技能训练】

调查你周围的同学购买手机的情形，并了解他们购买手机的真实需要，谈谈他们在做出购买手机的时候受到了哪些影响？在这个过程中，哪些购买动机影响了最终决策？

项目五 消费群体与消费心理

学习目标
- 掌握群体的特点，了解群体的不同分类
- 熟悉不同群体的消费心理
- 掌握群体规范的功能

引导案例：李先生的尴尬

爱好钓鱼的李先生最近加入了一个钓鱼协会。星期天一早，他兴冲冲地赶往集合地点，可是到那里后发现别人扛的都是清一色的上千元甚至上万元的渔具，相比之下他感到自己扛的百元的渔具简直就是小孩的玩具，当时他恨不得挖个地缝钻进去。他暗暗发誓，回去后一定要买一副高级的渔具。

为什么李先生会遇到尴尬？钓鱼协会的其他成员为什么会对他产生影响？为什么消费者会参照周围人的做法？这些问题将在本项目中找到答案。

任务一 消费群体与一般群体概述

人是社会人，消费者在消费过程中除了会考虑到他自身的具体情况，还会参考周围跟他类似的消费者的购买活动，我们消费什么和不消费什么，在很多情况下是根据我们所处的群体的消费行为来决定的。

一、消费群体

群体是指两个或两个以上的人，为了达到共同的目标，以一定的方式联系在一起进行活动的人群。最小的群体是家庭，在这个群体里，家庭成员间形成了亲密的关系；当然群体的规模也可以很大，如班级、学院乃至整个民族等。人们生活在不同规模与类型的群体之中，多样化的群体角色塑造了人类丰富多彩的行为。

消费群体，是指有消费行为且具有一种或多种相同的特性或关系的集体。我们经常所说的"物以类聚，人以群分"就表明了在一个群体内部会有很多共同点，而正是这些共同点引起了群体成员的认可，并形成一个有联系的群体。人经常会处于多个群体中，他的消费行为会受到所在群体的影响。

二、群体的特点

群体是相对于个体而言的，但不是任何几个人就能构成群体。群体有其自身的特点。

1. 群体有一个相对持久和稳定的结构，有共同的价值观

群体成员间需要一定的纽带联系起来。例如，以血缘为纽带组成了氏族和家庭；以地缘为纽带组成了邻里关系；以职业为纽带组成了同事关系。同一群体内部通常会形成一些相同的价值观。而正是相同的价值观使成员认为自己属于这个群体，也就是产生群体的归属感。群体的一致性越强，形成的凝聚力和归属感就越强，这个群体就越牢固。

2. 群体成员有共同的目标

群体成员有一致认同的特定目标，在组织分工的前提下，群体成员有了共同的行为方向，群体成员所做的一切工作都紧紧围绕群体目标展开。在目标实现的过程中，每个群体成员都有自己的角色，并使行为与其角色一致，彼此合作完成共同的目标。

3. 成员对群体具有认同感和归属感

同一群体的成员对重大事件和原则问题的认识倾向于与群体保持一致，当成员个人对外界情况的变化不明确时，这种认同感就会对群体成员产生很大的影响，有时甚至是盲目的。

4. 群体内部存在着群体规范

群体一旦形成，在群体内部就会产生一种制度或规范，这个规范可能是正式的，如规章制度；也可能是不正式的，如道德习惯。但无论何种规范都会对成员产生影响和约束作用。群体内部成员会自觉不自觉地遵循这些规范，否则，将会被群体其他成员排除在外。

三、群体的类型

（一）根据群体是否实际存在划分

1. 假设群体

假设群体是指实际上并不存在，只是为了研究或统计的需要，划分出来的群体。比如我们说的大学生群体、小资群体等，都是为方便统计数据的整理而假设划分的集合体。

2. 实际群体

实际群体是指实际上存在的群体。比如家庭、学校、企业、机关。这些群体是真实存在的，有一定组织结构的集合体，在这个集合体内部存在着成员的紧密联系。

（二）根据个体的归属划分

1. 所属群体

所属群体是指个体实际所归属的群体（就某个职工而言，他所在的班、组就属于此类）。成员经由所属群体得到自己相应的利益和感觉，并对所属群体持有亲切、安全、认同和热爱、忠诚等情感。这种情感的强弱取决于所属群体对成员个人利益和需要的满足程度及群体对个人的重视程度。在现代社会生活中，一个人总是归属于不同的群体，他不仅是某一家庭群体成员，某一趣味群体的成员，还可以是某一同业群体的成员。所以个人所归属的所属群体不止一个。

2. 参照群体

参照群体也称为标准群体或榜样群体，是个体在形成其购买或消费决策时，用以作为参照、比较的个人或群体。这个群体可以是周围的人群，也可以是渴望群体。名人或公众人物，如影视明星、歌星、体育明星，作为参照群体对公众尤其是对崇拜他们的受众具有巨大的影响力和感召力。对很多人来说，名人代表了一种理想化的生活模式。正因为如此，企业花巨额费用聘请名人来促销其产品。研究发现，用名人作支持的广告较不用名人的广告评价更正面和积极，这一点在青少年群体中体现得更为明显。例如，过去，青年人所崇拜的偶像理的是小分头，于是，他们也跟着留小分头。今天，偶像们开始把黑头发染成金色，于是，大街小巷里染金色头发的青年人就越来越多了。很显然，明星和偶像对其他人的消费起着明显的影响作用。这种作用，可以叫做"参照群体"的影响。参照群体的存在是普遍的。

（三）根据群体的结构划分

1. 正式群体

正式群体是指由组织结构确定的、职务分配很明确的群体。常见的正式群体有命令型群体和任务型群体两种。

（1）命令型群体。是由组织结构决定的，它由直接向某个主管人员报告工作的下属组成。

（2）任务型群体。也是由组织结构决定的，它是指为完成一项工作任务而在一起工作的人。但任务型群体的界限并不仅局限于直接的上下级关系，还可能跨越直接的层级关系。

2. 非正式群体

非正式群体是指成员为了满足个体需要，以感情为基础自然结合形成的多样的、不定型的群体。非正式群体是人们在活动中自发形成的，未经任何权力机构承认或批准而形成的群体。非正式群体的存在是基于人们社会交往的需要。在正式群体中，由于人们社会交往的特殊需要，依照好恶感，心理相容与不相容等情感性关系，就会出现非正式群体。非正式群体既没有正式结构，也不是由组织确定的联盟，它们是个体为了满足社会交往的需要在工作和生活环境中自然形成的。常见的非正式群体有两种。

（1）**利益型群体**。为了某个共同关心的特定目标而形成的群体。如为了维护共同的居民权利而形成的社区团体。利益群体是由共同利益偶然结合在一起的人们、同院的伙伴、企业或学校中存在的一些"小集团"、"小圈子"。

（2）**友谊型群体**。是指基于成员共同特点而形成的群体。如朋友圈、室友、旅友等。

一般认为，非正式群体具有一些基本的特征：以某种利益、观点和爱好为基础，以感情为纽带；有较强的内聚力和行为一致性；群体的首领对其他成员拥有精神上的支配权力；有一套见效快的不成文的奖惩制度和手段；成员之间有一条比较灵敏的信息传递渠道；有较强的自卫性和排外性，等等。非正式群体虽然没有组织的明文规定，但它是客观存在的。由于成员之间以共同的观点、利益、兴趣、爱好等为基础，因此它具有相对强的凝聚力，对其成员在心理上产生重要影响，其作用有时甚至超过正式群体。

知识链接：霍桑实验中的群体实验

1924年开始，美国西方电气公司在芝加哥附近的霍桑工厂进行了一系列实验。最初的目的是根据科学管理原理，探讨工作环境对劳动生产率的影响。后来梅奥参加该项实验，研究心理和社会因素对工人劳动过程的影响。

梅奥等人在这个实验中是选择14名男性工人在单独的房间里从事绕线、焊接和检验工作，对这个班组实行特殊的工人计件工资制度。实验者原来设想，实行这套奖励办法会使工人更加努力工作，以便得到更多的报酬。但观察的结果发现，产量只保持在中等水平，每个工人的日产量平均都差不多，而且工人并不如实地报告产量。深入的调查发现，这个班组为了维护他们群体的利益，自发地形成了一些规范。他们约定，谁也不能干得太多，突出自己；谁也不能干得太少，影响全组的产量，并且约法三章，不准向管理当局告密，如有人违反这些规定，轻则挖苦谩骂，重则拳打脚踢。

进一步调查发现，工人们之所以维持中等水平的产量，是担心产量提高，管理当局会改变现行奖励制度，或裁减人员，使部分工人失业，或者会使干得慢的伙伴受到惩罚。

> 这一实验表明，工人们为了维护班组内部的团结，可以放弃物质利益的引诱。由此提出"非正式群体"的概念，认为在正式的组织中存在着自发形成的非正式群体，这种群体有自己的特殊的行为规范，对人的行为起着调节和控制作用。同时，加强了内部的协作关系。

四、群体对消费者心理的影响

（一）消费者群体为消费者提供可选择的消费行为或生活方式的模式

社会生活是丰富多彩、变化多样的，处于不同群体中的人们，行为活动会有很大差别。例如，服务员在为顾客服务时，要求仪表整洁、服装得体、举止文雅，但不要打扮得过于时髦。而电影明星在表演时要适应剧本中角色的要求，更换各种流行服装和发式。在这种情况下，消费者对消费者群体的依赖性，超过了对商业环境的依赖性。

（二）消费者群体引起消费者的仿效欲望，导致消费者的从众心理

消费者群体引起消费者的仿效欲望，从而影响他们对商品购买与消费的态度。模仿是一种最普遍的社会心理现象，但模仿要有对象，即我们通常所说的偶像。模仿的偶像越具有代表性、权威性，就越能激起人们的仿效欲望，模仿的行为也就越具有普遍性。

> **小资料**
>
> 在一群羊前面横放一根木棍，第一只羊跳了过去，第二只、第三只也会跟着跳过去。这时把那根棍子撤走，后面的羊走到这里，仍然会像前面的羊一样，向上跳一下，尽管拦路的棍子已经不在了。羊群效应实际上是个体自发性、盲目性以及自然趋势的真实写照。

（三）消费者群体会形成群体规范，促使人们的行为趋于某种"一致化"

消费者对商品的评价往往会受到消费者群体中其他人的影响。这是因为相关群体会形成一种群体压力，使群体内的个人自觉不自觉地符合群体规范。当消费者在选购某件商品时，往往会受其所属群体规范的影响，当消费者的购买行为符合群体的规范及约定俗成的行为标准时，个体消费者就感到保险、安全；当个体消费者的消费心理与行为同所属群体规范相违背时，就会产生压力感，表现在购买行为上，即如果消费者个体所要购买的商品不是其群体所认同的商品，个体就会犹豫不决、有时不得不改变其行为。例如，大学老师在购买服装时一般不会购买过于炫耀的服装，因为不符合大学老师这个群体的着装规范。

任务二　主要消费群体心理特点分析

按照不同的标准，可将消费者划分为不同的群体。在各类群体内部往往存在着一些消费共性。研究消费者群体的心理与行为特征，对于企业开展有效的营销活动具有重大意义。

一、按照性别划分的群体类别

（一）男性消费群体

男性消费者相对于女性来说，购买商品的范围较窄，一般多购买"硬性商品"，注重理性，较强调阳刚气质。其特征主要表现为：

（1）注重商品质量、实用性，购买更理性。男性消费者购买商品多为理性购买，不易受商品外观、环境及他人的影响。注重商品的使用效果及整体质量，不太关注细节。男性的个性特点与女性的主要区别之一就是具有较强理智性、自信性。他们善于控制自己的情绪，处理问题时能够冷静地权衡各种利弊因素，能够从大局着想。

（2）购买商品时目的明确、迅速果断。男性的逻辑思维能力强，喜欢通过杂志等媒体广泛收集有关产品的信息，决策迅速。男性动机形成要比女性果断迅速，并能立即导致购买行为，即使处在比较复杂的情况下，如当几种购买动机发生矛盾冲突时，也能够果断处理，迅速做出决策。特别是许多男性不愿"斤斤计较"，购买商品也只是询问大概情况，对某些细节不予追究，也不喜欢花较多的时间去比较、挑选，即使买到稍有毛病的商品，只要无关大局，也不去追究。

（3）强烈的自尊好胜心，购物不太注重价值问题。由于男性本身所具有的攻击性和成就欲较强，所以男性购物时喜欢选购高档气派的产品，而且不愿讨价还价，忌讳别人说自己小气或所购产品"不上档次"。有的男性则把自己看作是能力、力量的化身，具有较强的独立性和自尊心。这些个性特点也直接影响他们在购买过程中的心理活动。

（二）女性消费群体

提到消费就不能不提到消费者大军中的核心主力——女性。据我国第三次人口普查统计，女性占我国人口的48.7%，其中在消费活动中有较大影响的中青年女性，即20~50岁这一年龄段的女性，约占人口总数的21%。女性消费族群不仅数量大，而且在消费市场中占据着特殊重要的地位：女性不仅是个人消费品的购买者，也是绝大多数儿童用品、老年人用品、男性用品、家庭用品购买的决策者。女性对当前及未来消费市场发展趋势的影响日益凸显，"她时代"、"她经济"、"女性消费主义"等词汇应运而生。在现代社会，谁抓住了女性，谁就抓住了赚钱的机会。要想快速赚钱，就应该将目光瞄准女性的口袋。企业应当充分重视女性消费者的重要性，挖掘女性消费市场。女性消费者一般具有以下消费心理。

（1）求美心理突出。

爱美之心人皆有之，而这在女性消费者身上表现得尤为强烈。女性消费者非常注重商品的外观，将外观与商品的质量、价格当成同样重要的因素来看待，因此在挑选商品时，她们会非常注重商品的色彩、样式。在购买过程中，女性对能够美化生活、装饰性强、造型别致、款式新颖的产品情有独钟。女性的记忆过程有着较强的情绪记忆力。因此，具有欣赏价值的、美的产品往往能够对她们形成强烈的刺激，使她们情不自禁地产生兴奋，影响她们的购物情绪，进而产生某种购买或占有的欲望，从而为购买行为的实现奠定基础。

尽管不同年龄层次的女性具有不同的消费心理，但她们在购买某种商品时，首先想到的就是这种商品能否展现自己的美，能否增加自己的形象美，使自己显得更加年轻和富有魅力。例如，她们往往喜欢造型别致新颖、包装华丽、气味芬芳的商品。

（2）认知细腻，容易受情绪的影响。

女性在购买商品时往往更加认真仔细，她们会仔细地参考商品的包装、产地、质量等数据。同时，女性一般具有比较强烈的情感特征，这种心理特征表现在商品消费中，主要是用情感支配购买动机和购买行为。同时她们经常受到同伴的影响，喜欢购买和他人一样的东西。女性在购买决策时很容易受直观印象以及商品外观的诱惑。美观的商品包装、鲜明的橱窗陈列、良好的购物环境等都能激起女性消费者积极的情绪情感，产生购买欲望。

（3）喜欢炫耀与对比。

对于许多女性消费者来说，之所以购买商品，除了满足基本需要之外，还有可能是为了显示自己的社会地位，向别人炫耀自己的与众不同。在这种心理的驱使下，她们会追求高档产品，而不注重商品的实用性，只要能显示自己的身份和地位，她们就会乐意购买。她们在消费活动中，除了要满足自己的基本生活消费需求或使自己更美、更时髦之外，还可能追求高档次、高质量、高价格的名牌产品或在外观上具有奇异、超俗、典雅等与众不同特点的产品，来显示其地位上的优越、经济上的富裕、品位上的高雅等。

（4）自我意识较强，联想丰富。

女性消费者在购买决策中经常进行商品的自我比拟，联想商品的消费效果。女性消费者经常通过同伴的评价、宣传媒体上的比照等方法，来反馈商品对自我形象的影响。对自己满意的商品，具有强烈的推荐愿望，对于自己不满意的商品，传话效应比较突出。

案例讨论

尼尔森最新的女性消费报告新鲜出炉，该调查向21个国家的6 500名女性发放问卷，遍布亚太、欧洲、拉丁美洲、非洲和北美，研究中的调查代表了世界上60%的人口和80%的GDP。尼尔森中国区消费者研究副总裁庄稼女士表示："理解她们的消费习惯以及她们的态度，是赢得女性市场的核心要素。"

调查显示，中国女性在食物、保健品及美容、衣服上具有消费决定权，并负责在家抚养小孩，同时负责儿童的支出。然而，她们希望家庭决定权应是共同承担的，如家庭电子产品、个人电子产品以及汽车的选择。其中，电视是各大洲的女性青睐的获取新产品信息的第一渠道，中国女性也不例外；排在电视之后的是口碑，中国女性喜欢这样的方式获得新产品以及服务信息。至于如何获取商店信息，发达国家的女性更青睐于口碑，而中国女性则更依赖于电视。

当问及女性期待如何分配未来5年所赚得的收入，不同的观点显现出来。接近一半（48%）的中国女性表示她们计划投资在自己孩子的教育上，与此相比只有16%的发达国家女性会如此选择。当然，也有比例更高的，如85%的尼日利亚女性、76%的印度女性、63%的马来西亚女性在过去将大部分的积蓄用于为孩子的教育的储备上。总体来看，发达国家女性计划将多余的资金用于度假、生活用品、储蓄或支付信用卡、债务；中国女性则将余钱用于生活用品、服装、健康、储蓄以及美容项目。

一些女性受调查者表示她们感到时间紧迫，压力沉重，绝大部分时间都在超负荷工作。新兴国家，包括中国在内的女性表示，她们承受的压力比发达国家女性更多。超过一半（51%）的中国女性表示觉得压力最大的就是时间，44%的女性表示缺少休闲时间以及44%的女性感到常常觉得忧虑并超负荷工作。相比较于发达国家，新兴国家40%的女性表明她们会将额外的资金用于度假，这在女性消费中排名第七。在中国，度假在女性消费中的排名则更低，它位列在"紧急状况支出"之后的第九位，仅占多余资金的24%。庄女士建议那些针对女性消费者的企业，需要考虑的营销方式应以减少女性的压力、提供便捷为主。

还有一个有趣的现象是，调查发现，女性讲话以及发短信的比例比男性分别高出28%和14%，她们是电话和网络社区网站的重度使用者。多于一半的女性（发达国家平均56%、新兴国家71%）认为电脑、手机、智能电话让她们的生活变得更美好。"与女性建立连接，其战略应该更社交化以及让人感觉可信赖，"庄稼说，"运用社交网络，女性比男性更热衷于品牌，利用社交网络工具让促销更有可信性。"她认为，新一代的女性消费者的消费模式以及媒体习惯与男性以及前一代的女性不同。因此，企业的市场如何俘获她们的注意力必须依赖于洞察她们的内心想法。

对于未来，中国年轻女性抱有很大的信心。尼尔森信心指数报告披露，不管在经济不景气中或之后，30岁以下的年轻女性的信心一直保持乐观状态。本季度，她们的信心指数达到了 107.2 点,超过平均水平。然而,在发达国家,少于一半(40%)的女性认为女儿将来的经济状况良好。

(资料来源:刘颖,权威调查公司出消费报告揭秘中国女性如何花钱,解放日报,2011 年 9 月 7 日)

二、按照年龄划分的群体类别

(一)儿童消费心理特点

从初生婴儿到 11 岁的儿童,受一系列外部环境因素的影响,他们的消费心理和消费行为变化幅度最大。这种变化在不同的年龄阶段表现得最为明显,即乳婴期(0～3 岁)、学前期(3～6 岁,又称幼儿期)、学初期(6～11 岁,又称童年期)。在这三个阶段中,儿童的心理与行为出现三次较大的质的飞跃,表现在心理上,开始了人类的学习过程,逐渐有了认识能力、意识倾向、学习、兴趣、爱好、意志及情绪等心理品质;学会了在感知和思维的基础上解决简单的问题;行为方式上也逐渐从被动转为主动。这种心理与行为特征在消费者活动中表现为以下几种情况。

(1)从纯生理性需要逐渐发展为带有社会性的需要。

儿童在婴幼儿时期,消费需要主要表现为生理性的,且纯粹由他人帮助完成的特点。随着年龄的增长,儿童对外界环境刺激的反应日益敏感,消费需要从本能发展为自我意识加入的社会需要。四五岁的儿童学会了比较,年龄越大,这种比较越深刻。然而,这时的儿童仅是商品和服务的使用者,而很少成为直接购买者。处于幼儿区、学初期的儿童,已经具有一定的购买意识,并对父母的购买决策发生影响。有的还可以单独购买某些简单商品,即购买行为由完全依赖型向半依赖型转化。

(2)容易受参照群体的影响。

学龄前和学龄初期的儿童的购买需要往往是感觉型、感情性的,非常容易被诱导。在群体活动中,儿童会产生相互的比较,如"谁的玩具更好玩"、"谁有什么款式的运动鞋"等,并由此产生购买需要,要求家长为其购买同类同一品牌同一款式的商品。

(3)选购商品具有较强的好奇心。

少年儿童的心理活动水平处于较低的阶段,虽然已能进行简单的逻辑思维,但仍以直观、具体的形象思维为主,对商品的注意和兴趣一般是由商品的外观刺激引起的。因此,在选购商品时,有时不是以是否需要为出发点,而是取决于商品是否具有新奇、独特的吸引力。

总之,儿童的消费心理多处于感情支配阶段,购买行为以依赖型为主,但有影响父母购买决策的倾向。由于儿童没有独立的经济能力和购买能力,几乎由父母包办他们的购买行为,所以,在购买商品时具有较强的依赖性。父母不但代替儿童进行购买行为,而且经常性地将个人的偏好投入购买决策中,忽略儿童本身的好恶。

（二）少年儿童消费心理

少年消费者群是指11~14岁年龄阶段的消费者。少年期是儿童向青年过渡的时期。在这一时期，生理上呈现第二个发育高峰。与此同时，心理上也有较大变化，如有了自尊与被尊重的要求，逻辑思维能力增强。总之，少年期是依赖与独立、成熟与幼稚、自觉性和被动性交织在一起的时期。少年消费者群的心理与行为特征可以从以下几点表现出来。

（1）有成人感，独立性增强。

有成人感，是少年消费者群自我意识发展的显著心理特征。他们认为自己已长大成人，应该有成年人的权利与地位，要求受到尊重，学习、生活、交友都不希望父母过多干涉，而希望能按自己的意愿行事。在消费心理与行为上，表现出不愿受父母束缚，要求自主独立地购买所喜欢的商品。他们的消费需求倾向和购买行为尽管还不成熟，有时会与父母发生矛盾，但在形成之中。

（2）购买的倾向性开始确立，购买行为趋向稳定。

少年时期的消费者的知识不断丰富，对社会环境的认识不断加深，幻想相对减少，有意识的思维与行为增多，兴趣趋于稳定。随着购买活动的次数增多，感性经验越来越丰富，对商品的分析、判断、评价能力逐渐增强，购买行为趋于习惯化、稳定化，购买的倾向性也开始确立，购买动机与实际的吻合度有所提高。

（3）从受家庭的影响转向受社会的影响，受影响的范围逐渐扩大。

儿童期的消费者所受影响主要来自家庭。少年消费者则由于参与集体学习、集体活动，与社会的接触机会增多，范围扩大，受社会环境影响的比重逐渐上升。这种影响包括新环境、新事物、新知识、新产品等内容，其影响媒介主要是学校、老师、同学、朋友、书籍、大众传媒等。与家庭相比，他们更乐于接受社会的影响。

（三）青年人消费心理

青年消费者群的年龄阶段为15~35岁。在我国，青年消费者人口众多，也是所有企业竞相争夺的主要消费目标。因此，了解青年消费者的消费心理特征，对于店铺的经营和发展具有极其重要的意义。一般来说，青年消费者具有以下几点消费心理特征。

（1）追求时尚和新颖。

青年人的特点是热情奔放、思想活跃、富于幻想、喜欢冒险，这些特点反映在消费心理上，就是追求时尚和新颖，喜欢购买一些新的产品，尝试新的生活。任何新事物、新知识都会使他们感到新奇、渴望，并大胆追求，在消费心理与行为方面表现出追求新颖与时尚，力图站在时代前列，领导消费新潮流。在他们的带领下，消费时尚也会逐渐形成。

（2）表现自我和体现个性。

在这一时期，青年人的自我意识日益加强，强烈地追求独立自主，在做任何事情时，都力图表现出自我个性。这一心理特征反映在消费行为上，就是喜欢购买一些具有特色的商品，而且这些商品最好能体现自己的个性特征，并力求在消费活动中充分展示自我。

（3）容易冲动，注重情感。

由于人生阅历并不丰富，青年人对事物的分析判断能力还没有完全成熟，他们的思想感情、兴趣爱好、个性特征还不完全稳定，因此在处理事情时，往往容易感情用事，甚至产生冲动行为。他们的这种心理特征表现在消费行为上，就是容易产生冲动性购买，在选择商品时，感情因素占了主导地位，往往以能否满足自己的情感愿望来决定对商品的好恶。同时，直观选择商品的习惯使他们往往忽略综合选择的必要，款式、颜色、形状、价格等因素都能单独成为青年消费者的购买理由，这也是冲动购买的一种表现。

（四）中年人消费心理

中年人的心理已经相当成熟，个性表现比较稳定，他们不再像青年人那样爱冲动、爱感情用事，而是能够有条不紊、理智地分析处理问题。中年人的这一心理特征在他们的购买行为中也有同样的表现。

（1）购买的理智性胜于冲动性。

随着年龄的增长，青年时的冲动情绪渐渐趋于平稳，理智逐渐支配行动。中年人的这一心理特征表现在购买决策心理和行动中，使得他们在选购商品时，很少受商品的外观因素影响，而比较注重商品的内在质量和性能，往往经过分析、比较以后，才做出购买决定，尽量使自己的购买行为合理、正确、可行，很少有冲动、随意购买的行为。

（2）购买的计划性多于盲目性。

中年人虽然掌握着家庭中大部分收入和积蓄，但由于他们上要赡养父母，下要养育子女，肩上的担子非常沉重。他们中的多数人懂得量入为出的消费原则，开支很少会像青年人那样随随便便、无牵无挂、盲目购买。因此，中年人在购买商品前常常对商品的品牌、价位、性能要求乃至购买的时间、地点都妥善安排，做到胸中有数，对不需要和不合适的商品绝不购买，很少有计划外开支和即兴购买。

（3）购买求实用，节俭心理较强。

中年人不再像青年人那样追求时尚，生活的重担、经济收入的压力使他们越来越实际，买一款实实在在的商品成为多数中年人的购买决策心理和行为。因此，中年人关注的更多是商品的结构是否合理，使用是否方便，是否经济耐用、省时省力，能够切实减轻家务负担。当然，中年人也会被新产品所吸引，但他们更关心新产品是否比同类旧产品更具实用性。商品的实际效用、合适的价格与较好的外观的统一，是引起中年消费者购买的动因。

（4）购买有主见，不受外界影响。

由于中年人的购买行为具有理智性和计划性的心理特征，使得他们大多很有主见。他们经验丰富，对商品的鉴别能力很强，大多愿意挑选自己所喜欢的商品，对于营业员的推荐与介绍有一定的判断和分析能力，对于广告一类的宣传也有很强的评判能力，受广告这类宣传手段的影响较小。

（五）老年人消费心理

老年消费者群，一般指男性60岁以上，女性55岁以上的消费者。在我国这部分人约占人口总数的10%，并且仍有增加的趋势。对老年消费者消费需求的满足，从一个侧面反映了一个国家的经济发展水平和社会稳定程度。因此，研究老年消费者群的心理与行为特征是非常必要的。

（1）注重实际，追求方便实用。

老年消费者心理稳定程度高，注重实际，较少幻想。购买动机以方便实用为主，在购买过程中，要求提供方便、良好的环境条件和服务。因此，老年商品的陈列、位置及高度要适当，商品标价和说明要清晰明了，同时做到服务周到、手续简便，以便提高老年消费者的满意程度。

（2）需求结构呈现老龄化特征。

随着生理机能的衰退，老年消费者对保健食品和用品的需求量大大增加。只要某种食品、保健用品对健康有利，价格一般不会成为老年消费者的购买障碍。同时，由于需求结构的变化，老年消费者在穿着及其他奢侈品方面的支出大大减少，而对满足其兴趣、嗜好的商品购买支出明显增加。

（3）部分老年消费者抱有补偿性消费动机。

在子女成人独立、经济负担减轻之后，部分老年消费者产生了强烈的补偿心理，试图补偿过去因条件限制而未能实现的消费愿望。他们在美容美发、穿着打扮、营养食品、健身娱乐、特殊嗜好、旅游观光等商品的消费方面，同青年消费者一样有着强烈的消费兴趣，同时乐于进行大宗支出。

（4）品牌忠诚度较高。

中老年消费者在长期的生活过程中，已经形成了一定的生活习惯，而且一般不会作较大的改变，因为他们在购物时具有怀旧和保守心理。他们对于曾经使用过的商品及其品牌，印象比较深刻，而且非常信任，是企业的忠诚消费者。老年人在长期的消费生活中形成了比较稳定的态度倾向和习惯化的行为方式。对商标品牌的偏好一旦形成，就很难轻易改变。为争取更多的老年消费者，企业要注意"老字号"及传统商标品牌的宣传，经常更换商标、店名的做法是不明智的。

任务三　家庭消费群体心理特点分析

家庭是最基本的社会群体，个人都在一定的家庭中生活，每个劳动者在社会经济中都不是孤立存在的个人，都要抚育子女，赡养老人。个人的消费在任何情况下都要受家庭经济生活的制约。可以说，家庭是人类基本的消费单位。同时家庭的消费心理也影响了其内部成员的消费心理，因此研究家庭的消费心理具有重要的意义。

一、家庭消费的心理特征

家庭是建立在婚姻、血缘或继承关系基础上的社会生活的组织单位。随着人类社会生活的不断进化，家庭也在经历着从传统模式向现代模式的演变过程。在我国，核心家庭即父母与未婚子女组成的家庭已成为家庭的主要模式。与此同时还存在着多种类别的家庭模式。现代家庭消费的基本特征如下。

（一）家庭消费的广泛性

作为社会生活的细胞单位，人的生命中的大部分时间是在家庭中度过的，因此，家庭消费就成了人们日常消费的主体。在人们购买的商品中，绝大多数都与家庭生活有关，价值较大的如住房、家具、厨具、家用电器、交通工具，价值较小的如油、盐、酱、醋、糖、茶、烟、酒、针、线、常备药品，等等。家庭消费几乎涉及生活消费品的各个方面。

（二）家庭消费的阶段性

现代家庭呈现出明显的发展阶段性，大致可划分为单身时期、新婚时期、育幼时期、成熟时期、空巢时期等五个阶段。处于不同发展阶段的家庭在消费活动方面存在明显的差异，并且表现出一定的规律性。具体情况将在后文中进行较为详细的分析。

（三）家庭消费的差异性

由于家庭结构、家庭规模、家庭关系、家庭收入水平等方面的不同，不同家庭的消费行为具有很大的差异性。比如，家庭成员比较年轻，家庭规模较小，收入水平又比较高时，一般倾向于购买优质高档商品，而且消费欲望强烈，较少有储蓄倾向。由于家庭规模大小不等，在选购商品的品种、数量方面也具有很大的不同。家庭关系是否融洽，也会影响家庭消费行为的倾向性与合理性。总之，受到众多制约因素的影响，家庭消费各具特色。

（四）家庭消费的相对稳定性

排除家庭剧变的特殊影响，大多数家庭的消费行为具有相对稳定性。这主要是由于家庭日常消费支出存在着相对稳定的比例关系，而且大多数家庭都能维持融洽而紧密的关系，具有各自特色的家庭消费观念与习惯具有很强的遗传性功能。特定的内外环境对家庭消费的稳定性具有重要的维系作用。当然，这种稳定性会随着社会经济的不断发展而呈现稳步上升的趋势。

二、家庭决策类型与消费

从家庭权威的中心点角度来划分，家庭的决策类型可以分为：①各自做主型：每个家庭成员都有权相对独立地作出有关自己的决策。②丈夫支配型：家庭购买决策权掌握在丈夫手中。③妻子支配型：家庭最终决策权掌握在妻子手中。④调和型：大部分决策由家庭各成员共同协商作出。

对于不同的商品，家庭成员发挥的作用也不同。如家庭食品、日用杂品、儿童用品、装饰用品等，女性影响作用大；五金工具、家用电器、家具用具等，男性影响大；价格高昂、全家受益的大件耐用消费品，文娱、旅游方面的支出，往往共同协商。家庭中的孩子可以在家庭购买特定类型产品的决定上产生某些影响，如对购买点心、糖果、玩具、文体用品等商品有较大影响。在我国当今的城市家庭中，妻子与丈夫有平等的经济收入，她们既工作，又承担了更多的家务，家庭经济多为她们控制，家庭的大部分日用品及耐用消费品在她们的影响下购买，这在城市家庭中已成为很普遍的现象。

三、家庭生命周期与消费

处于家庭生命周期的不同阶段，家庭的收入水平是不相同的，家庭的人口负担也各异，从而，家庭的实际消费水平也是不相同的。这样，处于家庭生命周期不同阶段家庭的消费热点商品或劳务是有很大区别的。消费心理学对家庭生命周期的分析，就是根据家庭存在的各个不同阶段，确定每一个阶段的家庭生活特征，再按照这些特征来分析消费过程和消费结构的变化。

（一）家庭生命周期的划分

对家庭生命周期的划分，许多学者提出了不同的模式，但根据家庭主人的婚姻状况、家庭成员的年龄、家庭规模等因素构成的家庭发展阶段来划分，又有很多类似之处。一般可以把家庭生命周期分为：单身期，指已长大成人，但尚未结婚者；新婚期，指筹备新婚用品至结婚，建立起独立的家庭；生育期，生育第一个孩子至最后一个孩子。满员期，子女长大尚未成年时期；离巢期，孩子成年后相继离开家庭，自主独立消费，直到原来的家庭中只剩父母二人；鳏寡期，指夫妇两人的一方丧偶期。

（二）家庭生命周期中的消费变化

随着家庭生命周期的变化，家庭的需求结构、经济能力和消费水平也相应变化。

1. 单身期

这个时期的青年男女，收入大多并不高，目前我国多数单身青年无经济负担，并保持与父母共同生活的习惯。因与父母生活在一起，所以消费需要简单。有一份在部分城市的调查资料表明：在青年职员中，将自己的收入部分补贴家庭开支的占31.11%，自给自足的占45.83%，父母倒贴的达18.24%。他们的收入一部分用于自己的穿着、娱乐、交往、发展等方面的需要，大部分用于储蓄。因储蓄而紧缩日常消费的情况也很普遍。

2. 新婚期

家庭新婚期的热点商品就是这一阶段的兴趣商品：住房租赁、家具、家庭主要器具、汽车、食物、娱乐用品、小件家庭用品等。据调查显示，青年在结婚费用中，耐用消费品支出占首位，酒席的支出占第二位，穿着支出占第三位，床上用品占第四位。在我国，青年人结婚费用惊人，已成为令人注目的社会问题。由于组建新家庭，几乎所有消费品都需要购买，因此，不仅花光了自己多年的积蓄，还花费了父母亲辛辛苦苦积攒起来的钱，有的甚至借款。

3. 生育期

随着孩子成为家庭的新的成员，给家庭带来了新的需求和新的消费模式。这个时期的热点商品或服务是：住房、家庭修理用品、健康和营养食品、家庭游戏用品、保健服务、儿童早期用品等。这个阶段的家庭特征是：年轻的夫妇，由于有了孩子，家庭开支增大了，购买频率高，购买心理随孩子的成长而发生变化，重视儿童食品、玩具、服装和教育费用开支。这一时期的消费表现出对家庭和社会的责任感。尽管收入也在增加，但人们要购买大众化用品或服务，以尽量减少不必要的开支；为了照顾家庭和孩子，也为了节支，消费活动主要在家庭内，很少进行户外就餐等。

4. 满员期

在这个时期夫妇已到中年，孩子已到少年或青年。家庭收入达到高峰，家庭支出开始稳定。医疗支出下降，日用品、穿着、文化娱乐费用上升，家庭有了储蓄。处于这一阶段的人们的收入达到顶峰，孩子们又陆续离开家庭独立生活，家庭的可随意支配收入较高。

5. 离巢期

夫妇已到老年，子女相继成家。购买活动开始更多地投向满足自己需要的商品，营养、保健用品、高档家电支出上升，娱乐费、交通费下降。家庭的收入因退休而减少，储蓄部分用于自己的重点消费上，部分用于子女。可以适当进行一些奢侈消费，但人已接近老年，消费的大众化也是重要内容；这一阶段家庭中的人们出于身体保健、自我修身方面的原因，服务性消费的内容有一定程度增加。

6. 鳏寡期

一般已到老年，两老之中有一方先谢世。家庭收入明显减少。老年人渴望健康长寿，其消费支出大部分用于食品和医疗保健方面，穿用部分的比重逐渐下降，尤其是娱乐费、交通费及耐用家电支出下降。在进行购买决策时更缜密、更稳健、更内含。鳏寡期家庭的老年男性或老年妇女由于健康状况下降或社会交往减少，基本消费活动均在家中进行；服务性消费在他或她的日常消费中所占比重较大，因为其自理能力在日趋下降。

小资料

据经济之声《天下财经》报道，关于消费，现在有一句流行话：70后服从父母，80后询问父母，90后"我消费、我做主"。

零点研究咨询集团的一项最新调查显示，在电子及数码产品、家庭旅游及外出就餐等消费上，90后拥有接近或超过六成的决策权，即使在房子及车子等大型耐用消费品上，90后也拥有超过三成的决策权。

这项调查是在北京、上海、广州、武汉及成都5个城市共2 099名90后学生中进行的。

90后在家里说话为什么这么算数？专家指出，90后的父母大多是60后，而60后是改革开放受益最多的一代，是知识、信息都比较开放的一代，和孩子的沟通能力大大提高。另外，在经济方面，90后的父母小时候吃了不少苦，在当时的环境下也比较不自由，如今对自己的孩子有一定的补偿心理。

（资料来源：中国广播网，2011年11月21日）

任务四　消费者群体规范

前面我们提到了，无论是正式群体还是非正式群体，在这个集团的内部都会产生群体规范。这个群体规范一旦产生就会促使成员自觉不自觉地遵守，并会影响其群体成员的心理和行为。下面我们着重讨论群体规范。

一、群体规范的概念和表现形式

群体规范是指群体成员所公认的有关群体成员应当如何行动的规则和对成员的行为期望标准。群体规范是每个成员必须遵守的已经确立的思想、评价和行为的标准，是人们共同遵守的行为方式的总和。群体规范在群体成员的共同生活中一旦形成，便具备一种公认的社会力量，并不断内化为人们的心理尺度，成为对各种言行的判断标准。

群体规范由于群体存在的正式和非正式性，而分为正式规范和非正式规范。

正式规范包括成文的机关、工厂、学校里的规章制度、守则和纪律等。非正式规范包括道德、风俗习惯、礼仪、传统文化以及人们的观念和信仰。群体规范在不同的群体中产生不同的作用。利用正式群体中的压力与非正式群体中的内聚力可以产生相应的道德效应。

美国心理学家谢里夫做了一个判断光点移动位置的实验，通过这个实验证明群体内有着一种一致性定型，它是在遵从、暗示作用下形成的。

知识链接

"游动错觉"实验是谢里夫对在模棱两可情况下，一个人影响另一个人，并使之产生态度改变的经典性研究。他设计了一个实验，让被试者处于一个黑暗的房间中，然后让他估计出静止的光点"移动"的距离，试验的结果表明，他们的估计有很大的差异。例如，有的被试者认为光点仅移动几英寸，有的则认为光点移动了几十英寸。

谢里夫还发现，经过几次实验，被试者便开始形成他们自己的标准，用来对自己的估计进行比较。例如，在最初的实验中，被试者报告说，他们看到光点移动了20英寸。在后来的实验中，被试者开始建立一个确定的范围。比如，他们可能会说，光点看起来移动了15英寸，然后又说12英寸、14英寸。在这种情况下，他们确立的范围将是12~15英寸。

实验的第二部分，谢里夫把几个人一起放在同一个黑房间里，房中点上一盏灯。他们都参加过实验的第一部分，并已经建立起各自不同的范围。研究人员发现，当由2~3个被试者组成的小组面对同一个光点时，要求他们分别说出自己的估计，他们就开始相互影响了。比如有两个被试者各自建立的范围是5~8英寸和18~25英寸，把他们安置在同一个暗房里，经过9次试验，他们的意见就会开始相互接近，直到建立一个共同的范围。实际上，这个光点根本没有移动过。

谢利夫发现个体通过相互的影响而确立了一个标准，同时群体中形成的这一标准是相当牢固的，之后每个个体都调整自己的标准去适应群体标准，并不恢复到群体测试之前各人所具有的水平，而是聚集于群体标准的附近。因此，看来群体建立的标准比个人在这一特殊情境里的知觉更有力量。

从谢里夫的实验不难看出，群体规范的形成是受模仿、暗示、顺从等因素影响的。因为群体在讨论时，一个人会受到其他人意见的暗示，而影响自己的判断；或者少数人在大多数意见的压力下，为了避免自己被孤立而受到其他成员的另眼相看，而产生顺从，模仿他人，再现他人的行为和意见，从而形成统一的看法。正是这种一致性的意见，保障着群体活动的共同性。

二、群体规范形成的原因

群体规范作为一种标准化的观念，所涉及的对象是非常广泛的，内容也是多种多样的。它可以是国家的法律制度、民族的风俗、习惯、礼仪、传统文化以及人们的知识、观念和信仰等，也可以是机关、工厂、学校里的规章制度、守则和纪律等。

为什么会形成群体规范呢？人们在共同活动中，其心理存在着一种社会标准化的倾向，即人们在对外界事物的共同认知和判断上，发生类化过程，彼此接近，趋于一致，从而导致模式化、固定化，以便于遇到同类事物时作出尽快的反应。另一方面，在群体成员的相互作用下，又会产生模仿、暗示、顺从等心理，这样就形成了群体意见的统一。规范正是在这两种因素的基础上产生的。

群体形成以后，为了保障其目标的实现和群体活动的一致性，就需要有一定的行为准则以统一成员的信念、价值和行为，这种约束成员的准则就是群体规范。群体规范是每个成员必须遵守的已经确立的思想、评价和行为的标准。这些标准为群体每个成员所公认，而且是每个成员必须遵守的。群体规范可以是在群体内正式规定的，但大部分是在群体中自发形成的，来源于模仿、暗示、顺从等心理的一致性，并且能潜移默化地影响个人的行为及人格的发展，起着调节成员活动和关系的作用。

三、群体规范的功能

1．维持和巩固群体

群体的存在形式是它的整体性，而这种整体性就表现在群体成员的行为、感情和认识的一致性上。群体规范是一切群体得以维持、巩固和发展的支柱。群体内的成员是根据规范来互相认同的。因此，一个群体的规范越标准化、越特征化，成员间的关系越紧密，整个群体也越集中。反之，一个群体的规范标准化程度越低，整个群体就越松散。所以说，没有群体就没有群体规范，同样没有群体规范也就没有群体。

2．形成认知的标准化

个人独处时，各人的看法往往是不同的，他们一旦结合成为群体，就会在判断和评价上逐渐趋于一致，这种统一成员意见、看法的功能，就是群体规范的认知标准化功能。群体规范作为行为参照的标准，赋予个体言语、行为以一定的意义，从而直接制约着在交往过程中人们对事物的知觉判断、态度和行为。群体规范为成员提供了共同的心理参考原则，用以作为衡量成员言行的标准。群体规范就像一把尺子，摆在每个成员的面前，约束着他们，使他们的认知、评价有一个统一的标准，从而形成共同的看法和意见，即使有个别人持不同意见，但由于规范的压力和个人的遵从性，也势必使其与规范保持一致。

3．导致定向和从众行为

群体规范对行为的定向功能，主要是为成员制定了活动的范围，制定了日常的行为方式，告诉人们应该做什么、不应该做什么、怎样做，等等。

个体在群体中虽未泯灭个性，但是，由于其在群体中受到群体气氛、群体规范的影响，往往会表现出不同于个体独处时的行为反应，如群体压力之下的从众行为就是个体借以适应群体的方式。群体对消费者会形成一种无形的压力，使群体内的个人自觉或不自觉地符合群体规范。由此决定群体规范所形成的压力使人们的消费行为趋于某种"一致化"。

【章首案例分析】

李先生之所以会觉得尴尬是因为他和他参与的群体，即钓鱼协会在渔具的购买上存在差异，而这种差异给了他一定的群体压力，当这种压力到达一定程度时，便会让他产生紧张感，正是这种紧张感使得李先生迫切希望通过修正自己的购买行为来获得群体的认同。

在我们的生活中，同样存在这种情况，我们消费什么、不消费什么，往往会受到群体的影响。因为在群体内部会形成一个群体规范，而群体规范会导致群体行为的一致性，引导消费者的消费行为与他所在的群体保持统一、和谐。

项目小结

消费者作为社会成员之一，其购买行为不可避免地受到社会环境和各种群体关系的影响和制约。消费群体是指有消费行为且具有一种或多种相同的特性或关系的集体。在消费群体内部，消费者在心理和行为方面具有相同点。根据不同的特征，我们可以将消费群体划分不同的类型。研究各个消费群体的心理和行为特征，有助于企业找到目标市场，进行产品定位。不同的年龄段往往表现出不同的行为特点，另外，家庭作为一种最基本的群体形式，随着家庭生命周期的不同体现出不同的特点。

无论何种群体，均会在群体内部产生群体规范，这个群体规范一旦产生就会促使成员自觉不自觉地遵守，并会影响其群体成员的心理和行为。

同步练习

【名词解释】

1. 消费群体　　2. 正式群体　　3. 非正式群体　　4. 群体规范

【案例分析】

夕暮人群　朝阳市场

有投资者说："人类在 18 世纪发现了儿童，19 世纪发现了妇女，20 世纪发现了老年人。"老年市场的迅猛崛起，引发了世界各国的新一轮投资高潮。

中国消费者协会 2011 年 11 月 29 日上午发布的"2011 年老年消费者权益保护现状调查报告"表明，中国正处于人口老龄化快速发展阶段，老年消费市场潜力巨大。

老年人市场供应疲软由来已久，但随着中国经济实力的快速提高，老年人遇上了前所未有的物质丰富时代，因而消费观也随之而变，过去的勤俭为家型已经逐步转化为自我享受型。当老年人手上的"活钱"增多，购买欲望甚至比青年人更强烈，形成井喷消费。

首先，"重积蓄、轻消费"、"重子女、轻自己"的传统观念正被抛弃，花钱买健康、花钱买潇洒成为现代老年人时尚追求。中消协的报告称，过去中国老年人大多习惯于攒钱，这将产生较大的购买力；老年人在医疗保健、食品、服装、旅游、娱乐、养老等各方面有大量需求；老年人的价值观、消费观与生活方式在不断更新，其消费需求正在向高层次、高质量、个性化、多元化的方向发展，花钱买健康、买年轻、买舒适、买享受、买方便正成为生活追求。

其次，在物质和精神生活相对贫乏的五六十年代度过青春年华的老人，一直没有机会满足各种生活追求。现在，他们终于从繁忙的工作和家庭负担中解脱出来，因此希望补偿过去，让自己的晚年生活得更幸福、充实和绚丽多姿。调查显示，四成以上的老年人有定期外出旅游的意愿，一半以上的老人的旅游首选目的地是内地。同时，想去港澳台以及国外的老年人共占被访者的 16%。

问题：案例中反映出了老年群体具有哪些消费心理特点？

【技能训练】

根据本章所学的知识，描述你属于哪些群体（两个以上）。各举一例说明这些群体对你的购买行为的影响，并分析原因。

项目六 影响消费者心理的因素

学习目标

- 了解影响消费者心理的经济环境因素
- 了解社会文化对消费者心理的影响
- 掌握流行时尚对消费者心理的影响
- 理解并熟悉商品价格、品牌、包装对消费者心理的影响

引导案例:"米沙"熊

洛杉矶的斯坦福·布卢姆以25万美元买下西半球公司一项专利,生产一种名叫"米沙"的小玩具熊,用作莫斯科奥运会的吉祥物。此后的两年里,布卢姆先生和他的伊美治体育用品公司致力于"米沙"的推销工作,并把"米沙"商标的使用权出让给58家公司。成千上万的"米沙"被制造出来,分销到全国的玩具商店和百货商店,十几家杂志上出现了这种有四种色彩的小熊形象。开始,"米沙"的销路很好,布卢姆预计这项业务的营业收入可达 5 000 万~1 亿美元。不料在奥运会开幕前,由于苏联拒绝从阿富汗撤军,美国总统宣布不参加在莫斯科举行的奥运会。骤然间,"米沙"变成人们深恶痛绝的对象,布卢姆的盈利计划也成了泡影。

消费者心理是一种复杂的社会心理现象,会受到多种外界广泛又复杂的各种因素的影响。那么影响消费者心理的因素有哪些呢?它们是如何影响消费者心理的呢?企业如何积极、创造性地适应并积极改变这些因素,从而创造或改变目标顾客的消费心理呢?

任务一 经济环境与消费心理

在影响消费者心理的诸多环境因素中,经济环境因素是最主要的,它对消费者心

理的发展、变化起着决定性的作用。从我国目前的情况看，这些经济因素主要包括经济发展规模和水平、社会供给总量、物价水平、货币供应量、通货膨胀、收入水平、税收水平、利率水平等。

一、经济发展规模和水平对消费心理的影响

一国的经济发展规模和水平可以用该国一定时期人均社会总产值、国民生产总值和国民收入等几个经济指标来表示，它们可以反映一个国家社会产品的丰富程度、劳动生产率和经济效益的高低，同时可以在很大程度上决定一个家庭（或个人）的经济收入规模和水平。

影响一国经济发展规模和水平高低的因素有很多，比如生产力水平的高低、一国的经济政策、经济模式、经济体制、财政政策、货币政策、资本、人文素质、科学技术的先进与否和运用程度等。

在其他条件相同的情况下，一个国家经济发展规模大、水平高，其人均社会总产值、国民生产总值或国民收入就多，社会产品就丰富，则该国的社会消费和个人消费的规模和水平就大就高。相反，一个国家的经济发展规模小、水平低，其人均社会总产值、国民生产总值或国民收入就少，社会产品就贫乏，则该国的社会消费和个人消费的规模就小，水平就低。

二、社会供给总量对消费心理的影响

社会供给总量是指一定时期全社会提供或能够提供给市场的物质商品和劳务商品，以货币表示就是指一定时期能进入市场的各种商品的价格总额。它反映了一个国家在某时期社会产品的丰富程度。当一国某时期社会供给总量较大或很大时，该时期全社会的消费水平就高、消费量也大；反之，当一国某时期社会供给总量较小或很小时，该时期全社会的消费水平就低、消费量就少，大多数人表现为观望或持币待购，消费就萎缩。

但是，我们要清楚地认识到以下4点：

（1）社会供给总量，不是把社会各物质生产部门生产的各种商品进行简单的算术相加，而是要区分清楚哪些是中间产品，哪些是最终产品，社会供给总量是以最终产品为主要依据的。

（2）对社会总产品的测算，必须考虑到进口和出口因素，进口增加供给量，出口则减少供给量。

（3）社会供给总量的多与少，主要由某个时期的经济发展水平（特别是生产力水平）因素来决定。

（4）社会供给总量的多与少，只是一个相对概念。它是相对于社会需求总量而言的。

三、物价水平对消费心理的影响

物价是重要的经济杠杆之一，也是企业、机关、学校、部队、医院等单位和个人选择消费对象和数量的重要参考指标之一。物价水平的高或低，直接影响各阶层和个人的消费欲望。一般来说，无论是生活必需品还是非生活必需品，物价水平较高或很高，会在很大程度上抑制消费；相反，无论是生活必需品还是非生活必需品，物价水平较低，会极大地刺激消费，扩大消费范围和消费群体。实践经验反复证明了这一观点。

物价水平的高低是由多种因素决定的，但最主要还是由该国的经济体制和经济发展模式、经济规律所决定。在计划经济时期，我国所有商品的价格都是由政府确定，即所谓的计划价格。在计划价格条件下，人们消费时没有选择权，不管价格究竟是高还是低，只能被动地认识它、接受它。物价水平也不具有准确性、真实性。而在社会主义市场经济时期，商品的价格不再是由政府来确定，而是遵循市场经济发展的自身规律，由市场来确定，即所谓市场价格。在市场价格条件下，人们消费时具有更多的、更广的选择权和选择空间。价格的真实性和灵活性，极有利于人们去消费，而且消费更多。从这个意义上讲，市场经济条件下的物价水平促使消费的优越性比计划经济条件下的消费大得多。从心理学的角度看，市场经济条件下的物价水平比计划经济条件下的物价水平更适合人们的消费口味。

四、货币供应量对消费心理的影响

货币供应量是指财政部门、企事业单位和居民个人持有的现金和存款总量。其中现金是中央银行（人民银行）的负债，存款是商业银行（专业银行）的负债。因此，货币供应量也是由银行体系所供应的负债总量。

在某个时期，一个国家货币供应量的多少，从表面上看，它取决于银行本身的操作，是银行强加给流通部门的；从实质上看，它取决于社会再生产的若干因素，比如经济发展规模和速度、企业和部门对贷款的需求等。当一国经济健康稳定增长，经济形势看好，宏观面和微观面都不错时，货币供应量就会相应增多，单位和个人持有的现金和存款增多，在这种形势下的消费也会随之扩大；而在相反形势下的消费则会随之减少。总之，不同的宏观经济形势，对货币供应量产生重要影响，同时，对消费也产生重要影响。

五、通货膨胀对消费心理的影响

（一）通货膨胀的含义及其表现形式

通货膨胀已经是现代经济中的一项顽症，经常困扰人们的经济生活。大多数的专家学者，比较倾向于把通货膨胀表述为：由于货币供应过多，超过流通中对货币的客观需要量，而引起货币贬值、物价持续普遍上涨的经济现象。由此可见，通货膨胀与物价上涨有着直接联系，也就是说，通货膨胀的具体表现形式就是物价持续普遍上涨。

物价水平上涨多少才算作通货膨胀呢？一般认为，物价总水平上涨幅度在2%以内，不算通货膨胀，超过2%才算通货膨胀。通货膨胀可分为温和通货膨胀、高通货膨胀、严重的通货膨胀、恶性通货膨胀4类。温和的通货膨胀是指物价总水平上涨幅度为2%~5%；高通货膨胀是指物价总水平上涨幅度为5%~10%；严重的通货膨胀是指物价总水平上涨幅度为10%~20%；恶性通货膨胀是指物价总水平上涨幅度超过20%。不论哪类通货膨胀，对消费心理的影响在性质上是相同的，只不过影响程度不同而已。

（二）通货膨胀对消费的影响

消费是社会再生产的一个重要的环节。对上一个再生产过程来说，消费是终点，而对下一个再生产过程来说，消费又是起点。所以，没有生产，消费无从谈起；而没有消费，生产也不能继续。消费分为生产消费和生活消费。生产消费的结果是再生产出新的产品，因此它本身就是生产；生活消费的结果是产品的消失，它是生产的最终目的和产品的最后归宿，因此生活消费本身又提出新的要求，从而引出下一阶段的生产。

由以上分析可知，通货膨胀对生产消费和生活消费都会产生影响。在此，仅对通货膨胀对生活消费所产生的影响进行分析。

在通货膨胀条件下，物价持续普遍上涨，对消费的影响体现在以下几个方面：①作为中间手段的货币币值下降，人们通过分配获得的货币收入，不能购买到相等的生活消费资料，实际上减少了居民的收入，意味着居民消费水平的下降。②看到物价的持续上涨，人们会存在买涨不买落的心理，尽量提前购买商品、多储备一些商品，防止货币在手中贬值，这样就会增加消费。③人们会寻找投资渠道，让货币增值，抵消通货膨胀的影响，投资的增加会减少消费。此外，由于物价上涨的不平衡性，高收入阶层和低收入阶层所受的损失不一样，对不同社会阶层消费心理造成的影响也不一样；通货膨胀造成的市场混乱、投机分子的囤积居奇，又加剧了市场供需之间的矛盾，也会对消费者的心理产生影响。总之，通货膨胀对消费的影响是严重的，在通货膨胀的环境下，人们的消费会发生"扭曲"。

六、收入水平对消费心理的影响

居民的收入水平是与该国的经济发达程度紧密联系在一起的。一国的经济欠发达，居民的收入水平就比较低；一国经济比较发达，居民的收入水平就比较高。人们收入水平的高低又直接影响到消费的多少。

在改革开放以前，我国经济是比较落后的，那时的人们每时每刻都在为温饱而忙碌，经济收入非常有限，根本谈不上高消费，消费的规模、品种、档次、水平和消费方式等，无法与今日相比。

1978年年底，中国共产党十一届三中全会明确指出了我国在今后相当长的时期里，全党和全国各族人民要紧密团结在党中央周围，以经济建设为中心，对内改革对外开放，两手都要抓，两手都要硬，全国各地兴起抓经济建设的热潮。从此以后，我国经济一步步走上快速、健康、协调的发展轨道，城乡人民的收入水平逐步提高，生活状况日益改善，甚至有少部分人率先富裕起来，提前进入小康水平。

七、税收水平对消费心理的影响

税收是国家为了实现其职能，按照法律预先规定的标准，强制地、无偿地分配一部分社会产品，以取得财政收入的一种重要形式。从有关经济学原理中可以得知，税收是构成产品（或劳务）成本的一部分。税收水平的高低，或者说税额的多少，直接关系到产品成本的高低，进一步关系到产品销售价格的高低，从而直接影响人们的消费。况且，有些纳税人通过各种方式、各种手段把税收负担转嫁给消费者。这无疑会抑制消费。

通过以上分析不难看出，一个国家在某个时期，制定什么样的税收政策，确定什么样的税收水平以及税收政策、法律在执行中的状况如何等，都会对产品成本和销售价格的高或低产生一定影响。当然，对人们的消费也会产生一定影响。因此，从促进商品流通、刺激消费、拉动经济这个角度而言，国家制定的税收政策、税率水平，以向消费者倾斜为宜，而不能将税率定得过高。这样做是有利于消费者的，也是有利于整个社会的。但是，从另一个角度讲，国家的税收水平又不能过低，过低则会减少国家财政资金的积累，影响国家在政权建设、经济建设、文化建设等方面对财力的需要。

八、利率水平对消费心理的影响

利率也是重要的经济杠杆之一。它对人们消费心理所产生的影响必须用辩证的观点去分析。为了准确认识这一问题，不妨先了解一下利率的含义。

利率是指在一定时期（如一年、一月）所获得利息额与所贷本金额的比率，简单地说即利息额与本金之比。用公式表示为：

$$利率 = 利息额 \div 本金 \times 100\%$$

例如，贷放本金额为10 000元，一年的利息收入为600元，则年利率为：

$$600 \div 10\ 000 \times 100\% = 6\%$$

通常所说的利率是存款利率和贷款利率，无论哪种利率都会对人们的消费心理产生影响。

首先，从存款利率来看，如果存款利率比较高，那么人们的存款预期就比较高，相反地，人们消费欲望就比较低，抑制了消费；如果存款利率比较低，那么人们的存款预期就比较低，相反地，人们消费欲望就比较高，鼓励了消费。假如降低存款利率，也就是降低人们的存款期望值，有利于增加社会货币供应量，扩大社会购买力，有利于扩大消费。

其次，从贷款利率来看，如果贷款利率比较高，那么人们的消费贷款期望值下降，抑制了消费；如果贷款利率比较低，那么人们的消费贷款预期值上升，扩大了消费。这种影响对那些希望通过贷款买房、买车的人们更为明显。从此意义上讲，贷款利率过高是不利于人们消费的。

再次，贷款利率过高，使那些主要靠从银行贷款取得资金而发展生产的企业的成本费用上升，在保证企业利润的条件下，其产品销售价格必然上升，从而促使人们的消费欲望下降。由此可见，贷款利率过高是不利于消费的，同时也不利于企业的生产经营，不利于国民经济的发展。

任务二 社会文化与消费心理

不同国别的人们在消费行为上同样存在差异，如美国的主妇大体上每周只买一两次东西；在尼日利亚，人们一般每天只买少量的东西；印度的盗窃案很多，不可能采用无人售货方式；在西班牙，建立超级市场的计划已告失败，这是因为西班牙劳动力剩余，对不接触人的售货方式感觉冷淡等，类似的例子不胜枚举。事实上，类似的差异不仅体现在行为上，也体现在社会习俗、信念、价值观等方面，所有这些方面都属于文化范畴。文化对人类的影响无处不在，文化对行为有着根深蒂固的影响，而这种影响又是无形的。

在影响消费者心理与行为的各种社会环境因素中，文化环境起着非常重要的作用。每个消费者都在一定的文化环境中出生，并在一定的文化中成长和生活，其价值观念、思想意识必然受到这些文化环境的深刻影响。因此，在现实生活中，一些企业由于理解和顺应了消费者的文化特性而获得成功，也有些企业由于低估了文化环境因素的影响力而导致失败。为此，必须对文化环境的影响作用予以高度的重视。

一、社会文化的内涵与特征

1. 社会文化的内涵

社会文化是指人类在社会历史发展过程中创造和积累的一切成就，包括一切物质财富和精神财富。有人把文化分成物质文化和非物质文化两大类。物质文化通过物质生活和各种具体的实像建筑设施物表现出来，如建筑设施、交通工具、衣服饰品等；非物质文化又可分为精神文化和行为文化。精神文化通过精神活动和精神产品表现出来，如文学、艺术、科学、哲学等；行为文化则通过社会成员共同遵守的社会规范和行为规范表现出来，如道德、风俗、信仰、价值观等。文化有时与文明同义。

社会文化是一种客观的历史现象，每一个社会都有与之相适应的社会文化，特定的社会文化对本社会每个成员都发生着直接或间接的影响，从而使社会成员在价值观念、生活方式、风俗习惯等方面带有文化印记。

社会文化是习得的。人从一出生就在一定社会文化环境中生活，他通过家庭、学校和社会的教育与灌输，不知不觉中受到社会文化的影响和熏陶，接受了社会的行为规范和价值标准，自然而然地形成了他的行为模式。这个过程，也就是个人从一个"自然人"变成一个"社会人"的过程，即个体社会化过程。

社会文化对人的影响非常巨大，一方面表现在社会文化为人们提供了看待事物、解决问题的基本观点、标准和方法；另一方面社会文化使人们建立了是非观念和行为规范。在通常情况下，社会结构越单一，社会文化对人的思想和行为的制约作用就越直接、越明显。

2．社会文化的特性

（1）差异性。不同国家、不同民族的文化的差异性是普遍存在的。比如在饮食文化上，中国人和西方人的饮食习惯就有很大差异。即使同是汉族，居住在东北地区和居住在江南地区的人也有很大不同。例如，东北人过年吃饺子，江南地区的人就没有这个习惯。

（2）借鉴性。各民族文化虽然有自身的不同特点，但是各民族文化的精华与特色可以为全人类共同借鉴。随着人类社会发展过程中国与国之间、民族与民族之间交往的增加以及现代信息技术的应用，不同文化之间的相互借鉴和相互渗透也越来越多。有人说：中国人喝可乐的时候美国人已经开始喝茶了。原本是西方的一些节日，比如圣诞节、情人节、母亲节近年来在中国内地流行起来。这都是文化渗透的结果。

（3）民族性。人类社会由许多不同的国家和民族组成。每个国家和民族都有自己的语言、文字、服饰、生活习惯以及生活方式特点。文化的民族性体现在思想、意识、情趣、心理等方面。一个民族共同参与、享受一种文化制度越是久远，民族文化的传统精神就越强烈、越有民族性。

（4）稳定性。社会文化就有相对的稳定性。作为社会文化要素的风俗、习惯、信仰和价值观等，可以通过各种形式一代一代地延续下来，又一代一代地继承下去，形成民族文化传统。这种传统不是一朝一夕形成的，而是历史延续和继承的结果。因此它具有相对的稳定性，不是随意可以改变的。只有了解了消费者所处的特定文化背景，才能把握消费者所遵从的行为规范和价值标准，才不致忽略和背离他的风俗、习惯、信仰和价值观。

（5）发展性。社会文化又是发展的。人们的风俗、习惯、信仰和价值观是在一定的社会历史条件下形成的，并随着社会历史的变化而变化，例如随着科学技术的进步、社会生产力的提高，人们的价值观会发生相应变化，继而人们的习惯也会发生相应变化。因此，我们不仅应该了解传统的文化，还应该了解价值观、习惯等社会因素的变化趋势。只有这样，我们才能真正理解社会文化的内涵，把握社会文化发展的脉搏，阐明社会文化与消费行为的关系。

二、社会文化对消费者心理及行为的影响

社会文化是一种客观的历史现象，每个社会都会有与之相应的社会文化。每个国家由于历史、地理、民族以及物质生活方式的差异，也有着各自独特的社会文化。社会文化带给人的影响往往是难以改变的。特定的社会文化必然对社会的每个成员产生直接或间接的影响，从而使社会成员在价值观念、生活方式和风俗习惯等方面带有文化的深刻印记。

社会文化涵盖了人类所创造的一切。不同文化的差异表现非常明显，从消费者的消费行为来看，社会文化对消费者心理及行为的影响主要表现在以下几个方面。

1. 生活方式

生活方式是社会文化所赋予的一种社会活动方式，社会文化与生活方式有着极为密切的联系。社会文化规定了人们一定的生活方式，教育人们以什么样的方式、方法去生活，如衣食住行、婚丧嫁娶、待人接物等。在不同的社会背景下，人们的社会生活方式会产生较大的差异，自然会形成不同的消费心理和购买行为。就饮食而言，在西方发达国家，由于生活节奏快，人们喜欢到快餐店就餐，即使在家就餐，也是购买半成品烧菜做饭。所以快餐食品、速溶食品、半成品食品非常流行，有很大的市场需求。而在我国，从购买主副食品的原料开始，摘、洗、切、炒、蒸等都是自己做，这样既合口味，又非常经济。相比之下，快餐食品、速溶食品只是人们外出办事或条件不许可的情况下才偶尔消费。生活方式对消费者心理影响之深还体现在每当生活方式发生变化，人们的消费行为也随之改变。如随着人民生活水平的提高，人们生活中对服饰的追求增加了。原来局限于防寒保暖的实用性，现在则追求美观大方、样式新颖、符合新潮流。儿童服饰的需求也趋于高档化，只要美观、漂亮就不计较价格高低。同样，吃要方便，也要考虑到食品的营养是否全面、健康、安全。总之，随着社会经济的快速发展，人们的消费观念也在与时俱进，不断发生变化。

2. 价值观念

价值观念是指人们对客观事物的主观评价，它是文化的基本内涵。但不同的文化决定着人们不同的价值观念与价值取向。

人们的物质生活离不开对精神的追求，它赋予人们的社会活动一定的思想感情，形成对人生、对生活特有的价值观念和价值取向。穿衣戴帽，各有所好，它不仅是一种兴趣，更重要的是一种文化的表现。在美国，大多数人热衷于生活上的舒适享受，消费支出往往超出其收入水平。相应地，分期付款、赊账的交易形式非常盛行；人们

购买大件商品，如汽车、住房等，既可以分期付款，也可以从银行借钱支付。而在我国，情况恰恰相反，人们习惯攒钱买东西，不喜欢借钱买东西。中国人比较节俭，往往有计划地花钱，尽量把钱存起来，用在结婚、买房子、孩子上学、养老等方面。因此，中国人购买商品往往局限在有货币支付能力的范围内。

3. 审美观

审美观是文化的深层次体现，它与价值观、消费习惯、宗教信仰有着极为密切的联系。人们所处的文化背景不同，审美观也有着极大的差异。如缅甸的巴洞人，以妇女长脖为美，为了使脖子长长，从少年时起就要在脖子上套许多铜圈；非洲的一些民族则以文身为美；西属撒哈拉的雪地土著人却是以妇女肥胖、丰满的程度作为判断美的标准。

在消费方面，由于审美不同形成的差异就更为复杂多样。如欧美妇女结婚时喜欢穿白色的婚礼服，白色象征纯洁、美丽；而我国妇女结婚时，喜欢穿红色的婚礼服，因为红色象征吉祥如意、幸福美满。

4. 消费习俗

习俗是指风俗习惯。一般来说，风俗指历代相沿积久而成的一种风尚；而习惯是由于重复或练习而巩固下来的并变成需要的行动方式。习俗是一种社会现象，它的范围极其广泛，不仅包含政治、生产、消费等方面，而且包含思想、语言、感情等方面，而消费习俗则是人们各类习俗中的重要习俗之一。消费习俗一旦形成，会对日常生活及消费心理产生一定的影响。由于自然、社会的原因，消费习俗千差万别，种类各异，可归纳为如下几种类型。

（1）喜庆的消费习俗。这是消费习俗中最主要的一种形式。它是人们为表达各种美好的感情，实现美好愿望而引起的各种消费需求的行为方式。如在中国的传统节日——春节，人们张灯结彩，燃放鞭炮，以示庆贺，互相拜访，赠送礼品及置办各种年货等。

（2）纪念性的消费习俗。是指人们为了表达对人、事物的纪念而形成的消费习俗与习惯。这是一种十分普遍的消费习俗形式，因国家、民族不同而有不同的形式。如每年农历五月初五端午节，人们为了纪念屈原，包粽子，吃粽子，成为一种习惯；清明节扫墓祭祀祖先或烈士；西方人吊丧习惯穿黑色服装、送鲜花等。

（3）政治性消费习俗。是指由于某种政治原因而使人们形成的某种消费习惯。如我国的清明节形成的消费活动。

（4）民族性消费习俗。不同民族由于文化、生活方式不同，消费习俗差异很大。主要表现在饮食、服装、消费方式等各个方面。

（5）地域性消费习俗。因地理位置的不同而形成的消费习俗。国与国之间有不同，即使同一国家的不同地区，习俗也会有所不同。就我国的饮食方面来讲，就有"南甜北咸、东辣西酸"之说，这反映了不同地区消费者不同的口味和饮食习惯。

由消费习俗本身的特点所引起的购买行为同一般情况下的购买行为又存在区别。主要表现在以下几个特征。

第一，由消费习俗所引起的购买行为具有普遍性。如在中国传统节日里，人们要购买各种商品，肉类、蔬菜、水果、糕点、服饰及各种礼品来欢庆佳节。这一期间，消费者的需求要比平时增加好几倍，几乎家家如此。这就是消费习俗的普遍性。

第二，由消费习俗所引起的购买行为具有周期性。购买行为的周期性是由消费习俗的周期性出现而引起的。消费习俗不同于社会流行，是因为它形成之后就会固定下来，并周期性地出现。如每年端午节吃粽子、中秋节吃月饼等。所以，随着这些节日的周期性出现，人们也要周期性地购买。

第三，由消费习俗引起的购买行为具有无条件性。消费习俗是社会风尚或习惯，它不仅反映了人们的行动倾向，也反映了人们的心理活动与精神面貌。一种消费方式、消费习惯之所以能够继承相传、形成消费习俗，重要的原因是人们的从众心理。每个人都习惯于和大家一样去做同样的事，想同样的问题。因此，由消费习俗引起的购买行为几乎没有什么条件限制。虽然它引起的消费数量大、花费多，但消费者可以克服许多其他方面的困难，甚至减少其他方面的支出，来满足这方面的消费要求。这就是购买行为的无条件性。

三、亚文化与消费

所谓亚文化是指所属某一文化群体的次级群体成员所共有的独特信念、价值观和生活习惯。一个亚文化群内的成员，其文化特征具有明显的相似性；而在不同的亚文化群之间，则存在明显的差异性。然而，不同的亚文化并不是整体社会文化的基本特征。一般认为，亚文化对其成员的影响更强烈，它赋予个人一种可以辨别出来的身份。因此，在对社会文化与消费者行为的研究中，必须研究亚文化与消费者行为的关系，即亚文化对消费者行为的影响。亚文化的常见类型如表6-1所示。

表6-1 亚文化的常见类型

人口统计指示	亚文化举例
民族	汉族、满族、回族、维吾尔族、白族
地区	东南沿海、西北地区、中原一带
宗教信仰	佛教、道教
职业	工人、农民、教师、会计
年龄	少年儿童、青年、中年、老年
性别	男人、女人

1. 民族亚文化与消费者行为

我国是一个多民族的国家，是一个有56个民族的大家庭。每个民族都有自己独特的风俗习惯、宗教信仰、价值观念、民族性格和消费偏好，每个民族的文化都构成了一种民族亚文化。虽然各民族的相互往来和杂居，会使某种文化渗透到其他民族文化中去，但总不可能完全同化。因此，各民族不仅婚丧嫁娶的礼仪、饮食起居的习惯和民族特有的节日都不尽相同，服饰和情趣也各有特色。

2．地区亚文化与消费者行为

我国是一个地域辽阔的国家。地理环境、气候条件和人文因素的影响，形成了差异明显、对比鲜明的地区亚文化，如南方亚文化和北方亚文化等。这种地区亚文化的差异会给消费者行为带来不同的影响。从饮食上看，我国历来就有"南甜北咸、东辣西酸"的饮食调味习惯；从服装上看，北方人多爱深色，而南方人多好浅色；从性格上看，北方人多豪放，而南方人多细腻。

3．宗教亚文化与消费者行为

我国是一个宗教信仰自由的国家。世界上主要的宗教如伊斯兰教、佛教、基督教、道教等在我国都有大量信徒。不同宗教的信徒其价值观和行为方式等各有特点，因此，构成了宗教亚文化。宗教亚文化对其信徒的消费行为产生重要影响；影响其对商品的价值判断；影响其对商品种类的选择；影响其对外观、式样、颜色的选择；影响其购买行为方式。简单地说，宗教信徒会有一些特殊的消费行为，如使用不同的宗教用品、禁止或回避消费某些特殊的商品。

此外，职业亚文化、年龄亚文化和性别亚文化等，也都会对消费者行为产生影响。总之，亚文化的特点决定了其对消费者行为的影响更为具体。因此，对于商家研究市场营销问题更有意义。在消费者行为学中，亚文化被看作市场研究的分析单元。通过对亚文化的分析，营销人员可以根据亚文化的特点，即根据目标市场的文化特征，来了解目标市场的需求状况和消费者心理，进而来设计和提供相应的特色商品与特色服务。

任务三　流行时尚与消费心理

一、消费流行的概念与特点

1．消费流行的概念

时尚与流行是同一事物的不可分割的两个方面：时尚是流行的重要原因，而流行又是时尚形成的重要手段，带有某种特色的心理追求，一旦获得了社会的承认，就会被广泛地拓展，从而形成一种极具个性的消费倾向和消费趋势，这种趋势称为消费流行。可见，消费流行不是主观臆断的产物，而是在一定的社会文化派生出来并得到社会认可的形式。例如，绿色环保，健康是福等。体现在行为上，表现为流行某种行动，趋向成为习惯，如旅游、上网等。

作为一种特定的社会心理现象，消费流行具有客观性。因为消费流行虽然是一种主观心理现象，但在这种主观心理现象的背后却存在着时代演变的痕迹和不同文化内容相结合的影子。

2．消费流行的特点

消费流行作为一种社会现象，同其他社会事物一样，有其自身的特点：

（1）突发性。消费流行的兴起，从速度上看常常呈现为一种爆发式的扩展和向外延伸。消费流行往往表现为消费者对某种商品或劳务的需求急剧膨胀，迅速增长。

（2）短暂性。消费流行从持续的时间上看，一般表现为在短时间内大量涌现，也在短时间内快速变化。变化的结果有两个：一个是消失无形；一个是固定下来，转变为固定的生活习惯，而把流行之位退让给其他事物。消费流行时效性很强。

（3）从众性。消费流行是大多数人参与追求的现象，必然会被一定数量的消费者认同并接受。在实际生活中，大多数人都关注流行的趋势，喜欢随流行的发展而行动。因为人们普遍认为合乎时尚的就是好的和美的；反之，则是落伍和不合时宜的。这就为众人对流行时尚的仿效和遵从制造了一种无形的压力，迫使人们参与和追逐流行时尚。

（4）重复性。消费流行的变迁常常呈现出一种重复性特征。在消费市场上，今天视为时尚的商品，往往供不应求，十分紧俏。但是，只要消费流行一过，这种曾风靡一时的俏货，就会被视为陈旧，而无人问津。消失若干时间后，那些已被人们遗忘的东西，又可能重新出现，又变为了时尚。

（5）周期性。消费流行同其他事情一样，在其自身的运动过程中也会出现鲜明的周期性的特色。不管是哪一种流行时尚都有一个从兴起到成熟到衰退的过程，虽然由于时尚的内容不同，流行的时间有长有短，但基本上都会经历以下4个阶段：

① 市场导入阶段。这个阶段新产品刚刚进入市场，大多数消费者尚未承认其价值。只有那些有名望、有经济实力、具有创新意识的少数消费者，乐意出高价率先购买。

② 市场增长阶段。在这个阶段，由于消费时尚的倡导者所产生的强烈示范作用和无形的感召，产品逐渐被大多数消费者认识和接受，迅速形成了消费者追求模仿的趋势，市场上该商品的供应量和销售量大大增加，消费时尚形成。

③ 市场成熟阶段。在这个阶段，商品的市场占有率达到了极限，市场趋于饱和，竞争激烈，消费时尚达到了顶峰，并且势头已经开始减弱。

④ 市场衰退阶段。在这个阶段，由于更新颖、更具有特色的商品已经出现，并开始逐渐取代原来的"流行商品"，一部分消费者对该商品的新奇感逐渐消失，开始放弃这种商品而转向追求另一种流行商品，所以原来流行的商品已经变得不再具有吸引力而逐渐退出了消费时尚。

（6）反传统性。流行的最主要特征是与传统相悖的，这是因为传统是多年形成的，并且长时间不变，是某种意义的守旧，讲传统就是不要改变。而流行则是以标新立异吸引大众的，只有新奇、与众不同才是时尚，而流行就是要不断地变化，没有变化，流行就会消失。

二、消费流行的分类

从现象上看消费流行的变化十分复杂，流行的商品、流行的时间、流行的速度都不一样，但从市场的角度观察，消费流行仍有一定的规律性。

1．按流行商品分类

（1）食用类商品引起的消费流行。

这类商品的消费流行是由于商品的某种特殊性质所引起的，如绿色食品因其具备天然、无污染等特性而成为当今社会人们强烈追求的对象。流行食品的价格，往往要高于一般食品的价格。还有些是攀比心理引起的，例如，学生对麦当劳和肯德基的追捧就是这样心理的具体体现。

（2）家用类商品引起的消费流行。

这类流行大体可反映在两个方面。其一是新产品的消费流行；其二是产品功能改进引起的消费流行。这两种流行产生的原因都是产品所带来的生活便利和满足。例如，电视机丰富了人们的生活，使人们足不出户而知天下事。电冰箱具有食品保鲜和冷冻的特征，使人们不必天天采购商品。

（3）穿着类商品引起的消费流行。

这类商品引起的流行，除了商品本身价值带来消费者满足外，往往是由于商品的附带性而引起消费者的青睐。前者如前些年的羽绒服、保暖内衣的流行，后者如时装由于其色彩、款式和面料的变化而形成的流行。

2．按消费流行的速度分类

（1）迅速流行。有些商品的市场生命周期短，顾客为了追赶流行趋势，立即采取购买行为，形成迅速流行。

（2）缓慢消费流行。有的商品市场生命周期较长，顾客即使暂时购买，也不会错过流行周期，从而形成缓慢流行。

（3）一般消费流行。有些商品的生命周期没有严格的界限，流行速度介于上述两者之间，形成一般消费流行。

消费流行速度还与商品价格有关，顾客购买贵重商品时，往往要经过充分比较和慎重选择。因此，消费流行的速度就慢；当顾客购买价格低、使用频率高的商品时，决策快，购买快。因此，消费流行的速度就快。

3. 按消费流行的地域范围分类

（1）世界性的消费流行。

世界性的消费流行，是指那些流行范围广、受世界上多数国家消费者所关注的商品的流行，如绿色商品的流行，源于人们对生存环境的关心和担忧；仿古商品的流行，源于人们对古代生活的憧憬。这种流行的产生对于发达国家的社会生产及消费产生的影响较大，对其他国家而言，这种流行的产生来源于两个方面：一是生产者为了开拓发达国家市场而着力推广此类商品；二是发展中国家的高级消费阶层追求消费流行而模仿发达国家消费者及由此产生的"示范效应"。

（2）全国性的消费流行。

这类消费流行从范围上来讲覆盖一国的大多数地区，影响面较为广泛。从总体上看，该类商品的流行速度慢、时间长，受经济发展水平以及消费习惯的影响较大。此类流行一般起源于发达地区和沿海城市，呈波浪形向内地和经济欠发达地区推进，在一些地区形成流行高峰，同时在另一些地区则走入流行低谷。这种流行态势在服饰类商品上表现得尤其突出。

（3）地区性的消费流行。

从现象上看，这种消费流行最普通、最常见。从实质上看，这种流行源于全国性的消费流行，又带有一定的地域色彩，有的则纯粹是一种区域性的流行。对于受全国性消费流行影响的区域性消费流行，其实质上是全国性消费流行在一定地区的放大和强化。而纯粹意义上的区域性消费流行则是流行发源地的消费流行，由于某种原因未能扩展到其他地区就进入流行的衰退期。

三、消费流行的发展阶段

无论何种方式的消费流行，都有其兴起、高潮和衰落的过程。这一过程常呈周期性发展，具体分为酝酿期、高潮期、普及期和衰退期4个阶段。

（1）酝酿期。流行商品由于其特色和优越的性能，开始引起有名望、有社会地位及具有超前意识顾客的注意，进而演变为某种由心理因素形成的兴趣，直至采取购买行为，并对社会产生示范作用，这就是消费流行的酝酿期。

（2）高潮期。新商品由于早期被采用，加之企业的促销努力，引起大众的注意和兴趣，被一般的顾客所认同，许多追求时尚的顾客竞相效仿，迅速掀起一种消费流行浪潮，对市场形成巨大的冲击，这就是消费流行的高潮期。

（3）普及期。当消费流行在一定的时空范围内成为社会成员的共同行为和最普遍的社会消费现象时，消费流行进入普及期。

（4）衰退期。当某一流行商品在市场上大量普及，缺乏新奇感，就会使顾客的消费发生转移，使流行商品在一定时空范围内较快地消失，即进入消费流行衰退期。

四、消费流行与消费心理

研究消费流行，应看到消费心理对消费流行形成与发展的影响；反过来，还应看到消费流行引起消费心理的变化。

在一般情况下，消费者购买商品的心理活动过程存在着某种规律性。例如，在购物的信息收集阶段，心理倾向是尽可能多地收集有关商品的信息，在比较中进行决策；在购物后，通过对商品的初步使用，产生对购买行为的购后心理评价。这些心理活动有正常的发展过程，循序渐进。但是，在消费流行的冲击下，消费心理发生了许多微妙的变化。考察这些具体变化，也就成为研究消费心理、搞好市场营销的重要内容。

1. 认知态度的变化

按正常的消费心理，顾客对一种新商品往往开始时持怀疑态度，需要一个学习认识的过程。有的消费者通过经验，有的是通过亲友的介绍来学习，还有的是通过大众传播媒介来学习。但由于消费流行的出现，大部分消费者的认知态度会发生变化，首先是怀疑态度渐消，肯定倾向增加；其次是学习时间缩短，接受新产品时间提前。

2. 驱动力的变化

人们购买商品，有时是由于生活需要，有时是因为人们为维护社会交往而产生的消费需求。由于这两种需求产生了购买商品的心理驱动力，这些驱动力使人们在购物时产生了生理动机和心理动机。按一般消费心理，这些购买动机是比较稳定的。当然有些心理动机也具有冲动性，如情绪动机。这种情绪变化是与个人消费心理相一致的。但是，在消费流行中，购买商品的驱动力会发生新的变化。如有时明明没有消费需要，但看到时尚商品时，也加入购买商品的行列，对流行商品产生了一种盲目的购买驱动力。这种新的购买驱动力可以划入具体的购买心理动机之中，如求新、求美、求名、从众心理动机。但有时，购买者在购买流行商品时，并不能达到上述心理要求，因此，只能说是消费流行使人产生了一种新的购买心理驱动力。研究这种驱动力对认识消费流行的意义具有重要的作用。

在消费流行中，一些消费心理会发生反方向变化。

因为在日常的生活消费中，消费者往往要对商品比值比价，在心理上作出评价和比较后再去购买物美价廉、经济合算的商品。但是，在消费流行的冲击下，这种传统的消费心理受到打击。一些流行商品明明因供求关系而抬高了价格，但是，消费者却常常不予计较而踊跃购买。相反，原有的正常商品的消费行为有所减少。如为了购买时装，对其他服饰产生了等一等或迟一些时候再购买的消费心理。

在正常的消费活动中，消费者购买商品是某种具体的购买心理动机起主导作用。如购买商品注重实用性和便利性的求实心理动机，但在消费流行中就会发生变化，对实用便利产生了新的理解。因为一些流行商品从总体上讲，比原有老产品有新功能，当然会给生活带来新的便利，特别是一些食品和家庭用品。这些消费者加入消费流行，是心理作用强化的直接结果。

有些顾客原有的偏好心理受到打击。有些消费者由于对某种商品的长期使用，产生了信任感，购买时非此不买，形成了习惯性购买，或者对印象好的厂家、商店经常光顾。在消费流行的冲击下，不断的耳濡目染使消费者逐渐失去了对老产品、老牌子的偏好心理。这时，如果老牌子、老产品不能改变商品结构、品种、形象，不能适应消费流行的需要，就会有相当一部分顾客转向流行商品。

个人购物偏好心理是消费生活中较长时间的习惯养成的，这种习惯心理的养成是建立在个人生活习惯、兴趣爱好之上的。在消费流行中，这种偏好心理也会发生微妙的变化。有时，是消费者个人认识到原有习惯应该改变，有时是社会风尚的无形压力使之动摇、改变。

尽管这些常见的消费心理是在消费流行中发生了变异，但综合来看，其变化的基础仍然是原有的心理动机，形成强化或转移的形式，并未从根本上脱离消费的者心理动机。

任务四　商品价格、品牌、包装与消费心理

在现实生活中，影响消费者心理与行为的商品因素很多。当一种新产品投入市场的时候，消费者不会自发地去购买，而是先对各种选择的可能性进行十分谨慎的权衡。价格无疑是最敏感的因素之一。除此之外，品牌作为高级的营销活动的基础或又被消费者明确意识到，或潜移默化地发生作用，其心理功能也是不容忽略的，还有具有宣传介绍、美化、方便携带作用的包装对消费者消费心理与消费行为都起着很大的作用，这三方面历来都是消费心理学必须研究的重要课题。

一、商品价格与消费心理

（一）商品价格的本质

价格通常是指商品在市场上进行交换的价格，即市场价格。商品的价格是价值的货币表现，是商品与货币交换比例的指数，也是商品经济特有的一个重要经济范畴。在以货币为媒介的商品交换活动中，商品价格表现为货币形态上的商品，它反映着商品价格同货币所代表的价值之间的比例关系，如一台 29 英寸彩色电视机售价 2 000 元人民币。

商品的价值是价格的基础。商品能卖多少钱，应是以商品价值多少为依据的。价值规律告诉我们，商品的价值是由生产该商品的社会必要劳动时间决定的，商品的交换依据商品的价值进行。价格规律要求等价交换，即等量劳动相交换，表现为价格应同价值一致。但是价格有时不等于价值，而是常常在价值水平周围上下波动，在波动幅度正常情况下，不会与商品价值相差太大。而波动常常是由于供求关系、竞争因素

等引起的。有了这种波动，商品价值规律才能真正体现出来。

（二）价格变动对消费者心理和行为的影响

当企业进行价格变动的时候，首先考虑的是价格调整后消费者能否接受，对消费者的行为会产生什么影响，消费者将如何理解商品价格调整的行为。企业调低商品价格，向消费者让利的行为可能会被理解为商品销售不畅，或企业面临经济困难，有时，企业以一个良好的动机变动价格却反而会产生对自己不利的结果。因此，企业变动价格时必须关注消费者对价格调整的反应。

1．费者对价格变动的直观反应

（1）消费者对原产品降价调整的反应。

消费者对原产品降低价格的心理反应，一般有以下几种：企业薄利多销；该产品低价销售是企业竞争的结果，企业打价格战，消费者可以低价购买高品质的产品，厂家、商家减少库存积压；该产品质量下降或出现质量问题；该产品市场销售不畅；该产品将被新产品替代；该产品货号不全；该产品式样过时；该产品为季节性较强的商品；企业财务困难，不能继续生产经营等。

案例讨论："一角钱"促销

在一个菜场有几家卖豆制品的摊点，可总是只有A店主的生意火爆，大家宁可排队等也不到旁边的店里买同样的东西。是A店的价格比起旁边店铺便宜许多吗？不是，他卖的价格和别人一样；是所卖产品的质量比别人好很多？也不是，质量差不多，很多东西估计和别的摊主是在同一个地方进的货；是有买赠促销的手段吗？更不是，小本生意不可能有这么大的利润。原来只有一个非常简单的原因：这个店主无论顾客买什么东西都主动地少收一角钱。例如，顾客问好豆腐是一元一斤，挑一块豆腐，他把豆腐放在电子秤上一称显示1.7元，他就会说："就收1.6元吧。"就这小小的一角钱让他获得了顾客的信赖，使他的生意越来越红火。

（资料来源：中国企业管理文库，"一角钱"成功促销的奥妙，数据编号：KF-F152896）

分析：豆腐属于生活必需品，价格不高，经常购买，消费者对价格的敏感度相对较强。在品质基本相同的情况下，虽然只让利一角钱，却让消费者感到真实可信。在价格变动的时候应将幅度控制在合理的范围以内，如果摊主卖一块豆腐可以便宜0.5元，不光自己不赚钱，顾客更要怀疑这个豆腐肯定有问题，要不怎么可能这么便宜？

（2）消费者对原产品提价调整的反应。

消费者对原产品提高价格的心理反应，一般有以下几种：该产品数量有限，或供不应求，或产品稀少；提价说明该产品畅销，质量已经得到消费者的认可；该产品有特殊的用途，或产品能增值，或产品有收藏价值；该产品生产成本上升；该产品广告宣传费用高；买方以为购买者的急需程度高、经济承受能力强而漫天要价；受到通货膨胀的影响。

2. 消费者对价格变动的理性反应

随着消费者消费经验的不断积累，有关商品的专业知识及对商品的一般常识也在不断地增长，消费日趋理性化。由于消费者的需求既存在同质性又存在异质性，所以，对购买的总支出与对产品成本的关系有着不同的理解，这就造成了购买者对价格调整的变动反应也存在差异。一般情况下，消费者对于那些价格较高、经常购买的生活必需品的产品价格调整变动较敏感，而对于那些价值较低、不经常购买的小商品，即使单位价格调整幅度再大，消费者也不会在意。成熟理智的消费者在关注产品价格调整变动的同时，更关注产品的核心价值、形式价值和附加价值。消费者不仅仅是为产品的价格而去购买产品，而是在购买产品的使用价值、服务价值以及企业的保证和承诺。

案例讨论

随着中国式的ROSH指令的出台，环保成为中国各家电企业不得不考虑的因素之一。去年8月13日欧盟正式开始执行WEEE指令（《关于报废电子电气设备指令》）之后，从2006年7月1日开始，欧盟的ROSH指令（《关于在电子和电气设备中禁止使用某些有害物质的指令》）又正式实施。

随着生活水平的不断提高，伴随着追求健康、节能、环保的消费心理，消费者对家电产品的选择呈现多元化的消费趋势，更注重个性的张扬和产品的内涵，追求的是健康与享受，而不是单纯地考虑价格因素。正是这种消费需求的变化，使当前许多家电厂商措手不及，导致整个市场出现真空，恰好也促使当前高端家电市场的旺销。

以冰箱为例，大容量的冰箱逐渐成为消费热点。现在人们买的房子越来越大，特别是对于刚刚结婚的新人来说，平日繁忙的工作使得他们购买食品的次数减少，数量增加。市场上现有的大冰箱普遍都带有小吧台和自动制冰功能，功能更加人性化。变频技术的投入使用也使得空调、冰箱等家电的生产成本增加，价格提高。然而由于消费心理的转变，这种高价格是消费者能够认可的，这些高端产品都备受消费者的青睐，逐渐成为消费的主流。

（资料来源：中国家电商务网，www.jydq.net，2007年1月23日）

分析：面对家电产品，我国的消费者变得更加成熟理智。消费者在关注产品价格调整变动的同时，更注重产品的核心价值、形式价值和附加价值。家电产品的质量、性能已经取代价格成为消费者首先关注的要素。消费者不仅仅是为产品的价格而去购买产品，而且是在购买产品的使用价值、服务价值以及企业的保证和承诺。

二、商品品牌与消费心理

（一）品牌的心理作用基础

品牌是一种名称、术语、标记、符号和图案，或是它们的组合，主要用以识别某个生产者或某群生产者的产品或服务，并使之与竞争对手的产品和服务相区别。当代社会中，随着科技的进步和生活水平的提高，人们的消费需求已经从低级的生理、安全需求上升为尊重、自我实现等高层次的需要。消费者购买商品时，不再单纯是为取得商品的使用价值，而是同时要求获得心理和精神上的满足。这种精神层面的高层需要是通过品牌消费来实现的。消费者对于品牌的精神诉求，可以分为以下三类。

1. 品牌的象征意义

消费者心理和精神需要的内容之一是社会象征性需要，也就是人们的一种认识自我、表达自我并且期待得到他人和社会肯定的需要。这种需要根据表达对象的不同又可以分为两种。

（1）自我个性的表现。每个人内心深处都对自己有一个定位，也就是自我形象。比如，有的人认为自己大胆时尚，是引领时代潮流的领先者；有的人则认为自己沉稳审慎，有独立见解，不随波逐流；还有的人认为自己品位高雅，与众不同等。正是由于诸如此类的自我描述，使得消费者在购买商品时，总是寻求那些能表现自我形象的商品。例如，乘坐奔驰可以表现主人的庄重和成功；佩戴斯沃琪（Swatch）手表则可以突显主人对潮流的敏感。

（2）自我价值的实现。自我价值的实现是指消费者通过购买和使用商品，向外界表达自我、证明自我的价值。野马汽车最初是为追求刺激的青年人开发的一款车型，但是上市后，有很多老年人争相购买。公司调查发现，这些老年人希望驾驶野马牌汽车表现自己仍然年轻而富有活力以及在社会中的作用。吸烟的人相信能够通过不同的香烟品牌来传达自己的某些想法和追求。

品牌的象征意义是这两种需要实现的基础，它是指在消费者心目中，品牌所代表的与特定形象、身份、品位相联系的意义和内涵。在这里，品牌不再是一种符号、图形、消费习惯、社会地位、名气声誉等。在一定意义上，品牌象征是商品品牌赋予消费者表达自我的一种手段。

2. 品牌的情感意义

品牌的情感意义来源于消费者的情感需要。情感是与人的社会性需要和意识紧密联系的内心体验，具有较强的稳定性和深刻性。情感对消费者的影响市场就和深远的。

品牌的情感意义是指在消费者的心目中，与品牌相联系的审美性、情感性文化底蕴。它巧妙地构建了一种生活格调。文化氛围和精神世界，引导人们通过移情作用，在商品的消费中找到自我,得到慰藉,或得情感上的寄托和心理共鸣。在这方面,可口可乐的品牌堪称经典。可口可乐公司经过长期研究得出结论:"名牌的背后是文化",因而刻意锻造品牌的文化内涵,使可口可乐成为美国精神的象征。正如一位美国的报纸编辑所说:"可口可乐代表着美国的全部精华,喝一口可口可乐就等于把这些美国的精神灌注体内,其瓶中装的都是美国人的梦。"

3. 品牌文化

品牌文化是指凝结在品牌中的经营观、价值观、审美观等审美形态及经营行为的总和。品牌的文化价值使品牌具有了人格化的魅力,从而使消费者对其产生情感共鸣。

(二)品牌的心理功能

品牌使企业的产品有了独特的名称和标识,所以区别作用是品牌最原始、最基本的功能。赋予产品某一品牌后,更高级的营销活动就有了基础。如品牌文化、广告宣传、公关造势等。围绕着品牌展开的营销活动,可以培育消费者的品牌意识,刺激他们的品牌心理。同时也使品牌的内涵、要素复杂化,大大超出了产品基本特性的范围,从而使品牌衍生出多种心理功能,影响消费者从收集信息、判断、购买到购买后评价的全过程。品牌的心理功能有的能被人们明确意识到,有的则潜移默化地发生作用。品牌的心理功能主要有以下几种。

1. 限制功能

品牌的知名度或品牌使用经验能制约消费者进一步收集信息。虽然在更广泛的范围内选择商品可能使消费者作出更优决策,但收集信息、扩大选择范围需要时间和成本,而且从未听说过的品牌对于大多数消费者来说缺乏可信度和亲近感。因此,消费者在购买时往往宁可在已知品牌中深入了解并进行选择。有时他们也会留意其他品牌,但对已知品牌的某些心理定势会削弱消费者对未知品牌的关注和探究程度。品牌的知名度或使用经验是使品牌具有限制功能的基础。知名度和经验的差异以及品牌信息的来源等,又会影响限制功能的强弱。

2. 信息集合功能和联想功能

一个没有品牌的产品,人们或许先要费力地记住它,然后更多的特征才能在不同场合重新识别出来。因为品牌首先是一个名称和符号,可以直接与其他企业的产品相区别,所以能减轻人们记忆和识别的负担。此时,品牌名作为最抽象的信息主体具有信息集合功能。消费者会从多方面了解、感受与该品牌有关的信息,并逐步抽象、归纳为若干基本特征,最终主要以品牌名留存于记忆中。相反,当提起该品牌时,消费者就能迅速回忆起该品牌的基本特征甚至细节。由于品牌信息的丰富性,品牌还能激发人们的联想,从而使品牌具有丰满的形象。如果品牌名合适、定位明确并运用CIS系统,那么就能强化品牌的信息集合功能,并能促使人们形成有益的联想。但是对于那些不重视品牌的消费者,这两种功能的用处不大。

3. 增值功能

在有品牌的情况下，人们对产品品牌的评价印象会有意无意地增加，在购买时不仅追求产品的基本利益，而且可能关注和追求因品牌而产生的附加心理感受和利益，从而为品牌增加心理性附加价值乃至市场价值提供了基础。好的品牌名能令人产生愉快的联想，品牌不仅能产生熟悉效应和暗示作用，而且本身就可炫耀；有吸引力的文化和情感内涵能满足人们更多的心理需要。品牌的增值功能意味着品牌具有炫耀功能、文化功能和感情功能等。

4. 塑造整体形象

与品牌相关的所有营销要素，甚至企业的非营销要素都影响着品牌形象。品牌形象将汇集品牌的所有心理功能，形成一个有机整体。品牌的塑造整体形象的具体功能还进一步表现为以下几个方面。

（1）象征功能。无论是品牌的名称、质量、价格还是文化内涵，都具有象征意义。

（2）整合功能。人们对品牌个别要素的认识会受到其他要素的影响，其意义只有在与所有要素组合中才会被确定。

（3）提示功能。品牌一旦形成某种公认的形象，就会影响人们对该产品特性的客观评价，这是因为期望这一心理定势会影响人们的知觉。

（4）缓和功能。品牌信念短时间内不会发生变化。

（5）扩张功能。由于光环效应和移情效应，品牌名还可扩张到其他产品上去，以获得人们的消费信心和好感。

（6）简化功能。品牌形象、品牌信誉一旦建立起来之后，就会简化消费者在选择品牌时的细致深入程度。只是因为消费者并不能总对品牌特性做出正确判断，同时又总要设法降低购买时的精力和时间成本，因而可能会对品牌产生依赖性。极端地说，品牌在消费者心目中的原有形象往往能简化消费者重复购买的选择程序。

三、商品的包装与消费心理

1. 包装的心理功能

商品的包装最开始是用来承载和保护商品的，以避免其损坏、散落、溢出或变质。随着科学技术的进步和新材料的广泛应用，商品的包装手段和方法日趋多样化，人们对包装的研究也更加深入。美国销售心理专家路易斯·切斯金曾通过一次试验对包装进行研究，结果表明，包装对消费心理有巨大影响，甚至可以左右他们对产品的认识和感受，因而被称为"沉默而极具说服力的推销员"。包装的心理功能有以下几种。

（1）识别功能。现代市场上，同类商品的同质化程度越来越高，质量性能的接近使得包装和装潢成为产品差异化的重要组成部分。一个设计精良、独具特色、富有审美情趣的包装能使产品在众多的商品中脱颖而出，给消费者留下深刻印象。同时，包装上准确、详尽的文字说明可以向消费者全面展示关于商品的产地、成分、重量、特色等重要信息。

（2）便利功能。良好的包装不仅能使商品别具一格，还可以有效地保护商品，有利于商品的长期储存，延长商品的使用寿命。包装的便利性还体现在包装的开启和携带是否方便。总之，根据实际需要，设计合理、便利的商品包装，能使消费者产生安全感和便利感，方便消费者购买、携带、储存和消费。

（3）美化功能。俗话说"三分人才，七分打扮"，可见，外部形象对体现事物的内部性质会起到相当重要的作用。美观的包装会使商品锦上添花，使消费者赏心悦目，有效地推动消费者的购买。

（4）增值服务。设计成功的包装融艺术性、知识性、趣味性和时代性于一身。高雅华贵的商品外观可以大大提高商品的档次，能让消费者感到在拥有商品的同时感到自己的身份地位有所提高，并使其自我表现的心理得到满足。

（5）联想功能。好的包装应该使消费者产生有助于表现商品特色的美好联想。比如，同仁堂等中国的百年知名品牌，刻意使用古代的包装形式，使人们联想到了老字号商店良好的声誉和突出的品质。

2. 包装对消费者心理的作用过程

（1）唤起注意。包装的首要功能是通过给予消费者刺激，引起消费者的无意注意。作为消费刺激的重要表现形式，不同包装物给予消费者的刺激程度有明显差异。为使产品包装引起消费者的无意注意，需要不断提高包装的刺激程度。

（2）引起兴趣。包装除了要引起消费者的无意注意外，更重要的是要引起消费者对商品的兴趣，从而产生有意注意。消费者的年龄、职业、文化、性格、经济状况不同，对包装装潢的兴趣也会有所不同。这就要求设计包装时要研究消费者的兴趣偏好，不仅要使包装与商品的风格一致，还要符合消费者的价值标准。

（3）启发欲望。启发欲望其实就是刺激需求。消费者产生购买动机之后，其购买动机的最终实现还要取决于对刺激物的感受。包装是使商品的味道、性能、使用方法等特性在潜在消费者中形成好感的最好手段。

（4）导致购买。导致购买是包装的最终目的。别具一格的包装往往会使消费者爱不释手，可以促使其产生试用的意念。一旦消费者对商品形成深刻印象，就有可能导致购买行为的发生。

3. 包装设计中的心理要求

商品的包装设计应符合以下的心理要求。

（1）色彩协调。消费者接触商品，尤其是与商品有一定空间距离时，首先进入视线的就是色彩。一般来说，在保证商品质量良好的前提下，消费者会首先对商品的色彩做出喜爱或厌恶的判断，然后对自己喜爱的色彩的商品产生购买欲望，最终实现购买。

（2）符合商品的性能。许多商品由于物理、化学性质的不同，其存在状态和保存方法也不同，所以要根据商品的形态和性能设计商品的包装。例如，易燃、易爆、剧毒的液体商品，包装不仅要封闭、安全，还应在包装上做出明显的标记。

（3）突出商品特征。由于商品的包装形式越来越趋向多样化，而且消费者多数通过包装来推测商品的真正品质。商品的包装形象突出，就会被消费者首先注意。要使包装形象突出，需要采用适当的包装形式，如"开窗"式、系列式、异常式等。开窗式包装往往能满足那些急于了解商品"真面目"的消费者的求知和好奇心理，也容易引起注意；系列式包装是指企业对其生产的各种品质相近的产品，采用同种包装材料以及相似的形态、图案、色彩等；异常包装，是指反其道为之，或与同类商品的传统包装形式差异很大。

（4）方便消费者。商品的包装为消费者观察、挑选、购买、携带和使用提供了方便。采用"开窗式"、"透明式"、"半透明式"包装会给消费者直观、鲜明、真实的心理体验，故在食品中多被使用。而将相关的商品组合并一起进行包装，也能给顾客带来方便。

（5）具有时代气息。具有时代感是指在材料的选用、工艺制作、款式造型、图案装潢、色彩调配等方面，都要充分利用现代科学技术，给消费者以新颖独特、简洁明快、技术先进、性能优良的美好印象。另外，包装还要符合和体现时代发展的潮流。

（6）具有针对性。由于消费者收入水平、生活方式、消费者习惯及购买目的的不同，对商品包装的要求也有所不同。有的追求廉价使用，有的喜爱美观大方，有的则要求豪华高档。因此，包装设计应强调对特定消费者群的针对性。

四、商业广告与销售心理

商业广告现已成为与人们日程生活、消费活动密切相连的事物，是工商企业促销工作的重要工具之一。企业通过商业广告，传播商品信息，不仅能促进商品的促销，指导消费，而且有利于提高企业的知名度、美誉度和竞争能力，甚至在改变社会思潮、推动消费观念的改革等许多方面都能发挥巨大的作用。由于广告对广大顾客的消费心理与购买行为能产生极大的影响，因而成为研究与探讨的重要内容。

1. 商业广告的含义

商业广告，也是狭义上的广告，是指特定的广告主（企业）有计划地以付费方式通过大众传播媒体向其潜在顾客传递商品或劳务信息，以促进销售的公开宣传方式。在整个市场营销活动中，广告是促进销售的一种手段，是企业营销活动的有机组成部分。伴随着信息社会及市场经济的发展，大量生产、大量销售、大量传播和大量消费形成相辅相成的循环，广告的概念也在发展，商业广告的内涵和外延在不断扩大。现代广告活动不仅仅指广告本身，还包括以广告为轴心的一系列营销活动。

2. 商业广告的分类

按不同标准给商业广告分类，有利于商业广告的创作和使用。

（1）按传播的信息内容划分。

① 商品广告。宣传的是企业能满足消费者需求的某种或某几种商品或劳务。

② 服务广告。宣传的是企业能够提供给消费者的纯粹的服务和优惠。

③ 公关广告。宣传的是企业精神、实力、规模等，旨在与广大消费者沟通，塑造企业良好的形象。

④ 启事广告。是指通知某种非促销性消息，如企业更名、迁址等。

（2）按广告诉求划分。

① 感性诉求广告。是指采取感性的说服方法，向消费者诉之以情，使他们对所宣传的商品（服务）产生良好的情感与态度，进而采取购买行动的广告。简言之，就是"以情动人"。

② 理性诉求广告。是指采取理性的说服方法，有根有据地介绍产品的优越之处，让顾客依据自己的思考判断，做出购买决策的广告。简言之，就是"以理服人"。

（3）按广告媒体划分。

① 印刷广告。是指以报纸、杂志等印刷品为媒体的广告，包括产品目录等直接邮寄广告。

② 电波广告。是指以广播、电视等为媒介的广告。

③ 其他广告。是指以其他媒体，如车体、橱窗、灯箱等为媒介的广告。

3. 商业广告的特点

（1）公众性。商业广告是一种高度大众化的信息传播活动，是把商品或劳务信息向非特定的广大消费者作公开宣传，以说服其购买的传播技术。

（2）渗透性。商业广告是一种渗透性很强的促销手段，它已经渗透到社会生活的许多领域。

（3）表现性。商业广告集经济、科学、艺术和文化于一身。借助文字、音响及色彩的艺术化应用，通过一定的媒体，不仅生动形象地表现出产品的特性，而且富有感染力。

（4）非义务性。商业广告是一种非人员的推销行为，听（观）众没有义务去注意广告，并对广告做出反应。

（5）有偿性。商业广告是一种付酬的宣传活动。

4. 商业广告的功能

（1）认知功能。

商业广告通过图像、语言、文字、色彩、商品立体形象、音乐和数字等各种形式，介绍商品及其企业的各类信息，如企业和商品的名称、品牌、商标，商品的性能、质量、用途、使用、保养，服务产品的项目内容，商品的销售时间、价格、地点、优惠条件，等等，使顾客能及时认知商品及其生产与销售的厂商，形成较为深刻的印象，为购买商品提供前提条件。

（2）引导功能。

商业广告可以引发顾客对新产品或顾客不熟悉产品的注意与兴趣，形成对商品的积极态度或改变他们对商品的消极态度，激发起购买商品的欲望。通过广告，树立起商品和厂商在顾客心目中的良好形象，扩大企业及商品的声誉。

（3）艺术功能。

商业广告通过媒体将艺术与现代技术完美地结合，给广大顾客以美的享受与体验，使顾客在感知商品的同时受到艺术的感染与熏陶，形成愉快的心情与情绪，既满足顾客的审美需求，又促进商品的销售。

（4）教育功能。

企业可以通过广告对顾客进行必要的教育和施加影响。这类教育和影响有正面和负面两个方面。科学健康、文明道德的商业广告内容与形式，有利于扩大顾客的知识领域，丰富其精神生活，确定理性的消费观念，实施正常、健康、合理的消费行为，传播精神文明。而内容失实、不健康甚至违法的广告内容与形式则会对顾客产生负面的影响，可能导致危害社会、他人和自己的消费观念与行为，对社会造成不良后果，应坚决禁止发布。

（5）创造需求功能。

商业广告通过新产品、消费新观念的宣传，能引发新的消费需求，创造出新的消费需求。人们许多潜在的需求通过广告被发掘出来，逐渐形成商品的潮流。日本巧克力商人借助广告的倡导，使日本大众接受西方"情人节"的习俗，而带来对巧克力的更多需求。"昂立一号"口服液的广告宣传，使人们了解到人的身体内需要抗氧化，需要清除自由基，带来了数十亿元的销售额。

5. 商业广告的作用

（1）传播信息，促进销售。

商业广告通过各类媒体，突破时空的限制，广泛及时地把厂商的各种有关的信息和最新的信息传播到各地区和不同的顾客群体，以便促进他们及时采取购买行动，达到增加商品销售的目的。

（2）方便顾客，指导消费。

现代市场中新产品层出不穷，市场情况千变万化，商业网点星罗棋布。通过商业广告，顾客可以用较少的时间收集到自己所需要的商品信息，并选择好适合自己需求的商品，同时，顾客借助商业广告知道去哪家商店购买商品更方便，顾客通过广告也能得到正确的指导。

（3）创造时尚，推进流行。

消费领域中一波又一波的消费时尚与流行，在很大程度上是依赖商业广告推波助澜的宣传而形成的。商业广告能以极快的速度把最新的消费潮流信息传播到各个地区，使人们了解到即将流行的商品的款式、颜色、造型等方面的趋势、动向，并及时加入消费时尚与流行的行列中去。通过商业广告的宣传，促使更多的人逐步淡化陈旧的消费观念与消费意识，建立起新的消费观念与消费意识，融入现代消费潮流之中。

（4）促进竞争，提高信誉。

竞争是永恒的市场规律。广告宣传就是企业常用而行之有效的重要竞争手段。商业广告的宣传技巧与宣传力度是争取更多顾客对企业建立信任的重要条件。因此许多厂商不惜投入重金，制作精美的、形象生动的、色彩绚丽的广告来争取顾客。因此，商业广告的成败，对企业的市场命运有着极其重要的影响。

【章首案例分析】

影响消费者心理的因素有很多，包括经济环境因素、社会文化因素、流行时尚等，在"米沙"熊案例中，可看出社会文化对消费者心理的影响。布卢姆先生和他的伊美治体育用品公司投资买下一项专利技术，生产一种奥运会吉祥物玩具，本来是一项很好的创意，而且在初期销售良好。但随着美国拒绝参加莫斯科奥运会，人们的社会心理发生变化，开始抵触"米沙"熊，从而导致整个计划的失败。可见，社会心理对产品的销售和企业的影响多么巨大。

社会文化影响人们的态度，即对某商品的判断，并决定是否接受该商品。人们从开始喜爱"米沙"熊到厌恶，就体现了这一点。

企业首先应该顺应某种社会文化，但如果社会文化产生了对企业不利的变化，企业应该积极应对，采取措施弥补损失，比如重新改变产品定位、利用广告、公关等手段对社会文化进行改变，以此来影响消费者的心理。

项目小结

本项目着重讨论了影响消费者心理的经济环境、社会文化、流行时尚、商业价格、品牌、包装与商业广告等因素。

经济环境因素是主要的，它对消费者心理的发展变化起着决定性的作用。它包括经济发展水平、物价走势、就业水平、利率水平等。

消费心理学中的文化是指社会意识形态同人们的衣、食、住、行等物质生活、社会关系相结合的一种社会文化，其中，亚文化是一种局部的文化现象，常见的亚文化分类主要有人种亚文化、民族亚文化、地域亚文化、宗教亚文化等。

流行时尚在消费心理学中具有客观性，它具有刺激消费者并激发其需求欲望的作用，还影响人们的购买模式，并为企业的生产和销售活动提供依据。

商品的价格、品牌、包装作为影响消费者心理与行为的商品因素也是我们需要研究的一个重要的课题。把握商品价格的心理特征是企业制定价格策略和成功营销的基础和前提。

充分了解消费者的品牌心理和品牌购买行为，企业才能有针对性地制定品牌营销策略。深入研究包装在商品销售中发挥的积极作用。

商业广告作为一种促进销售的手段是企业营销活动的有机组成部分。伴随着信息社会及市场经济的发展，大量生产、大量销售、大量传播和大量消费形成相辅相成的循环，广告的概念也在发展，商业广告的外延和内涵在不断扩大，并在营销活动中发挥着重要作用。

同步练习

【名词解释】

1．社会文化　　2．亚文化　　3．品牌　　4．消费流行

【案例分析】

一个中国老太太与一个美国老太太同时去天堂，上帝问她们生前最后实现的人生目标是什么，美国老太太说，她生前正好把年轻时分期付款购房的最后一期房款交完了；中国老太太说，她生前刚刚用自己一生的储蓄买了一套自己的房子。

问题：请用消费心理学中社会文化与消费心理的观点分析此案例。

【技能训练】

1．讨论一下市区的婚庆习俗和农村的婚庆习俗有什么异同，对消费会产生什么影响。

2．讨论一下当前社会收入差距拉大对消费产生的影响。

项目七　主要消费品市场的消费心理分析

学习目标
- 餐饮市场的消费心理分析
- 服装市场的消费心理分析
- 住宅市场的消费心理分析
- 家庭用品市场的消费心理分析
- 服务市场的消费心理分析

引导案例

有人说，吃得可口是胃和人生的第一快乐。当人们的生活还停留在温饱水平时，第一快乐似乎有些浅薄和苍白，但在市场经济下如何更多地关注食客的精神层面，已成为餐饮企业不可回避的事实。事实证明，心理需求与餐饮消费的确有着重要关系，如果你还不相信，看看古城西安每天有多少家餐馆开业，又有多少家餐馆倒闭就是活生生的例证。在那些生意红红火火的地方，无论是高档酒店还是普通家常餐馆，那种体贴与关怀有时绝对出乎食客的意料。

随着西安经济的快速发展，西安的餐饮也发生了翻天覆地的变化。2006 年 7 月，一位马来西亚朋友感受了古都餐饮和美食文化之后说，西安的餐饮已经可以和北京、上海的餐饮相媲美，已经由实惠型向精美尊贵型转变。这在一些高档的酒店、饭店表现得特别明显。

以在西安被人们称为餐饮集中的"金二环"为例，在二环沿线的 100 多家餐饮企业中，高档酒店就有 20 家左右，像大香港鲍翅酒楼、澳门漆景鲍翅酒楼、潮州佳一酒楼、广东雪花酒家、海时达美食娱乐宫等，内部装修豪华、典雅，菜点名贵精细，从特色菜系到海鲜鲍翅个个制作精美，甚至从餐具到餐桌都十分考究。卫生间里的有线电视、香水、梳子、消毒毛巾和日常用品也许你去十次也不会用一次，但总会让客人心里舒服满意。服务员永远是不厌其烦面带微笑，如果你点鱼翅捞饭，服务小姐一定会征求客人的意见，能现场制作绝不在厨房制作。当一回上帝的感觉会让客人心甘情愿地掏钱，开心地埋单。当然，这里的价格往往不菲，大多是商务宴请、白领聚会、外事宴请和"一部分先富起来的人群"消费的场所。正如一位私营老板所说，在吃饭的交际功能越来越强的今天，在这种地方用餐，心理的需求占了很大的比重，这是一些小规模的餐馆无法做到的。

总之，在餐饮消费出现多样化的今天，怎么为食客营造出一种更加完美、符合消费者心理的完美物质和精神境界，的确应该成为餐饮界人士思考的问题。

那么，在各种典型的消费市场面前，消费者的心理表现又各具什么特点？本项目将围绕餐饮市场、服装市场、住宅市场、家庭用品市场及典型的服务市场分析消费者心理特点。

任务一　餐饮市场的消费心理分析

一、餐饮市场的含义和分类

（一）餐饮市场的含义

餐饮市场和饮食市场意义相近，都是指满足人们吃、喝等需求的市场。但又有所不同，饮食市场强调商品本身，强调满足人们的基本生理需求；餐饮市场在强调满足人们的基本需求以外，更强调菜品价格、用餐环境等给人们带来的心理满足，用餐不仅仅可以饱腹，实际上还隐含了消费者对情感、社交、自我实现等较高层次需求的满足，甚至可以上升到一种文化。

（二）餐饮市场的分类

（1）按照来源分可以分成中餐和西餐。

（2）按照形式可以分成正餐和快餐。

（3）按照规模可以分成酒店餐饮、大众餐饮和休闲餐饮。

二、餐饮市场的消费心理分析

随着我国经济的发展和人民生活水平的提高，餐饮消费迅速增长，餐饮企业的竞争成为必然。竞争归根结底是客源的竞争，而培养本企业消费者的唯一途径和关键所在，就是要把握消费者的消费心理。常见的餐饮消费心理有以下几种。

（一）求卫生的心理需求

基于自身健康和安全的考虑，消费者大多比较注重饮食卫生，要求环境、食品、餐具及服务的卫生要有切实保障。令人放心的卫生，必须达到两个标准。

（1）外观上的干净，无水迹、无异物、无灰尘、无污渍，这是视觉与嗅觉的检测标准。

（2）内在的卫生，必须符合卫生防疫部门的原料检测标准，凡是让客人食用的食品必须达到国家的卫生要求。

因此，餐饮企业必须严格执行《食品卫生法》，把好食物进货关、储存关、加工关、烹饪关、服务关，并抓好餐具消毒、个人卫生和环境卫生工作。

（二）求快的心理需求

这种"快"体现在两个方面。

（1）客人来到餐厅点菜后，希望餐厅能快速提供所需菜肴而不愿过久等候。

（2）在用餐过程中一旦消费者提出合理需求，希望工作人员迅速做出反应。

（三）求美的心理需求

顾客的餐饮消费实质上更侧重于精神上的愉悦，是一项综合性很强的审美活动，优美的就餐环境能刺激顾客的消费欲望。消费者不仅要求菜肴、餐具精美，餐饮服务人员的仪表和服务完美，而且要求餐厅的内外环境舒适美观。

（四）求新猎奇的心理需求

新鲜的、奇特的事物总是引人注目，能激起人们的兴趣。消费者在餐饮消费过程中同样会渴望吃到有特色的菜肴，享受到个性化的服务。例如重庆大足的"荷花山庄"，巴渝特色气氛浓烈，客人可以三三两两地坐在一艘花艇内观看艇外的各式荷花，品尝巴渝小吃，接受穿着古楼渔家服的"渔家女"热情淳朴的服务，仿佛来到了世外桃源。

（五）求尊重的心理需求

餐饮服务是人对人的服务。若餐饮服务不能充分体现"顾客就是上帝"的宗旨，顾客在餐饮消费过程中得不到应有的尊重，其他的努力都将付诸东流。

（六）其他心理需求

不同消费者的消费心理是有明显的个性差别的。例如，一些消费者喜欢借酒浇愁，有些消费者喜欢泡酒吧打发休闲时光，甚至还有一些消费者喜欢挑剔或者喜欢炫耀等。

三、餐饮企业应采取的策略

（一）我国餐饮企业的现状

我国餐饮行业近年来持续发展，营业额和就业人数都有所增长。目前餐饮企业已经开始重视品牌优势的塑造，注重企业规模的扩大，注重利用连锁经营和特许经营的方式进行扩张，市场的需求中体现出科学饮食的时尚。随着我国经济及旅游业的发展，餐饮行业的前景看好，在未来几年内，我国餐饮业经营模式将会向多元化发展，国际化进程加快，而且绿色餐饮必将成为时尚。

（二）酒店餐饮与社会餐饮的对比分析

1. 酒店餐饮的优势
（1）技术优势：名厨云集，技术高超；有着深厚的管理文化。
（2）设施优势：功能设施齐全；仓库大，库存多，菜单上的菜一般都能及时供应；具备承办各种会议和大型宴会的能力。
（3）人力资源优势：具备众多较高素质的员工，可以提供高质量的服务。
（4）形象优势：酒店往往是高雅环境和高质量服务的代名词。

2. 酒店餐饮的劣势
（1）组织结构劣势：酒店餐饮经营灵活性不够，管理层级多，信息传递速度慢，要推出一道新菜须经层层审批，等得到批准推出时，已经落后，变成"旧菜"了，结果总是被动地跟着市场走。
（2）经营范围劣势：高雅的用餐环境，只能满足某一层次的顾客需求，所服务的顾客市场面窄小；缺乏品牌菜，招牌菜，价贵而且缺少特色，菜式变化少，还要加收服务费，给顾客以"门槛高"的感觉。
（3）服务劣势：虽然提供标准化、规范化的服务，但缺乏亲和力。
（4）价格劣势：前期投入大，造成日后经营费用负担重；劳动力密集，人工成本高；采购制度严格，进货成本高，都导致菜肴失去价格优势。
（5）营销劣势：宣传乏力，众多名厨、名菜"养在深闺人未识"；酒店建成后，餐厅总体格局就不可能有很大的改变，导致就餐环境不可能让顾客产生很大的新鲜感等。

3. 社会餐饮的优势
（1）组织结构优势：管理层级少，机构简单，信息传递速度快，总经理往往就是餐馆的所有者，管理事务由老板亲自抓，且敢于创新，因而对市场反应敏锐，推向市场的速度快。例如，一款新菜只需经主厨和经理商量决定后就可在第二天推荐给顾客；菜单更新得快，时时有"新鲜卖点"。
（2）服务方式优势：服务方式灵活，提供亲情化服务，富有亲和力，顾客就餐时感觉轻松、随意。
（3）特色优势：菜式特色鲜明，往往以经营某一地方菜系或某种原料为主的菜肴作为招牌菜，独具风格而价格实惠；为数众多的高、中、低档餐馆可以满足不同层次的消费需求，可谓"阳春三月"和"下里巴人"都可以找到自己喜欢的口味。
（4）采购方式优势：采购制度灵活，环节少，老板亲自管理，有利于采购成本的控制。
（5）装饰优势：餐馆装饰主题鲜明，造型奇特，如有的外形像蒙古包，有的像船，有的像宫殿等；有些高档餐馆内部环境高雅，已毫不逊色于酒店。
（6）宣传优势：非常重视宣传，方式多样，如在门口悬挂条幅，在电视、报纸上打广告，散发传单，店内搞名酒、名菜促销等。

4. 社会餐饮的劣势

（1）管理水平较低，员工整体素质不高。

（2）提供的服务常常有差异，缺乏标准化和规范化。

（3）高档餐馆价格贵，而中、低档餐馆服务条件较差。

（4）厨房、仓库面积较小，存货有限，菜单上的有些菜式往往不能提供。

（5）为了维持低价，常常采用低质甚至劣质的原料，饮食安全难以保证。

（6）对于大型的酒席，往往力不从心，需要从其他餐馆或酒店租借设备、人力等。

（三）餐饮企业采取的措施

餐饮企业首先应该确定本企业的目标市场和目标顾客，其次是对于目标顾客的消费心理进行深入研究，掌握顾客的普遍消费心理，扬长避短，满足顾客多样的、个性化的需求，这样才能培养本企业忠实、稳定的消费者群体，成为企业利润的永不枯竭的源泉。

任务二　服装市场的消费心理分析

一、服装市场的含义

衣、食、住、行是人类生活的四大元素。人们把"衣"放在首位，可见衣服对于我们的重要性。中国人口有 14 亿，庞大的人口基数本身就组成了一个庞大的服装消费市场。同时随着中国国民收入的不断飞升，在 2004 年人均 GDP 超过 1 000 美元后，中国市场将进入精品消费时代，服装消费将不再仅仅为了满足其最基本的生存需求，将向更高的心理需求、自我满足需求跃进，特别是几千万人口跨入中产阶级后，对反映自身社会地位和品位的服饰需求将越来越迫切。国内服装市场将越做越大，市场细分将越来越小，但今后国内服装市场的消费趋势将集中在精品化和个性化上。

二、服装市场的特征

和其他市场一样，服装市场也是由人口、购买力和购买欲望三个主要因素构成的。服装市场的特征主要有以下方面。

（一）服装市场的层次性和多样性

市场由消费者组成，消费者在性别、年龄、身材、教育程度、收入、信仰及态度等许多方面都存在显著差异，因此，对服装的需求和偏好也是多种多样的，这就决定了服装市场多层次和多样性的特点。多层次主要是指服装市场有高档、中档和低档之分，有公开场合和私下场合穿用之分；多样性是指服装的种类、款式繁多，以满足人们多种多样的穿着需求和审美情趣。

例如，睡衣、内衣和家常便服，主要是在家庭之内私下场合穿用的，或是在不正规场合下穿用的。这些服装的消费就有如下特点。

（1）比较简单和随意。人们在购买这些服装时，不会过多追求时新、漂亮、名牌。

（2）注重实惠。对于睡衣、内衣，如果条件允许，一般注重穿着舒适，特别是对身体不能有不良影响，最好是全棉、真丝、全毛的织品。家常便服则要求穿着宽松、柔软、舒适、轻便，洗涤方便，价格不能很高，以便于经常更新，夏衣和冬衣应具有良好的物理功能。

还有一些衣服多在公开场合、特别是正规社交场合穿用，人们的消费要求就会有所不同。一般来说主要讲究服装的心理功能，求新求美，讲究名牌，受群体规范的影响大。价格有千元以上乃至万元以上的高级时装，也有百元以下的低档服装，其间分为若干不同的档次，以满足不同消费者群体的需求。

（二）服装市场的地域性和季节性

自然气候是影响人们着装的主要因素之一。在不同气候条件和环境下，人们对服装功能的要求也不相同，因而形成了具有不同特点的服装市场。我国地域广阔，从南到北气候差异很大，当居住在东北地区的人们还身着冬衣时，广东、海南等地生活的人们已穿上了春装、夏装。服装市场的季节性特点最为明显，冬装、夏装、春装、秋装本身反映了服装的季节性需求。

（三）服装市场的易变性和流行性

社会流行、参考群体、价格、品牌对购买有较大的影响。对于一般消费者来说，很难分辨服装的用料，而什么款式的服装才最漂亮，也无客观标准。消费者为了买到优质服装，往往只能借助价格、商标来判断。一般来说，价格较高的服装的质料较好，款式也可能较流行。同时，消费者希望用较高的价格和名牌来显示自己的购买能力和身份。

消费者在判断服装是否合身、漂亮时，一方面依靠自己的审美能力；另一方面要依赖对社会流行的观察和群体意见。社会流行与群体意见对服装消费有特别强烈的影响，因为服装的心理功能十分重要。流行和富于变化是服装的一大特点，也是服装市场的显著特点。

（四）服装存量对继续购买往往有积极作用

服装的物理寿命一般为数年或数十年，其精神寿命可能极短，也可能更长（指同类服装）。所以，服装虽一般不列为耐用品，但实际上存在着存量。在所有消费品中，大概服装的边际效用是最不容易递减的，服装的存量往往对继续购买有积极影响，对于女性消费者来说尤其如此。主要原因如下。

（1）在服装的购买活动中，人们的审美能力和爱美心理等会逐渐增强，服装的存量和当前的购买只是暂时地、部分地满足了人们的心理需要，在暂时的满足中同时又会强化这些需要，人们只有通过不断地购买才能满足不断强化的需要。例如，一位女士买了一件时装很合身，受到了他人的赞扬，这样就强化了她的爱美心理和炫耀心理，她会试图通过经常购买，继续不断地满足这种心理需要。

（2）服装款式必须多样化，才能充分发挥其功能。在不同季节、不同时间和场合穿用的服装必须多样化才能满足人们对服装物理功能的需要。更重要的是，服装款式必须多样化和不断更新，才能充分发挥其心理功能，特别是美化形象的功能。与饮食的口味一样，同一种颜色、款式的服装在重复使用中会逐渐丧失其吸引力，使人的形象产生"呆板"的感觉，结果是自己感到乏味，他人也感到不新鲜。因此，服装的颜色与款式必须多样化，不断交替穿用。在服装款式层出不穷的情形下，原来的服装存量总会显得十分有限，有些服装的精神寿命可能已经结束，因此必须不断购买新的服装才能保持多样化，才能赶潮流。

（3）服装容易存放和经常交替穿用。许多消费品、特别是装饰用品也有以上两个特点，它们的存量为什么对继续购买有消极影响呢？这是因为其他消费品的存放与替换使用大多很不方便。如家具、家电、房间装饰品等，存量越来越大，而多半是只能更新，这就不能轻易为之。

此外，服装的价格一般较低，可以为购买力所承受，可以经常购买，价格的心理功能也很重要。其他消费品或者价格较高不允许经常购头，或者物理功能更为重要而不必经常交替使用以保持"新鲜感"。这也是服装存量作用有特殊性的原因。

（五）服装购买与体形、肤色的关系

服装消费还有一个重要特点就是影响消费者购买的因素除了他们的购买能力、审美观、个性之外，还包括他们自身的体形、肤色。不同体形、肤色的人，适合穿不同款式、颜色的衣服，这样才能"更美"。

服装设计家许春美根据人体曲线的变化归纳出六种基本体型。

（1）标准型：身高与每部位都有完美的比例，这种体型选择服装比较容易。

（2）葫芦型：即身材像葫芦一样，这种人适合穿低领、紧腰身的窄裙，或A字裙西装，质料以柔软贴身为佳。

（3）运动员型：适合穿舒适飘逸的罩衫、打褶裙，或宽松的西装。

（4）梨子型：穿宽松的西装或伞状服装较适合，目的在于避免腰部受人注意。

（5）腿袋型：这种体型的人，臀部和大腿边有许多赘肉，因此要避免穿紧身裤子，应穿式样比较简单的打褶裙或长裤，选择较深的颜色。

（6）娇小型，最佳穿着是整洁、简明，上下身穿同色系或素色的衣服，会显得轻松自然。

从肤色上看，肤色黄的人不宜穿蓝色、紫色或黄色，否则会使穿着者脸色发黑。

肤色洁白的人得天独厚，几乎可以穿任何颜色的服装，但仍不宜穿绿色。不同脸型的人也应穿不同服装，当然，由于人们的审美观不同，对于不同体型、肤色的人适合穿什么服装，可能有不同看法，但人们总是会根据自己的体型、肤色来选购服装。

> **知识链接**
>
> 　　美国权威色彩机构 Pantone 公布的 2017 年度流行色中，Greenery 草木绿占据一席之地。Pantone 网站上表示草木绿是希望的象征，代表着大自然中的万物复苏。Emilio Pucci，Arthur Arbesser，Lacoste，Michael Kors 等品牌也纷纷在 2017 年春夏系列中推出了草绿色单品。这一带点黄调的绿色，象征着春天的第一抹绿，清新又有活力，是时候为您的衣橱添置一件草木绿单品啦。

三、服装市场的细分

（一）按性别细分

（1）女装市场：女装市场一直是服装市场的重点，一直引领时尚和潮流，是时尚、个性的代表。中青年女性购买服装的频率是服装消费群体中最高的，购买服装的金额是最大的，有"得女装者得天下"一说。因此众多企业和资源混战在女装市场里，使得女装品牌众多，各品牌之间差距不大。据统计，排在前十位的品牌之间市场综合占有率的差距并不大，总和也只在 15% 左右。国内女装品牌带有强烈的区域色彩，还没有一个能在全国形成规模和影响的品牌，例如颜色鲜艳、色块较大、结合时尚流行款式的"汉派"服装，带有江南文化气息的杭州女装产业和具有港澳风格的深圳、广东虎门女装产业等。众多国内女装品牌其定位基本是定位在中、低档市场，在中、高档市场上还没几家知名品牌。

随着国内消费者消费观念的成熟和国内市场的不断扩大，国际女装大牌也纷纷进军中国，国内市场越来越成为国际女装的重要组成部分。国外女装品牌纷纷进驻国内的一线城市专卖店或专柜。虽说其目前渠道较少，价格定位较高，但其对女装高档市场的影响和对国内女装时尚趋势的影响却是巨大的。同时国外品牌为了开拓更广阔的内地市场和占据中、高档女装市场，与国内品牌合作的步伐越来越快，市场竞争也越来越激烈。

（2）男装市场：根据国家统计局 2011 年第六次全国人口普查公报，中国男性人口数量为 68 685 万，占总人口的 51.27%，比女性的比例略高，由此可见，中国的男装消费者构成了一个容量不容忽视的市场。目前我国男装业的发展已具有相当的基础：男装企业拥有现代化生产设备，产品市场定位相对明确，质量比较稳定。我国男装产品实物质量的发展已达到一定的水准；品牌集中度较高、产业集群化发展速度较快；企业生产经营向系列化、休闲化、国际化、多品牌、多元化方向发展，企业投资领域不断扩大，企业资源整合周期缩短；企业注重利用品牌效应，建立产品跨地区、跨国市场营销网络。由于中国男装市场品牌发展起步较早，较其他服装市场成熟，但由于各地新品牌层出不穷，因此竞争仍异常激烈，前十名品牌占据全国几乎50%的市场。

（二）按年龄段细分

国内成年人服装年龄段划分为：18～30岁、30～45岁、45～65岁、65岁以上。

（1）18～30岁：该年龄段的消费群体是服装消费的最主要的群体，是消费群体中服装购买频率最多，总体购买金额较多的群体，该年龄段人口在1.8亿左右，其中女性人口略多于男性，与中国总体人口男女比例相反。该群体具有一定的经济基础，很强的购买欲望，时尚，追求流行、个性，敢于尝试新事物，容易接受各种新品牌。该群体中存在很大一部分冲动购物。是目前服装品牌最多，竞争最激烈的细分市场。

（2）30～45岁：该年龄段的消费群体是服装消费的主要群体，是消费群体中购买单件服装价值最高的群体，该年龄段人口在3.3亿左右。该群体是消费群体中经济基础最为雄厚的群体，有较强的购买欲望。但该群体大多数人的人生观和价值观已相对成熟，因此对风格和时尚有自己的喜好，大都已有自己喜爱的品牌，对新品牌的接受程度较低，购物理性居多。有相当一部分品牌定位于此细分市场。

（3）45～65岁：该年龄段的人口在2.7亿左右。该年龄段的消费群体事业有成，服装购买欲望一般，但对服装有一定的高阶需求即品牌需求。市场上适合该年龄段的服装品牌较少，往往是有购买欲望时，却找不到适合的服装品牌，特别是满足该年龄段的女性服装品牌严重缺失，市场机会较大。

（4）65岁以上：该年龄段人口在1.1亿左右，购买欲望较低，对服装的需求不是很强。对于该年龄段的服装品牌基本为空缺。

（三）按产品属类细分

我们将现有市场中主要服装产品的属类进行划分，它们包括以下几类。

（1）商务正装系列。商务正装系列是指在正式商务活动及高级商务会晤期间所穿着的商务服装，包括西装（套装）、燕尾服（宴会装）等类型的服装系列。此类服装代表着经典、非凡与高尚，被誉为"衣着贵族"。此类服装的市场需求量一定，价值较高。

（2）高级时装系列。高级时装也被人称为"明星服装"，因为这类服装往往价格高昂，诸如参加各类时尚晚宴及高级典礼时穿着。这一系列服装以奢侈、豪华为设计特点，大多以纯个性化即个人订制或订购为经营模式。

（3）周末休闲系列。在周末休闲的服装系列中，还可进行细分，以现今市场中所出现的休闲类型大致可分为：大众休闲（如佐丹奴、班尼路等）、运动休闲（如耐克、阿迪达斯、李宁的专业运动休闲、Lacoste的网球休闲、Wolsey的高尔夫休闲等）、时尚休闲（如ONLY、艾格等）、户外休闲（如Paul Shark的海洋休闲、JEEP的野外休闲等）等。虽然休闲品牌领域的竞争者越来越多，各个品牌开始将原有品牌的着装领域进行延伸，并将一些具体的生活或娱乐概念附之其上，使之更为形象也更加容易被消费者所接受。

（4）"新正装"系列。随着"知识精英族群"日益成为都市社会的主流人群，大量生活化正装、休闲化正装、时尚化正装、商务休闲装的出现，跳脱了传统正装或休闲装的领域，这些都可以统称为"新正装"系列。正装休闲化已经成为近年国际服装市场的一大流行趋势，"新正装"概念正是近年来在这一潮流趋势下应运而生的，其定位于"知识精英族群"的社会主流人群，着力营造出一种品位休闲、人本与自然的双重追求时尚，为男/女士提供了一种8小时以外同样可以展示自己魅力的选择。商务休闲系列是近几年国际消费市场中越来越推崇的着装方式，既能够在一般的商务场合进行着装，也可以在8小时外着装，可以更加放松地享受工作和生活，因此，也越来越受到白领和成功人士的喜爱。由于"新正装"继承了正装和休闲装的双重元素，已经成长为一种独立的衣着文化，"新正装"的主导消费群体是各行业的青年才俊，包括技术型、知识型、艺术型等知识精英族群，而且这个消费群体正在迅速地扩大。

四、服装市场消费心理分析

在服装现有市场分析中，时尚女装品牌占中国服装的25%，职业女装占10%，正装男装占10%，休闲男装占5%，运动系列占10%，男女休闲占40%。现在消费者逐渐转向休闲服饰消费，休闲服饰带来新的生活方式，既简单又舒服，特别是对年轻消费者的影响力较大。同时随着"新正装"的兴起，45岁以下的中青年消费者逐渐倾向于"新正装"风格，对休闲服装的要求也不断提升，但现在服装风格接近，档次集中在中、低档，也让其在选择上存在很大的困难。

随着中国消费者消费能力的增加，人们在进行服饰购买时已不再单纯考虑产品的基本功能，在达到一定经济收入的前提下为了满足工作需求（如商务活动）、心理需求（如羡慕、尊重）、生活需求（如时尚、装饰）以及社交需求（如品味、交流）之时，选择购买更能够表现经济实力、自身品味的品牌产品则是必然。伴随着信息交流速度更为快捷，中国国内可进行品牌消费的消费群体与国际流行时尚需求的步伐几乎一致。中国服装消费市场正沿着：需求消费→时髦消费→一般消费→个性消费，这样一个由低到高的品牌消费需求轨迹进行着变革。虽然现阶段因地区经济的差异、个人收入的差异以及城市间文化的差异等因素的影响，导致中国服装消费市场还存在整体不均衡的表现，但随着时间的推移，这种差异量将会快速持平。

五、服装品牌运营模式分析

服装品牌目前主要为两种运营模式：大众品牌和专业品牌。两种运营模式在设计、生产、价格、渠道和促销上有着根本的不同。

（一）大众品牌分析

（1）设计、生产：国内大众服装品牌在设计上以满足主流大众的整体需求为主；在生产上以大规模定制为主。

（2）价格：目前国内大众服装品牌主流价格主要集中在中低档；价格在中高档的基本为正装和时装品牌；国外进入国内市场的大众服装品牌较少，进入的基本集中在高档。

（3）渠道：目前大众服装品牌行业流行的渠道方式主要为：自营型、加盟型及代理型。三者之间的关系在于合作经营者与企业之间的紧密程度。

自营型的营销方式对于企业而言控制更加紧密，而且在管理上可以企业的意志而转移，管理阻力较小，但相对而言在经营的成本上则会较高。

代理型的品牌营销渠道管理方式则需要企业的合作伙伴具有较强的品牌营销及管理意识，且在经营地区的经营网络与背景优势上要求高。双方之间的合作紧密度依据产品在市场中的赢利表现而定，企业对代理者的管理较弱，多是指导与辅助关系；而相对于加盟型的营销合作关系，则是自营与代理之间的结合体。其中既会有企业方的资源及资金投入，也会相应地借助合作伙伴的区域优势进行营销推广，但在加盟型的渠道合作关系中，需要企业具备强大的品牌管理能力及市场形象的创建能力，方可为加盟者提供更为持久的经营动力。

在营销地点的设置中，还可细分为商场型营销、专营店营销及K/A（专指连锁超市及大卖场）群体营销。在大、中型城市中，消费者在购买高价值的服装时多会选择信誉较高与形象较好的商场进行购物，对于服装品牌产品而言商场能够提供更为充足的消费群。也可以通过商场的信誉与形象提高品牌的号召力与影响力。但是毕竟"僧多粥少"，商场的经营面积有限，商场在城市中的数量也同样有限，这就造成了众多品牌"竞争上岗"的局面，所以也就造成了虽然商场产品销量很高，但却并不营利（经营扣点高、资金周转慢、管理效率低以及经常出现"暗箱"操作的黑色成本支出）；而服装品牌的专营店营销方式多出现在城市商业密集地区的街边或是以专厅形式出现的商厦（城）中，专营店营销形式的设计能够更加体现品牌的形象表达力，也可以通过独立的展示空间对品牌文化以及产品风格有进行独立设置，因此也有的企业将专营店向更大规模的方向发展，如所谓的旗舰店或中心店形式。而K/A群体营销则更加适合于中低档大众型消费的服装产品，当然也会有部分K/A渠道对品牌企业进行了专业化设置，可以在卖场中建立专柜（厅）进行独立展示。现今的大众服装品牌在营销渠道和营销地点上大部分是各种渠道和地点混合，根据不同的市场选择不同的渠道和方式。大众服装品牌的市场分布于各个城市中，渠道布点较多，动辄几百个专卖店（柜），最少的也有几十个销售点，以渠道规模制胜，正所谓得渠道者得天下。

（4）促销：大众服装品牌在宣传上，大部分走明星效应，其中很多出现了明星大于品牌的颠倒现象，主要载体以电视媒体、互联网、专业的服装杂志和大众的时尚杂志为主。但其更多的资源放在终端的宣传和专卖形象的设计上；在促销方面，主要手段以打折为主，且在市场竞争中，折扣手段花样越来越多，如节假日折扣、换季折扣、周末折扣等，几乎天天都有打折的机会，而且打折的幅度也越来越大，相当部分的大众服装品牌纯粹以打折为市场营销手段。

（二）专业品牌分析

（1）设计、生产：专业品牌在设计上以时尚、风格、经典、精品为主，更多地满足目标客户的个性化需求和时尚要求，具有一定或较高的附加价值。生产上以小规模生产或定制为主。

（2）价格：专业品牌价格基本走中、高端，并且进入国内市场的国外服装品牌基本都为专业品牌。

（3）渠道：专业品牌基本以自营为主。渠道主要分布在国内的北京、上海、广州、杭州、深圳或一些消费水平较高并有影响力的一线城市；营销地点以一线城市的高档商场专柜商业圈的专营店为主。专业品牌不是以渠道规模制胜，而是以渠道影响力（或品牌影响力）制胜，一些国外品牌仅仅只在个别城市设有一两个点，但其影响力却依然巨大。

（4）促销：专业品牌注重平面传播和口碑传播，进行的是结合各种媒体资源有计划地作中长期整合传播，其专卖形象十分有特色。促销多以客户 VIP 形式，给予客户更有价值、更体贴的服务，注重客户的品牌忠诚度；打折促销偶尔也做，多在节假日或换季时期，但折扣幅度较小。

任务三　住宅市场的消费心理分析

一、住宅商品的类型和经营形式

（一）住宅商品的类型

住宅商品在人生的四大需求要素衣、食、住、行中占有一席之地，并且是花费最大的项目之一。在我国，房屋出售已成为房产流通及经营的一种基本方式。就房地产开发公司来说，除出售住宅外，还出售商场、宾馆、综合楼、办公楼、厂房及其他服务大楼等房产。这里我们主要分析住宅房屋的出售。随着福利性分配住宅制度改变为个人货币化购房或租房的住房制度，住宅房产的出售或出租将会越来越普遍。

根据我国目前房地产商品房客户的不同，住宅商品房分为三种类型。

1. 内销商品房

内销商品房的供给或需求对象是国内的居民。这是我国房地产的主市场。从住房制度改革的目标来看，购房将成为居民获得住房的主要途径。但是考虑到居民收入水平层次和住宅需求层次的不同，借鉴港、澳地区和国外在城市住宅供给上采取住房差别价格模式的经验，商品房的出售可采取多种形式。

（1）按市场价格出售的商品房。随着社会主义市场经济的建立和发展，城市居民的收入有所差别，有条件的可以按照市场价格购买商品住宅。

（2）按优惠价格出售的商品房。其销售对象是工薪阶层中的中等收入者，他们不具备按市场价格购买商品住宅的经济条件。

（3）廉价出售的商品房。一些中等偏下收入水平的家庭不仅按市场价格购买商品住宅有困难，而且按照优惠价购买商品住宅依然有困难。

2. 侨汇商品房

其销售对象是海外的侨胞。由国家规定有权经营侨汇商品房的房地产开发商通过政府无偿划拨国有土地使用权建造较高标准的商品住宅，以市场价格在境内销售给政府规定范围内的经过批准的华侨，侨眷和港、澳、台同胞，外籍华人，外商投资企业及境内城市居民。

3. 外销商品房

这是改革开放以后，由外商或国内的房地产开发商通过土地批租获得城市国有土地使用权后投资建造的高标准商品房，或者是原来的侨汇商品房通过补地价而转化成的外销商品房，它包括花园洋房、宾馆、办公楼、综合楼营业性通用厂房等。

（二）住宅商品的经营形式

住宅商品的经营有买卖、出租、转让等几种形式，其中最主要的形式是房屋买卖。

1. 房屋经营的买卖方式

房屋买卖是房屋供给者把房屋所有权及其相关的土地使用权转让给需求者的行为，需求者（买方）支付货币，获得房屋的所有权及相关的土地使用权；供给者（卖方）出让房屋的所有权及相关的土地使用权，获得货币收入。房屋买卖是房产流通的一种最典型、最重要的形式。房屋买卖按照交货期限的不同，可以分为现货买卖和期货买卖两种经营形式。

2. 房屋经营的出租方式

房屋出租是指房产的所有者将房产的使用权出租给承租者使用，承租者按双方签订的租赁合同向出租者定期缴纳租金的行为。这样，每天所缴纳的租金也就成了定期让渡房产使用权的价格，这也是一种商品买卖的交换关系。商品房出租或者租赁是由商品房产价值大、使用时间长、消费者需要占用的资金大的特点所决定的。

3. 房屋经营的转让方式

商品房转让是指购得商品房的业主因某种需要将购得的商品房所有权转移的行为，它包括出售、交换和赠予。因此，商品房转让市场被称为二级房地产市场。

二、住宅市场的基本特征

由于住宅商品具有地域性、固定性、耐用性、高价值等特性，不同于一般商品的基本特性，作为住宅商品交易场所的房地产市场就具有了不同于一般商品市场的特点，与消费者购买有密切关系的特点主要有以下方面。

（一）不完全竞争性

有市场交换必然有市场竞争，房地产市场作为一种商品市场，当然也具有竞争性。但是，房地产商品的特殊性，导致房地产市场的竞争性的是由多种因素造成的。

（1）土地的有限性、不可再生性决定了土地供给的稀缺性。土地所有权的垄断性，又使得房地产市场的垄断性增强，使市场供给主体间的竞争不充分。

（2）由于房地产商品自身的固定性，在不同地域之间很难形成完全的市场竞争。

（3）由于房地产商品自身的差异性，房地产交易都是个别成交的，在市场上不能互相替代，也就不会形成完全的竞争。

（4）由于房地产商品的使用周期长，房地产交易数额巨大，房地产市场中的需求主体在数量上是有限的，这也使得房地产市场竞争的广泛性受到很大限制。

（5）由于房地产商品的稀缺性，对国民经济发展的重要性及房地产商品利用后果的社会性，从而导致国家对房地产交易有强烈的干预性。

（二）银行和中介机构的参与性

房地产交易额巨大，少则十几万元、几十万元，多则上亿元。因而无论是房地产的直接使用者还是经营者，都必须有银行参与进行资金融通，才能完成交易。

由于房地产交易一般人很少经常参加，并不熟悉，加之房地产交易的专业性和复杂性，因而房地产交易一般都有中介机构参与，提供技术咨询、价格评估、地籍测量、业务代理、法律仲裁等服务。

（三）住宅消费的综合性、多层次性和高弹性

一般来说，消费品可分为生存资料、享受资料和发展资料。一种消费品一般只具有一种功能，而住宅商品则不同，它集三者于一身，同时具备生存资料、享受资料和发展资料三种效用，所以，住宅商品消费是一种综合性很强的消费。由此，可把住宅分为低级住宅、普通住宅和高级住宅。

住宅的消费层次性主要是由消费者本身的生理、生活特点及自然条件的差异所决定的。由于国家之间、国家内部各地区之间生产力发展水平的不平衡、消费者收入的不平衡、消费者对住宅消费需求不同的客观存在，使得住宅消费的层次性不仅表现在不同的国家之间、同一国家不同地区消费者之间，还表现在同一地区的不同消费者之间。

需求弹性的大小，不仅因商品而异，还取决于消费者的贫富状况。当住宅商品向

享受性消费资料延伸时,住宅消费就兼有高弹性消费的特征。

(四)住宅商品消费与投资、保值并存

作为超级耐用消费品的住宅,同时也兼具投资品的性质。在社会经济发展过程中,尤其是在通货膨胀和物价上涨的条件下,住宅方面的投资,不仅能满足住宅消费的需求,而且还能保值和升值,而其他一般的耐用消费品则不具备这一特征。房地产升值是"自然升值",与直接投资到升值房地产商品中去的追加劳动无关,主要原因是房地产资源的稀缺、社会经济的持续发展、人口的快速增长、城市环境投资的累积性、政治性因素的变化以及房地产用途的趋利性改变等。

> **知识链接:"试住"售房亮相鹏城**
>
> 一种特别的楼盘销售方式——"试住"在深圳成功推出,55套商品住宅,11天时间内50套已有了准业主。业内人士指出,这一方式对于盘活积压楼盘、降低居高不下的空置率有重要意义。
>
> 所谓"试住",是指客户只要先交一定数额的定金就可入住现楼,然后每月支付相当于该房款7成20年按揭月供额租金,即所谓试住租金,三年以后再决定是否买下。在试住期间的任何时间,客户如想买房,即可将前期所交纳的月租金及订金抵作首期房款,补齐首期后即可办理产权过户手续,并开始正常银行贷款。如果对所试的住房不满意,三年以后开发商退还定金及每月租金多余部分。"试住"与租房最大的不同是租房的租金是有去无回,而"试住"的租金则可充抵购房款。相关的人士认为,"试住"针对部分现楼尾盘促销效果十分明显,但是否大规模推广则要看开发商的实力和信心。

三、住宅商品的消费心理分析

住宅是一个家庭的大额消费,也是居民的生活必需品,普通购房者往往具备一些共同的心理特征,下面做简要分析。

(一)常见的住宅商品消费心理

1. 关注日常生活需要的基本功能和设施

这应该是所有购房者和投资者都关注的要点。买房最终是要居住,户型设计、朝向通风、会所花园、生活配套、物业管理等,都是客户普遍关注的方面,也是客户的实际需求。在营销中要仔细研究这些基本需求,对销售成功与否至关重要。

2. 从众心理和羊群效应

消费者或多或少都有从众心理,而在住宅营销中体现得尤为突出。鉴于房地产的特殊性,较好的朝向和地段的房子是有限的,具有天然的稀缺性。一旦大家都看好某

楼盘或特定房号，客户心里就有了紧迫感，也会立即购买，形成羊群效应。在销售实践中，要充分利用消费者的从众心理，达到快速销售的目的。

3．拥有荣誉自豪感

人们都希望被别人尊重和羡慕，都具有荣誉感和自豪感。开发商的品牌、知名度和实力能给楼盘附加品牌价值。楼盘良好的品牌形象如果能够吻合客户的这些心理预期感受，就会受到目标客户群的认可和肯定，进而带动销售。

4．买涨不买落

市场对住宅的需求是刚性的，房价在上涨，客户普遍担心未来购买的房子会比现在更昂贵，购房心理就会变得紧迫，于是大量潜在需求转化为现实需求，出现购房行为。相反房价正在下跌，潜在客户部盼望价格跌谷底然后再购买，购买行为相应减少，处于徘徊观望的阶段。利用客户买涨不买落的心理，市场上许多楼盘都采取低开高走的价格策略。

5．喜欢获得赠品

客户对在购买产品的时候能得到赠品都是乐意的。在住宅营销中，买房子送阳台、送入户花园、送车位、送全屋家电等，都是吸引客户购房的促销方法。客户得到赠送，心理上更有满足感，会觉得物有所值。同时设定赠送的截止时间和有限名额，让客户产生紧迫感，更快地做决定。利用客户的这些心理特点来展开促销活动，就会有更好的营销效果。

（二）不同类型住宅商品的消费心理分析

除了上述的共性消费心理以外，对于不同类型的住宅商品，消费者的需求也不尽相同。营销人员需要针对不同的细分市场的消费者心理，进行差异化营销。常见住宅类型的消费心理如下。

1．别墅客户

别墅作为住宅类的顶级物业形态，其客户自然就是极少数的高端消费群体。他们一般喜欢高品位、高档次、享受型的居家环境，不仅能够彰显他们的身份地位，要有文化韵味，还要私密幽静。他们对价格不太敏感，更看重楼盘的内在品质和周边环境，希望占有稀缺的自然资源和人文景观。营销过程中就要从高端群体的需求着手，来设计推广方案和促销重点。

2．豪宅客户

豪宅是住宅市场的高端产品，目标客户是社会上层消费者群，他们在经济支付能力上比购买别墅的消费群体稍低，购买的是高档次、舒适型、由品牌开发商开发的高档住宅小区。他们希望拥有高格调的社区环境，市场稀缺的楼盘地段和区位，完善的物业管理和大面积的住房。对小区的园林、车位、社会形象都很在意，价格承受力强，注重服务和心理感受。在营销实践中要注重品牌的宣传，传递出高贵、典雅、舒适的楼盘形象。

3．大、中户型客户

大、中户型是市场上比较常见的一种住宅形态，面对的一般是二次置业的城市中产阶层。他们事业有成，也有相当的经济能力，对居住环境较为讲究，要求美观大方，户型设计合理。希望有高雅的社区文化，楼盘设计和功能能够充分满足生活需要，并追求高质量的生活品质。针对这些人群的心理需求，开发商要创造条件去迎合这些心理期待，牢牢锁定目标客户，这是楼盘营销的关键。

4．小户型客户

小户型住宅一般是用来暂时过渡和出租的房子，用于自住的客户大多是初次置业者。他们经济实力不太强，年轻时尚，生活节奏快，要有功能齐全的居室，总价又不能太高。希望有便利的交通和完善的生活配套设施，对地段要求高。根据要求营造出小户型楼盘的各项素质，契合目标客户群的购房心理需求，就能成功实现销售。

（三）不同类型消费群体的消费心理分析

1．女性消费群体分析

与男性相比，女性对物业选择更感性、易受他人左右。购买意识、消费方式也很容易在女性消费者之间传播并相互影响。

一般来说，女性思虑更细，很容易引发"嫉妒心"，攀比心理比较强烈，在生活追求上易与周边熟人比较。但对于知识文化水平较高的女性来说，这一点并不很明显。

2．单身贵族消费群

白领阶层的消费意识随着社会进步发展迅速，单身一族对住宅物业要求日益强烈，对住宅的功能要求较高。该群体多为高收入、高学历的单身者。

由于多是知识阶层的消费者，所以对物业的要求相对苛刻，有时宁愿接受高价，也不愿买回廉价粗糙的物业；由于"单身贵族"特立独行的意识较强，对珍贵、稀有、精致的物业有浓厚兴趣，以体现其"贵族"风范；理性不受折扣影响。他们的购买理性、冷静而客观，对大减价方式不屑一顾。他们更相信专家，与这类客户接触要掌握足够的专业知识，并力求表现得高雅而富有内涵。

3．老年消费群

中国老年人消费市场日益扩大，其消费心理和消费能力与年轻人相比，更加理性和开放，随着人口老龄化的加快，老年人的消费力资源会比较充裕。

（1）经济自主自立。

现代都市里知识型老人已基本脱离了需要子女赡养的传统，在选择住宅商品时喜欢根据自己的意志和喜好选择。

（2）态度谨慎。

老年人多在金钱使用时谨慎小心，不会过分奢侈，但特例除外。

4．老板族

老板不一定是企业家，据最近的统计资料显示，在中国私营企业家中，农民出身的占70%。因此这一群体素质差异性较大，有文化素质高的，也有没文化的，但多数是指有较强消费能力，拥有大量财富，但文化素质较低的一族。对于这个群族，价格越高，广告做得越多，包装得越多的楼盘才能成为他们炫耀的依据，也是他们购房的决定因素。

（1）炫耀心理。

由于该群体有大量财富，已超出一般市民的消费心理，选择物业时，要体现其"高档"身份，以示自己与常人不一样的"差异性"，故楼盘标榜越高档次越好。

（2）附庸风雅心理。

尽管该群体中人文化素质较差，但拥有大量财富，可呼风唤雨，追求时髦，现代，附庸风雅心理较重，喜欢用"文化"包装自己。

（3）要"面子"心理。

由于这些群体的富有，处处要体现"身份"，因此，在购买物业时，好面子心理较重。此种心理是可以利用的。

5．企业家

企业家与老板有质的不同，这类群体具有较高的文化素质，购买理性，冷静而客观，相信自己的判断。

（1）追求文化品位。

由于该群体文化素质较高，对生活质量、生活素质要求也高，尤其追求高品质的物业。

（2）购房理性。

该群体中大多数消费者判断力强，具有足够的专业知识，不易受别人诱导，因此销售人员要力求具备综合素质。

6．工薪族

目前在发展中都市的工薪族，有置业能力的多数是白领阶层，少数是高级蓝领，该群体多数具较高的文化素质、专业知识，由于年轻及社会阅历较少，综合素质相对较低。

（1）新潮型。

这一群体来自天南海北，有的来自城镇，有的来自都市，但多数来自经济较落后地区，面对现代化都市生活，赶潮流心理较重，追求生活品位，追求生活质量，文化品位高雅精致。

（2）理性型。

这一群体除了收入因素，更重要的是文化素质较高，有判断能力，但由于社会经验缺乏，对物业方面的专业知识不一定了解很多，只要销售人员能从专业角度理性介绍，他们也会理性地接受。

四、消费者关注的住宅商品的主要特性

人们的居住条件因时、因地、因不同的外在环境而改变。例如，无房户的最大需求是有一处栖身之地。住宅商品的满意程度不仅要依据住宅的客观条件和建筑专家对各因素相对客观的权重评判，更要考虑住户的主观感受。清华大学房地产研究所针对某一特定住宅小区居民的问卷调查，发现消费者对住宅商品的如下特性比较关心。

（一）住宅的内部环境因素

1. 住宅的适用性

居住面积符合标准；居室套房合理分设；厨房、卫生间设置的大小适中方便；水、电、暖气合理设置安装；电话、计算机联网的设置或预留完好等。

2. 住宅的舒适性

采光通风良好，保温隔热，房屋布局合理、美观。

3. 住宅的安全性

防火、防盗设备的安装齐全，隔音效果，居住的私密性体现良好等。

4. 住宅的耐久性

科学使用建筑用材，防止房屋系统功能的劣化和结构可靠性的降低。

5. 住宅的经济性

房屋的价值与价格应当匹配，注意符合消费者的购买力水平。

（二）住宅的外部环境因素

1. 交通问题

居住地交通便利。

2. 公共设施

购物、就医、上学、入托等居民生活的基本设施完备。

3. 环境卫生

居住地空间布置的视觉效果良好，如休闲广场、绿化空地宽敞、区内外噪音控制达标、垃圾处理及时。

4. 社交活动

有社区居民活动的空间和场所，如会客场所、健身中心、游泳池、老年活动中心、

文体活动场所等邻里交往的环境。

5．社区的物业管理

社区的清洁、卫生、安全、公共设施或居民住房经常及时地维修和良好地管理。

由于消费者的收入水平、家庭结构、住宅存量、偏好等因素不同，他们的购买动机、对住宅特性的要求和给予的权重等会有差别。但是当前房地产市场存在着许多问题，包括工程质量差、"缺斤少两"、虚假广告、随意加价、乱收费等。这就会影响消费者的购买决策，使他们的购买更谨慎，而房地产企业的形象会直接影响消费者的评价判断。因此，房地产企业的营销活动已不能单靠项目营销，而要注重树立名牌房地产企业形象，加大形象竞争力度。

五、健康住宅是住宅的发展趋势

健康住宅可以概括为一种利于人们身心健康的住宅。它不仅包括与居住密切关联的物理量值，如温度、湿度、通风换气、噪声、光和空气质量符合人们的健康要求，而且强调环境对人们主观心理的影响，如住宅的空间布局、私密保护、视野景观、环境色彩、材料选择等。

（一）健康住宅追求内在的完美

随着经济的迅猛发展，我国住宅商品的总体水平正逐步向高水准、高层次发展。居住社区环境的建设，更重视内在品质的提高。绿色住宅、生态住宅、水景住宅、阳光住宅等应运而生，迎合了消费者居住心理要求。但大多流于单一特色的追求，而忽视了居住者切身利益全方位因素的审视，包括居住者生理和心理的健康追求。

健康住宅的主要着眼点在于：一切从居住者出发，满足居住者生理和心理健康的需求，使消费者生存在健康、安全、舒适和环保的室内外居住环境中。因此，健康住宅有别于绿色生态住宅和可持续发展住宅的概念；绿色生态住宅强调的是资源和能源的利用，注重人与自然的和谐共生，强调的是可持续发展原则。"健康住宅"围绕"健康"二字展开，更贴近人们的需求，被认为是摸得着、看得见的具体化的要求，可操作性十分强，把居民的利益和开发商的追求完美地结合起来。

（二）健康住宅的国际趋向

根据世界卫生组织的建议，"健康住宅"的标准是：

（1）尽可能不使用有毒的建筑装饰材料装修房屋，如含高挥发性有机物、甲醛、放射性的材料。

（2）室内二氧化碳浓度低于 1 000 PPM，粉尘浓度低于 0.15 mg/m^3。

（3）室内温度维持在 17℃~27℃，湿度全年保持在 40%~70%；噪声级别小于 50 dB。

（4）一天日照要确保在 3 小时以上。

（5）有足够高度的照明设备，有良好的换气设备。
（6）有足够的人均建筑面积并确保私密性。
（7）有足够的抗自然灾害的能力。
（8）住宅要便于护理老人和残疾人。

（三）健康住宅的特征

健康住宅的核心是人。健康住宅的目标是全面提高居住环境品质，满足居住环境的健康性、亲和性、环保性、保障性和行动性。

（1）人居环境的健康性：人居环境的健康性主要是指室内、外影响健康、安全和舒适的因素。在室外环境中强调有充足的阳光、自然风、水源和植被保护，避免噪音污染的侵害，并设有增进人际交往的条件。室内强调居住空间最低面积的控制标准，尊重个性和私密性；实施公私分区的住宅套型设计，并对住宅的可塑性，装饰材料无害化，设备管道布局走向等提出了严格的要求。

（2）自然环境的亲和性：尽可能保护和合理利用自然条件，如地形地貌、树林植被、水源河流，增进人与自然之间的交流。健康住宅鼓励绿化，应增加有关绿化覆盖率、乔木植种的数量和栽种密度等，增加立体绿化和植物立体配置，发展阳台、屋顶绿化，保持人和自然的高接触性。

（3）居住区环境的环保性：住宅区的环境保护强调区内污水和中水处理，垃圾收集与垃圾处理以及环境卫生等方面。主要从环境的清洁、美观出发，在景观和色彩上保持整齐，培养住户的垃圾处理自觉性。

（4）健康环境的保障性：健康住宅的环境保障体系包括医疗保健体系、家政服务系统、公共健身设施、社区老人活动场所等硬件建设。使住户居住放心、方便。这些服务体系的创建对住宅区的健康生活品质提升有重要作用。

（5）健康环境的行动性：是指公众的参与性，是健康住宅不可分离的一部分。健康住宅的硬件建设和健康行动的软件建设结合在一起，才能建立健康住宅完整概念并致力于引导住户参与和组织志愿者活动，开展各种持续性健康活动。

任务四　家庭用品市场的消费心理分析

一、家庭用品的分类

人类为了生存和发展，需要种类繁多的家庭用品。家庭用品在通常情况下是有形消费品。为了讨论的方便，我们暂把饮食、服装、住宅三类商品排除在外，对家庭用品从不同的角度进行分类。

（一）从消费时间的长短划分

按照消费时间的长短，家庭用品可以分为耐用品、非耐用品和介于二者之间的半耐用品三类。有人把在一年之内经常使用、经常损耗、不断重新购置的家庭用品算作非耐用品；把可使用一年至三年的家庭用品算作半耐用品；把可使用三年以上的家庭用品算作耐用消费品。也有人按其价值量的大小来划分。还有人认为把家庭用品划分为耐用品和非耐用品两类即可。由于产品使用时间的长短和价值量的大小都是相对的，因此划分标准难以统一并且往往是动态的。

（二）按照家庭用品满足需要的层次和价格划分

按照家庭用品满足需要的层次，可把家庭用品分为生存用品、发展用品和享受用品；按照家庭用品的价值或者价格所反映的家庭用品质量以及先进程度，可把家庭用品分低档、中档和高档三种类型。当然，这两种划分有些也是相对的，如同样是电视，对于有些人就既是发展用品，也是享受用品，对有些人说可能纯粹是享受用品。

（三）按照家庭用品的性质和用途划分

随着人民生活水平的快速提高，市场上的家庭用品种类日益繁多。按照家庭用品的性质和用途大体可分为：

（1）交通运输工具，包括自行车、摩托车、汽车等。

（2）家用电器，按其用途又可分为：

① 娱乐类电器，如电视、收音机、VCD机等。

② 通信类电器，如座机、手机、传真、可视电话等。

③ 照明电器，如各类灯具。

④ 电动工具，如电钻、风箱、吸尘器、洗衣机等。

⑤ 制冷及空调电器，主要包括空调、冰箱、冷柜、取暖器、电风扇等。

⑥ 电炊具及厨房电器，包括电饭锅、微波炉、电磁灶、电炒锅、榨汁机等。

⑦ 保健美容电器，包括理发电器、按摩电器、电热水器等。

⑧ 学习工作用电器：电脑、复读机等。

（3）日化用品，主要是指各类家用塑料制品、纸制品、化妆品、香料、洗涤用品、牙膏、电池等以化学原料生产的日用产品，其中又以化妆品和洗涤用品为主。

（4）家具用品，按使用材料可分为木制、金属制、竹制、玻璃、塑料、藤编、棕制等类型。

（5）医疗、健身用品，主要是指各类常用的家庭常备药和健身器材。

（6）学习发展用品，包括书籍、报纸、杂志、音像制品等。

（7）贵重装饰、收藏保值用品，是指贵金属首饰、工艺品、古画、古董和各类有价值的收藏品等。

二、家庭用品的作用

（一）购置家庭用品的积极作用

1. 减轻劳动，节省时间，提高工作、生活效率

现代社会中尤其是大、中城市中人们的工作生活节奏加快，人们普遍感觉时间紧迫，每个人都希望在有限的时间里做更多的事情。而所有的工具性质的家庭用品在某种程度上都能起到减轻劳动、节省时间的作用，如各类交通工具、洗衣机、吸尘器、电饭煲、微波炉等。

2. 方便生活、便利劳动，提供给人们更多的舒适和享受

人类之所以不断创造更新家庭用具和工具，其目的就是使生活中以往难以做到的事情变得简单方便。如人们发明的各种家用工具，可以帮助人们方便修理房屋、美容、理发、缝纫、烹饪等；而空调、电视、电扇、取暖设备、沙发、床上用品、室内装潢和摆放、装饰品，都能够给人们的日常家庭生活带来更多的舒适感，当汽车进入家庭以后，人们的出行更方便了。当人们充分地领略各种舒适感的同时，这种舒适感就逐渐演变成物质生活或精神生活的享受。

此外，家庭用品还有提供舒适的生活空间或场所以及显示身份、炫耀地位、保值增值和投资等作用。

（二）购置家庭用品的消极作用

1. 生活成本和家务劳动的增加

工具性质的用品其最基本的积极作用是省时、省力，给人们生活带来种种便利，但一旦要真正拥有一些工具用品，尤其是中、高档耐用型用品，如汽车、洗衣机、吸尘器等，你在消费时首先要考虑成本与效益的问题，购置它们要有购买成本，长期使用时要有使用成本和维修成本，这也是单身消费者宁可把脏衣服自己洗或送到收费洗衣房而不愿购买洗衣机的原因；而一个较少远途外出的人，虽能够购置汽车或摩托车，但他宁可使用公共交通工具或出租车。另外，维护和保养这些家庭用具、用品也会占用时间以及带来家务增多的负担。如西方发达国家或国内一些发达地区的家庭妇女经常抱怨说，现代化的家庭用品不仅没有减少劳动时间，反而增加了她们的家务劳动时间。

2. 各种用品如使用不慎，会引发伤害

购买了汽车和摩托车，要求消费者要熟练地驾驶；购买了各种家用电器，要求人们掌握各种使用技巧和简单的事故处理和维修。但现实生活中，汽车、摩托车的交通事故屡有发生，使一些有购买能力的消费者望而却步。使用各种家电产品或燃气热水器、瓦斯炉的家庭发生各类人身伤亡事故时有耳闻。在家庭用品性能已经确定的情况下，消费者能否严格按照操作规范来使用至关重要。但是经常有消费者存在侥幸心理，他们有时不愿支付为改善安全装置所花的费用或不按操作规范使用产品。消费者总是认为企业生产的产品已经预先考虑了各种安全问题，在使用时可以放心。但企业生产的产品由于技术和成本的局限性，其安全性总是难以完全保证的。

3. 消费者对家庭用品更新换代的担心

大部分家庭用品的更新换代速度很快，其精神寿命远低于其物理寿命。消费者对一些家庭用品特别是对耐用品的更新换代常常表示忧虑。例如电脑、数码相机等，这些产品的价格较高而质量又不太稳定。因此，消费者感到购买这些产品的风险很大，他们或是不敢购买，或是期待、观望，并不断地搜寻其中意的产品。

三、家庭用品市场的消费心理分析

在现实生活中，由于各种因素的影响，人们的需求往往各不相同，在购买动机、购买偏好以及购买习惯等方面，都存在显著的差异，而且家庭用品的种类相当繁杂，其中任何一类都是一个商品群，都会有高、中、低档，所以很难详细讨论家庭用品的消费心理。这里，只针对不同的社会群体对购买家庭用品的一些共性的消费心理进行分析。

（一）低收入阶层群体的消费心理分析

低收入阶层是一个非常宽泛的概念，其普遍特征是平均收入水平不高且不稳定，仅能维持基本生存而略有结余，在各种家庭用品消费中常常购买价格较低或最低的产品，其购买家庭用品的消费心理主要有：

（1）特别重视商品的质量与性能，要求商品经久耐用，不看重商品的包装与外形等外在因素。

（2）由于收入水平较低，求廉的动机比较强烈。

（3）储备性的动机比较明显。尤其是一些偏远地区交通状况发展不平衡，有些地区的消费者购买家庭用品仍有一定的难度，一旦有了购买的机会，购买量会比较大。

（4）替代商品的动机比较明显。由于民工、学生等许多都是临时性的群体，所以他们的许多用品，如煤油炉、酒精炉、电炉等都有临时性、替代性的特征。一些耐用消费品，如他们购买的家电、家具许多都是城市居民淘汰下来的二手商品。

（二）工薪阶层群体消费心理分析

（1）消费习俗的稳定性。由于收入水平不高，难以自由消费，因此工薪阶层在消费时有求稳心理、从众心理，当然有时也有一定的流行心理，如追求流行的时装等。

（2）倾向于购买基本功能齐全、档次中等的家庭用品。工薪阶层的消费者由于收入比较固定，住宅的基本特征比较一致，所以许多家用商品的消费水平是比较接近的。虽然家庭用品一般都有高、中、低档之分，但就工薪阶层的主流而言，更多都是购买中档家庭用品。另外，必须注意的是：购买不同的家庭用品，工薪阶层的消费行为表现也是有区别的。易耗品、在私下场合使用的消费品、性能质量差别不大的消费品，其消费行为表现比较一致。耐用品、具有象征意义的消费品、性能质量差别十分明显的消费品，其购买倾向会有很大差别。当然，消费品的档次也是一个动态的概念，随着产品的更新换代，工薪阶层收入水平的提高，一些商品高档将沦为中档，中档沦为低档，低档很可能被完全淘汰。

（3）倾向于购买实用、使用和维修成本较低的家庭用品。所谓实用，主要是指购买的家庭用品能经常派上用场，利用率很高。比如电视机、洗衣机、冰箱、微波炉和小型空调等耐用家电产品，能满足人们日常生活的基本需要，而且利用率相当高。有一些消费品尤其是新产品的使用，维修成本太高，工薪阶层往往会持观望态度。一些生产厂家针对这种消费心理，特别开发一些功能简单、耗电量少的小型、微型家电，价格便宜，一问世就受到工薪阶层的普遍欢迎。

（三）富裕阶层群体的消费心理分析

这类消费群体主要是在20世纪80年代后期和90年代初期大量涌现的，其人员构成比较复杂。他们的收入已普遍高出普通居民的十几倍、几十倍乃至几百倍，其消费心理和行为特点如下。

（1）追求商品的高档化。由于这一消费群体的工作环境中现代气息很浓，工作场所对于个人形象的要求较为严格，所以消费商品时就要求有现代化的气息，对于高档商品的需要比较强烈。

（2）求名的消费动机较为强烈。他们的工作与生活经常混合在一起，由于工作方面的需要，通过购买高档名牌商品来树立个人的良好形象，能对个人的工作带来较大的益处。

（3）求便动机比较强烈。由于他们的工作节奏快且工作强度较大，他们更希望家庭生活轻松、舒适，因而会更多购买能减轻家务劳动、恢复体力精力的用品。

（4）求新求异的消费动机强烈。他们的收入水平很高，购买力很强，各种消费需要较容易得到满足，而这些消费需要得到满足之后，又会出现新的需要。追求新风格、新样式、新奇消费的动机也随之产生了。商品新的风格、新的样式等特性容易在这一消费族群中迅速推广。

（四）知识分子阶层群体的消费心理分析

这一类消费群体的最大特点是收入稳定，其主要成员是中、小学教师，高校教师，科研人员，公务员和事业单位的职员等，他们的消费心理和行为特点是：

（1）购买商品时的自主性很强。这一类消费群体的知识水平较高，对于商品的鉴别能力较强，大多愿意自己挑选所喜欢的商品，更相信自己的判断力。

（2）受社会流行因素的影响较小。他们在消费中更理性，当市场上出现或大规模流行、或怪诞奇异的消费行为等一些情绪化的消费现象时，这类消费群体不会很积极地跟随这些消费潮流，而是持自然的消费态度。

（3）求美的动机较为强烈。由于所受到的文化教育程度较高，爱美的意识较强，对美有较强的鉴赏力，个人有独特的评判美的标准，是真正消费高档艺术品的主要消费群体。

任务五　服务市场的消费心理分析

一、服务市场的分类

服务也称为劳务。服务的基本特点是无形的、过程性的，人们购买一次服务，只能消费一次，服务就随之消失。服务的种类极其复杂，根据服务的性质和所起的作用，可把服务市场划分为三类。

（一）日常生活服务市场

日常生活中，消费者由于缺乏某种知识、技能、器具、场所或为了省时省力，经常购买用以解决日常生活种种问题的服务。

（1）家政服务，如缝纫、清洁、保姆、护理等。

（2）维修服务，如家电、家具、住宅等的维修和保养。

（3）健康服务，包括医疗、保健和心理咨询等。

（4）洗理服务，包括美容、美发、洗理、按摩、修脚服务等。

（5）其他生活服务，包括寄存、保管、搬家、装修服务等。

（二）休闲娱乐服务市场

休闲娱乐服务是指为消费者消磨闲暇时间提供的服务，这类服务不仅有利于人们的身心健康，而且能陶冶情操，使人得到愉快、兴奋、刺激的种种体验。

（1）旅游观光消费，包括旅游过程中的吃、住、行、游、购、乐等一系列消费活动。

（2）文体活动消费，包括参加各种演出、比赛或参加各种大众娱乐活动或运动，如表演、舞会、KTV、摄影、游泳、球类运动等。

（3）欣赏类活动消费，包括观看体育比赛、听音乐会或知识讲座、看电影或表演、从事美术、集邮、收藏等方面活动等。

（4）体验类活动消费，包括探险、攀岩、蹦极等。

（三）其他特殊服务市场

把不能归入上述两类的服务，称为其他服务。主要有：

（1）礼仪服务，包括婚丧嫁娶、开业、满月、寿辰等各类礼仪活动提供场所、用品、服务等。

（2）媒介服务，如婚姻介绍、职业介绍、房屋中介、留学中介、广告寻人、追讨债务咨询服务、法律咨询、公证、融资、保险、估价、经纪、拍卖、典当等。

二、服务的特征

服务通常不是作为实物，而是以活动的形式提供的消费品。当然，服务提供的过程中经常有实物的参与，但实物只是活动提供的媒介。比如，当我们听音乐会时，可以看到钢琴、小提琴，但他们只是参与物，我们购买的是它们发出的美妙旋律，而不是钢琴、小提琴本身。相对于有形商品，服务有以下主要特征。

（一）无形性

营销学家认为这是服务和有形商品的最主要区别。通常情况下，产品是一种有某些具体特性和用途的物品，是由某种材料制成并具有一定的重量、体积、颜色、形状和轮廓的实物。而服务则是表现为活动形式的消费品，不能物化为任何持久的对象或可以出售的物品之中，不能作为实物而离开服务者独立存在。由于服务是无形的，消费者在购买服务之前，往往无法完全确定他们能得到什么样的服务。因此，服务性企业应充分利用各种有形的依据来促销并尽量进行口碑营销。

（二）服务和消费的不可分离性

有型商品可在生产和消费之间的任意一段时间内存在，并可作为商品在这段时间内流通，而无形的服务却与消费不能分离。顾客往往会参与服务或通过与服务人员的合作享受服务的使用价值。服务性行业的服务场所就是消费场所。因此，服务性企业更要强调服务现场的管理。

（三）差异性和不可储存性

服务性企业提供的服务不可能完全相同，同一位服务员提供的服务也不可能始终如一。与产品生产相比较，服务性企业执行标准服务有一定难度，服务质量不稳定。同时，服务性企业为消费者提供服务之后，服务就立即消失，不可储存。因此，购买劣质服务的消费者通常无货可退，难以要求服务性企业赔偿。因此，服务企业应尽可能实现服务标准化并在此基础上提供个性化的服务，同时还要善于调节、控制服务能力和需求量。

三、典型服务市场：旅游市场的消费心理分析

（一）旅游的动机及其层次

旅游作为一种重要的人类活动，包含着很多动机。旅游的动机主要是空间的变更以及利用目的地的旅游设施寻求消遣、休养和愉悦。联合国教科文组织在关于"21世纪的关键问题"的国际专家圆桌会议上界定并预测了旅游未来发展的优先地位，着重

指出：要把文化作为旅游的核心和灵魂，文化和旅游的关系应当受到长期的密切关注。无论对政府、企业还是对旅游者而言，文化动机是一种多主体的、多重的、更高层次的动机。就旅游者这一主体而言，旅游动机是维持和推动旅游者旅游的内部原因和实质动力。若按由低到高排序可以区分为五个层次。

1. 第一个层次：放松动机

旅游者通过离开自身的定居地到另一个地方短时期逗留，去观赏异地风光，体验异国风情，享受异地特色，使身心得到放松、休息和恢复。

2. 第二个层次：刺激动机

旅游者通过空间的转移，得到新的旅游经历，亲临其境地接触世界各地居民，欣赏变换奇妙的自然风光，体验异地文化，考察不同生活制度，以寻求新的感受、新的刺激，形成新的思想。

3. 第三个层次：关系动机

即旅游者通过外出旅游，结交朋友、建立友谊、给予爱、获得爱或逃避社会关系烦扰或建立商务伙伴关系。

4. 第四个层次：发展动机

旅游者在身处异地的文化氛围中，培养多种兴趣，得到新的知识，掌握新的技能，增加新的阅历，获得异地的奖赏，提高个人声望和魅力，获得他人尊敬，发展自我潜能。

5. 第五个层次：实现动机

旅游者借助旅游，充分利用各种旅游资源，发挥客体对主体的能动作用，丰富、改变、创造人的精神素质，主宰自己的人生，获得更高的成就，实现自己的梦想和精神价值。许多生物学家、地理学家、文学家、画家都是从旅游考察中获得丰富的创作源泉的。

需要指出的是，由于需要具有相容性，许多人的旅游活动都由多种动机所推动。而且，人们对景观的反应因个体的不同有很大的差异。也就是说人在消费时，不同的人群对同一景观的心理反映不同；甚至同一个人在不同的状态下对同一个景观的感受也会有所不同，如李白第一次清醒时到君山，描写君山"淡扫明湖开玉镜，丹青画出是君山"赞美君山如画，第二次醉酒时到君山就有"铲除君山好，平铺湘水流"的心理感受。

（二）激发旅游动机的主要措施

1. 增强旅游产品的吸引力

人们外出旅游的目的是通过游览名胜古迹、田园风、风土人情、古老建筑和享受优质服务来满足其身心的需要。人们能否得到这种满足，取决于旅游产品是否符合旅游者需要。只有当旅游产品具有能满足旅游者的某一需要时才会使需要转化成旅游动机。泰山天下雄，黄山天下奇，使人向往。峨眉山、西湖、富春江、桂林常年吸引数以万计的游人，乃是峨眉之雄秀、西湖之娇秀、富春江之锦绣、桂林之奇秀。正如毛泽东在《沁园春·雪》中所说："江山如此多娇，引无数英雄竞折腰"，形象地说明了自然美景对人的诱惑。我国历史悠久的民族众多，是一个旅游资源丰富的国家。但任何一个旅游地在开发旅游产品时都必须突出自身的特色，否则无法吸引旅游者。海明威曾写过这样一段话："如果你够幸运，年轻的时候在巴黎待过，那么巴黎将永远跟着你，因为巴黎是一席流动的飨宴。"

2. 提高旅游设施的供应能力

旅游设施也是人们的旅游需要能否转化为旅游动机的重要因素。因此，旅游设施首先要有一定的数量，其次要种类齐全，安全优质。如旅游设施有限，旅游产品虽然有相当大的吸引力，假如进不去、住不下、玩不开、走不动，则会让游客失望。如果旅游设施品种单一也不能满足不同层次、不同水平、不同类型游客的需要。另外，旅游设施安全也是近年来消费者极其关心的问题。

3. 加强旅游企业的组织接待能力

（1）有一定数量的组织接待队伍，如旅行社、饭店、交通运输、相关从业人员等。

（2）接待队伍要有熟练的业务知识技能，如专业导游等。

（3）旅游接待机构要形成一个系统，并与有关部门形成一个网络。不管旅游者何时来，到何地去，什么时间定都有单位、有人员安排他们的住、行、购、游等活动，这样才会让客人感到方便。

（4）加大旅游宣传力度。通过旅游宣传为游客提供信息，帮助他们认识旅游的价值，使他们消除顾虑、唤起欲望、激发动机。旅游宣传应遵循：异质性、形象性、独特性、针对性、动态性原则。借助刊登广告、散发印刷品、举办影视活动、派出宣传机构或小组、邀请旅游商和记者来访、参加博览会和展销会等形式进行旅游产品宣传。

（三）旅游活动各阶段游客心理的变化

1. 初期心理：求安全、求新奇

一个人摆脱了日常紧张的生活、烦琐的事务，到异国他乡旅游，成为无拘无束的自由人，希望自由自在地享受欢乐的旅游生活。一方面到新的地方后兴奋激动，有求新、求异、猎奇、增长知识的心理需求；另一方面人地生疏、语言不通、环境不同，容易产生孤独感、茫然感、惶恐感和不安全感，存在着拘谨心理、戒备心理以及怕被人笑话的心理，这种不安常表现为唯恐发生不测、有损自尊心、危及财产和生命安全。这一阶段旅客要调适好心理，进行注意力的转移，即将注意力转移到轻松愉快的游览活动中，进入游览的良好心理状态。

2. 过程心理：求全、求放松

在旅游活动过程中，游客之间、游客与导游员之间逐渐熟悉，初期戒备心理解除了，开始感到轻松愉快，产生平缓、悠闲、放松的心理。这一阶段一方面思考能力减退，忘却控制自己，自行其是、个性解放、性格暴露，甚至出现反常言行，放肆、散漫，甚至傲慢无礼；另一方面出现求全心理，对旅游活动要求理想化，希望在异国他乡能享受到像家中一样的服务，希望一切都是美好的，对旅游服务横加挑剔，牢骚满腹，一旦要求得不到满足，就会出现强烈的反应；再一方面会提出更广泛、更深刻的问题，甚至有不友好、挑衅性的问题。对此，旅游部门要耐心地解答游客问题，做好旅游团内部的团结互助工作，而游客则要克服心理上的弱点，保证旅游活动顺利进行。

3. 结束前心理：情绪波动，以自我为中心

旅游活动的后期，即将返程，游客心情波动很大，此时旅游者既感到时间过得太快，对尚未结束的游览恋恋不舍，又希望有时间处理个人事务，如逛街购物或收拾行李等。此时旅游部门应留出充裕时间让游客处理自己的事情，并帮助游客弥补不足，甚至让对活动不满的个别游客有机会发泄不满和怨气，使大家高兴而来，满意而去。

有的国家把自然风光优美的地区建成"森林疗法"园地，使生活在城市里的人来此观赏自然风光，呼吸清新空气，使人心旷神怡，促进身心健康。旅游地点的选择对提高心理健康水平有一定的关系。我国著名古建筑专家与园林艺术家陈从周教授指出，旅游要因人、因地、因时制宜。陈从周教授认为"多血质者应去名山大川，直抒胸臆；胆汁质者则游游亭台楼榭，静静心境；抑郁质和黏液者则以观今古奇观和起落较大的险景胜地为上，改变抑滞"。

（四）旅游资源开发条件评价

1. 游览价值

首先要考虑旅游资源的游览价值体现在资源的质量上，即旅游资源是否具备较高的审美价值或历史文化价值。只有那些"人无我有，人有我优"的高质量旅游资源，才会对游人产生强烈的诱惑力。

其次要考虑旅游资源的集群状况。有些旅游资源虽有一定的质量，如果在一定地区范围内只是一个孤独的景点，无法与其他景点共同构成景观群，这样的资源游览价值也不大。

最后要考虑景观的地域组合状况。如果所要开发的资源在景观特征上雷同于邻近的景点，甚至在质量上还略逊一筹，其游览价值便会大大下降。

2. 市场距离

旅游地的旅游经济价值大小，有时并不一定与其游览价值成正比，而在很大程度上取决于它们与旅游消费市场——经济发达地区的距离。

首先，经济发达地区的居民，收入相对较高，他们既有外出旅游的动机，也有外

出旅游的条件。

其次，旅游消费是一项耗资较大、费时较多的生活消费活动，旅游目的地的远近，直接关系到旅游者从出发地到旅游目的地再返回出发地的费用和时间。

3. 交通位置及其通过性

旅游资源所处的交通位置的优越性直接影响其开发价值。如果旅游资源的交通位置闭塞，进出不畅，既增加旅游者的心理顾虑，又使来往路程耗时过多，前往旅游的人就少。

4. 地区接待能力

现代旅游业是一项综合性的经济事业，涉及吃、住、行、游、购、乐等许多方面，因此除旅游资源本身的开发外，还要建设旅游活动的配套设施，提高服务质量。

5. 旅游环境的承载量

旅游环境的承载量是指在一定时间条件下，一定空间范围内的旅游活动容纳能力。旅游环境的承载量可以从容客量方面去度量。容客量是指在满足游人游览的心理需求的基础上，景区旅游单位面积内所容纳的游人数，它反映了风景名胜区的用地、设施、投资规模。旅游活动规模超过环境承载量，就会对旅游区的资源和背景环境产生破坏，使旅游资源环境恶化。如果规模达不到旅游环境的承载量，则显示出对旅游资源开发的不足，造成对资源的浪费。

（五）旅游活动中的环境问题

旅游活动中会出现各种环境问题。这些问题反过来也影响旅游者正常旅游目的的实现。

1. 环境污染

旅游活动是一种消费活动，当然会产生各类废弃物。这些废弃物对环境会造成不同程度的污染。例如，旅游交通的发展和各种能源的使用，会造成大气污染；各种旅游设施排除的污水，会造成水污染；旅游者乱抛垃圾，会造成固体废弃物污染。旅游活动带来的环境污染，不但危害当地居民，也危害旅游者自身。

2. 对动植物资源的破坏

旅游地居民为从事旅游商业活动，不适当地使用当地的动植物资源，如捕杀珍禽异兽、滥伐林木、乱挖草皮等，会造成生态结构失调，以致环境功能减退。

3. 对背景环境的破坏

发展旅游业，需要修建道路、停车场、旅店、餐馆等服务性设施，这必然会对背景环境带来一定程度的破坏。旅游者的参观游览、生活娱乐等活动，也会对背景环境施加影响。

4. 对文物古迹的破坏

旅游者的践踏、触摸、拍照以及呼吸和汗水的作用等，会使文物古迹受到损坏。少数旅游者有乱刻乱画的不文明行为，对风景和文物古迹产生了直接的破坏。

5. 对正常社会秩序的冲击

大量旅游者的到来以及为接待旅游者而进行的各项服务，必然冲击当地正常的社会秩序。例如，旅游者的活动占据着当地居民的生活空间，分享当地的公共设施，使生活物品的供应趋于紧张等。

【章首案例分析】

随着我国经济的发展和人民生活水平的提高，餐饮消费迅速增长，餐饮企业的竞争成为必然。竞争归根结底是客源的竞争，而培养本企业消费者的唯一途径和关键所在，就是要把握消费者的消费心理。常见的餐饮消费心理有：求卫生的心理要求、求快的心理要求、求美的心理要求、求新猎奇的心理要求等。不同类型的消费品市场中消费者的心理特征有一定的区别，因此作为营销人员要区别对待。

项目小结

餐饮市场在强调满足人们的基本需求以外，更强调菜品价格、用餐环境等给人们带来的心理满足，用餐已经不仅仅可以饱腹，实际上还隐含了消费者对情感、社交、自我实现等较高层次需求的满足，甚至可以上升到一种文化。消费者在餐饮市场所表现出来的心理主要有：①求卫生的心理需求；②求快的心理需求；③求美的心理需求；④求新猎奇的心理需求；⑤求尊重的心理需求等。

随着中国消费者消费能力的增加，在其进行服饰购买时已不再单纯考虑产品的基本功能，在达到一定经济收入的前提下为了满足工作需求（如商务活动）、心理需求（如羡慕、尊重）、生活需求（如时尚、装饰）以及社交需求（如品位、交流）之时，选择购买更能够表现经济实力、自身品位的品牌产品则是必然的。

关于住宅商品的消费心理，对于一般性住宅，消费者较关注价格、日常生活需要的基本功能和设施；对于豪宅、别墅等住宅，消费者对价格不太敏感，更看重楼盘的内在品质和周边环境，希望占有稀缺的自然资源和人文景观。

在现实生活中，由于各种因素的影响，人们的需求往往各不相同，在购买动机、购买偏好以及购买习惯等方面，都存在显著的差异，而且家庭用品的种类相当繁杂，其中任何一类都是一个商品群，都会有高、中、低档，所以很难详细讨论家庭用品的消费心理。

服务市场多种多样，消费者心理各异。典型的服务市场——旅游市场，消费者的心理特征主要有：求安全、求新奇、求全、求放松、以自我为中心等。

同步练习

【名词解释】

1．餐饮市场　　2．服装市场　　3．住宅市场　　4．家庭用品市场
5．旅游市场

【案例分析】

在重庆某开发区一条深巷内的一家酒家天天爆满，堪称是掌握顾客消费心理的成功范例。该店除丰俭由人和菜肴品种繁多外，其服务员多为 35 岁左右的下岗女工，这些服务员是重庆当地人，了解社会环境，思想成熟，善解人意，又具备家庭主妇的当家意识，因此服务效果好。服务员或是为客人盘算实惠的菜点，或是与客人聊上几句家常，这种"宾至如归"的服务吸引了八方齐客纷至沓来。

另外，北京的东兴楼、同和居、至关斋、丰泽园等老字号，店里的服务员和宾客的关系处得像朋友一样。常来的宾客口味知何，喜欢什么、不喜欢什么，服务员都了如指掌。如果是已订好的整桌菜，服务员会先预备一个菜单，总价格也写在上面，就座时请主人看，菜有变动，价格有增减，服务员也能提出更适合的建议。

问题：1．重庆某开发区内的该酒家生意兴隆的主要原因是什么？
　　　2．针对餐饮市场消费者心理，分析其成功经验与发展策略。

【技能训练】

利用课余时间，以小组为单位调查当地主要的餐饮市场、服装市场、住宅市场、家庭用品市场和旅游市场，并分析消费者心理的不同特征。

项目八　营销服务与消费心理

学习目标
- 掌握营销服务过程中售前、售中、售后服务过程的心理
- 营销人员应具备的基本心理素质及接待顾客的技巧，理解它们在营销活动中对消费者心理的影响

引导案例：海尔空调的服务理念

海尔空调的服务承诺：只要您拨打一个电话，剩下的事由海尔来做；服务宗旨：用户永远是对的；服务政策：海尔集团正式向消费者推出海尔"全程管家365"服务新概念，将海尔服务直观地传达到消费者。海尔家电"全程管家"服务人员一年365天为用户提供全天候上门服务，它的具体内容包括：售前，上门设计；售中，咨询导购，送货到位；售后，安装调试、电话回访、指导试用、征询用户意见并及时反馈到生产开发部，不断提升产品的设计。另外，根据用户的预约为用户提供上门维护、保养等服务。消费者只需直接拨打海尔24小时服务热线，即可预约海尔"全程管家"，为消费者提供的先设计后安装、保养、清洗、维护家电的全方位服务。同时通过在全国售后系统建立"一站到位、一票到底"的服务流程，树立起"我代表海尔集团，我就是海尔服务"的意识，实现"一次服务，用户全部产品受益"的服务目标。海尔全程管家365这种深入人心，饱含亲情化星级服务的推出，不仅会带动国内同行业服务水平的提升，更会在国际上较好地树立起中国家电企业的新形象。

分析：营销服务在企业核心产品中起着什么作用？营销服务对消费者心理有什么影响？

任务一　营销服务概述

一、营销服务的概念

营销服务是指产品在流通过程中，工商企业为保证产品的正确使用而进行的各种服务性工作。

营销服务是商品经济的产物。在商品经济初期，生产者为了实现产品交换，在市场上向使用者进行产品功能宣传，是营销服务的原始状态。随着商品经济的发展，销售工作日益完善化。20世纪50年代，大、中型企业发展到具有专门为市场服务的营销服务部门。20世纪70年代以来，随着产品质量和服务形式的竞争加剧，不少企业建立了强大的营销服务队伍和广泛的服务网点，随之中间商也争设服务网点，开展营销服务工作。满足现代消费者要求周到服务的心理，是做好营销服务工作的出发点和归宿。

二、营销服务的特点

在营销服务活动中，营销人员与消费者的关系本应该是对等的，但由于营销人员的特定角色以及消费者所处的特定地位，在双方的交往过程中二者的关系却是迥然不同的，由此决定了营销服务活动具有一系列的特点。

1. 服务性

服务性是营销人员的重要职业特征。营销人员所从事的是不仅与物打交道而且与人打交道的服务性工作。因此，营销服务是一种劳务交换，是一种信息传递，是一种感情交流，是一种心理沟通，是在服务过程中实现的商品消费领域的转移。

2. 短暂性

营销服务中的人际交往是一种短暂性和公务性的交往。在一般情况下，营销人员与消费者的接触只限于满足消费者购物活动的服务需要。双方都立足于各自眼前的利益，完全是一种商品买卖关系。

3. 主导性

营销人员服务活动的对象是人，消费者有着千差万别的消费行为与心理，营销人员不可能采用单一的标准模式进行接待。在双方交往过程中，营销人员要注意观察消费者的行为，揣摩分析消费者的心理，了解消费者的需要，解答消费者关心的问题，并对消费者进行提示与诱导，这些活动都使得营销服务工作具有了主导能动作用。

4. 不对等性

营销服务中的人际交往通常是一种不对等的交往过程。"顾客是上帝"的特定地位，决定了营销人员必须服从和满足顾客的意愿。只有顾客对服务人员提出要求，而不存在服务人员对顾客提出要求的可能性,这是对特定职业角色的要求。因此,营销人员要正确理解双方之间的"平等"、"不平等"的含义,不能与顾客争输赢,要接受"顾客总是对的"这一观点。

三、营销服务的分类

营销服务按照不同的标准,可以分成不同的种类。

1. 按照服务的时间分类

可分为售前服务、售中服务和售后服务三类。

2. 按照服务的形式分类

可分为定点服务、巡回服务、收费服务和免费服务四类。

3. 按照服务对象分类

可分为对批发企业提供的服务、对零售企业提供的服务和对用户或顾客直接提供的服务三类。

四、营销服务的心理效应

在营销服务中,营销人员与消费者的关系是一种双方相互作用的人际知觉关系,营销人员的主体形象对消费者的行为和心理将产生一定的影响。这种影响作用所产生的心理效应表现在以下几个方面。

1. 首因效应

首因效应又称优先效应,是指在某个行为过程中,最先接触的事物给人留下的印象和强烈影响,也称第一印象,是先入为主的效应。首因效应对人们后来形成的总印象具有较大的决定力和影响力。

在现实生活中,先入为主和首因效应是普遍存在的,例如,消费者到某商场购物时,第一次和某位销售员接触,由于双方的首次接触,总有一种新鲜感,都很注意对方的仪表、语言、动作、表情、气质等,并喜欢在首次接触的瞬间对一个人做出判断,得出一种印象。如果这种印象是积极的,则会产生正面效应;反之,则会产生负面效应。在市场营销活动中,如果商品展示陈列丰富多彩,购物环境舒适宜人,销售人员礼貌热情,会使消费者产生"宾至如归"的积极情感。良好的第一印象为营销沟通和消费行为的实现创造了条件;反之,则会使消费者产生消极的情绪,影响购买行为的进行。消费者许多重要的购买决策和购买行为,都与对服务人员的第一印象有关。

2. 近因效应

近因效应是指在某一行为过程中,最后接触的事物给人留下的印象。消费者完成购买过程的最后阶段的感受,离开零售店之前的所见所闻、印象及评价,最近一次购买行为的因果等都可能产生近因效应。与首因效应类似,近因效应也有正向和负向之分，对下次购买行为也会产生积极或消极的影响。优质的服务所产生的近因效应，是促使顾客经常光顾的动因。

3. 晕轮效应

晕轮效应也称光环效应或印象扩散效应，是指人们在观察事物时，由于事物所具有的某些特征从观察者的角度来看非常突出，使他们产生了清晰、明显的感觉，由此掩盖了对该事物其他特征的知觉，从而产生了美化或丑化对象的印象。人们常说的"一俊遮百丑"、"一好百好，一坏百坏"的知觉偏差，即晕轮效应的典型例子。晕轮效应发生在消费者身上，表现为消费者根据对企业某一方面的突出知觉做出了对整个企业优劣的判断。如企业对售后服务的承诺兑现程度如何、接待顾客投诉的态度及处理方式是否认真负责等，这些都会使消费者产生晕轮效应，从而形成对整个企业的总体形象的知觉偏差。

4. 定势效应

定势效应是指人们在社会知觉中，常受以前经验模式的影响，产生一种不自觉的心理活动的准备状态，并在其头脑中形成固定、僵化、刻板的印象。消费者对不同的营销人员的个体形象及其评价也有一些概念化的判断标准。这种印象若与消费者心目中的"定势"吻合，将会引起消费者的心理及行为的变化。例如，仪态大方、举止稳重的营销人员，给消费者最直观的感受是"真诚"、"可信赖"，与消费者的心理定式相吻合，则消费者愿意与其接近，征询他们的意见和接受他们的指导，容易促成交易。反之，消费者对于闪烁其词、解答问题含糊不清、急于成交的营销人员的最直观感受是"不可信赖"，与消费者的心理定势相吻合，消费者则会产生警觉、疑虑、厌恶的情绪并拒绝购买。

任务二 营销服务过程的心理分析

在营销活动中，企业为支持其核心产品提供专门的营销服务，这种营销服务是由售前、售中和售后三个服务过程构成的体系。营销服务在功能营销的基础上，能够通过加强"服务"这一手段来达到扩大销售的目的，这使企业越来越认识到服务在销售中的重要作用。下面我们将专门讨论营销服务过程中的心理分析，即售前、售中和售后服务与消费者心理的关系。

案例讨论：化妆品的营销服务

化妆品的营销服务，首先应立足于"观念教育"，虽然化妆品的营销发展日益见好，但传统的化妆观念存在误区。如男人不能用化妆品；夏日用不用化妆品都无所谓，冬天抹点油等。从消费观念来分析，中国化妆品护肤理念还没有真正成熟。

因此，营销服务的首要精力应花在市场的培育上，这能使化妆品的消费市场更成熟、消费群体更壮大。这有待于商家、专业人士，以及营销人士的引导传播，从美容角度树立起正确的护肤理念，让更多的人喜好、依赖化妆品。化妆品还要注重"服务的专业性"。在宣传上，将皮肤结构、皮肤类型等护肤基础知识，根据消费者的需求作沟通，引导他们认识了解护肤的重要性，并鼓励消费者培养护肤习惯，科学地护肤。

产品销售出去后，还要重视对消费者"跟踪服务"。如在购买后的某天，选择恰当的时机。首次给客户打电话询问使用情况、使用感受等，表达关切之意，为下次沟通做好基础。过一段时间，给顾客打第二次电话表明自己对顾客的重视，关心他们的使用效果，询问是否需要美容指导。如果顾客反映效果好，那则顺势推荐其他配套化妆品；如果效果欠佳，应尽快确定见面时间，帮助他们分析原因，找到正确的解决办法。对于新老顾客，营销人员最好在一星期内尽量登门拜访，及时沟通，增进彼此感情，创造再次购买的条件，将其发展成为忠实的顾客，还可借其口碑传播，引进新客户，扩大消费人群。对于特定消费者，还可建立美容沙龙，为他们提供专业美容咨询、化妆时尚信息、专业护肤服务等，促进了解与信赖，美容沙龙要定期举办，一季度至少一次，要建立客户档案，进行一对一的资料库营销。

（资料来源：阿里巴巴网站 Alibaba.com.cn，《化妆品的营销策略》，张继明）

分析： 化妆品属于快速消耗品，消费频率高，几乎每天都要使用，消费基数大，市场前景广阔。同时，化妆品更看重质量、效果与保质期，因此售前、售中、售后服务很重要。消费者不仅要买到一流的产品，还要买到一流的服务。化妆品销售应注重营销服务，营销服务是为消费者提供专业咨询、购买方便、使用指导、实用价值跟踪等营销行为，其目的就是增加商品的使用价值。

一、售前服务心理

1. 售前服务与顾客心理

售前服务是整个商品交换过程的重要活动，是争取顾客的重要手段，因此，售前服务对顾客的心理影响是非常重要的。它是指产品从生产领域进入流通领域，但还没有与顾客见面的这段时间里的各种服务，主要包括货源组织、商品的运输、储存保管、再加工，零售部门的广告宣传、拆零分装、柜台摆布、橱窗陈列、商品卫生等。在这一过程中，为顾客服务的工作主要体现在为顾客买好、用好商品所做的准备与预先控制上。顾客购买商品的心理活动，首先是从对商品或商店的注意开始的，进而逐步对商品产生兴趣，产生购买欲望。而售前服务的心理影响正是要达到引起顾客注意，并对商品产生兴趣和购买欲望的目的。售前服务心理主要体现在利用收钱广告引起顾客的注意，商品陈列力求使顾客产生兴趣，以及货源准备、商品质量检验等各项工作上。

2. 售前顾客心理分析

顾客由于需要产生购买动机,这种购买动机受时空、情境等因素的制约,有着各种各样的心理取向。

(1) 顾客认知商品的欲望。

售前,顾客最关注的是有关商品的信息。他们需要了解商品的品质、规格、性能、价格、使用方法以及售后服务等内容。这是决定是否购买的基础。

(2) 顾客的价值取向和审美情趣。

随着社会经济的发展,人们的价值取向和审美情趣往往表现出社区消费趋同的现象。所以,通过市场调研了解社区顾客的价值取向和审美情趣,并以此作为标准来细分市场,对销售大有帮助。

(3) 顾客的期望值。

顾客的期望值可能是价格,可能是性能,也可能是其他因素。这种估量就是所谓的期望值。随着时代的发展,人们对产品的要求越来越高,企业生产并销售产品,一方面要满足顾客的物质需要,另一方面要满足顾客的心理需要。顾客的购买从生理需求占主导地位正逐渐转变为心理需求占主导地位,心理需求往往比物质需求更为重要。因此,服务除了要考虑产品的质量等各项功能外,还要考虑人们引申的需求。营销人员在售前服务中应根据顾客的心理特征,有效地把握顾客的期望值。

(4) 顾客的自我意识。

自我意识并非与生俱来,它是个体在社会生活过程中与他人相互作用、相互交往、逐渐发展所形成的。所以,要了解顾客的自我意识,为进一步开展营销活动奠定基础。在了解掌握了顾客的心理需要及特征之后,就可以有针对性地采取相应的心理策略。

(1) 建立目标市场服务档案,把握顾客心理需要。

市场经过细分之后形成了多个子市场,相同的细分市场具有相同的性质,不同的细分市场具有异质性。企业可以通过建立数据库,储存目标市场顾客的心理特征、购物习惯等方面的信息,为做好更有针对性的服务提供依据。

(2) 最大限度地满足顾客的相关需求。

顾客的需求往往不是单一的,有时除了主要需求以外,还有许多相关需求。最大限度地满足顾客的相关需求,会让顾客产生一种惊喜的感觉,从而促使其购买商品。

(3) 促使顾客认知接受商品。

这也是售前服务中最为重要的策略。顾客认知接受商品需要一个过程,消除顾客的戒备心理,使顾客认知企业所销售的商品,需要通过三个途径来解决。其一,帮助顾客树立新的消费观。随着科学技术的飞速发展,商品中的科技含量越来越高,顾客通过自身认知较为困难,这就需要不断引导顾客学习新的知识和技术,顺势推销商品,帮助消费者树立新的消费观,准备选购和使用商品。其二,利用广告宣传与咨询服务等手段,增强顾客的注意力。在宣传商品时,利用广告可以给消费者留下深刻的印象,促使顾客学习,并对购买态度产生积极的影响。同时,企业还可以开展咨询服务,以及通过店堂布置、商品陈列、美化、便捷购物环境等使顾客产生好感。其三,售前进行商品质量检验,是确保售前服务质量的有效措施,也是确保柜台商品质量的有效措施。做好这一点,对顾客心理可以产生重要影响,消除戒备心理,增强顾客对商品和商品的安全感。

案例讨论：辉瑞制药公司的售前服务

从理论上说,美籍拉美人最有可能是辉瑞制药公司的胆固醇药物利皮特天生的消费群体。因为辉瑞公司的调查显示,美籍拉美人的胆固醇含量普遍过高,并且大多数都没有得到治疗。同时,研究人员还发现了一个问题,很多美籍拉美人并不认为胆固醇含量过高是个问题——他们并没有意识到它的危害性。看来传统的广告策略在他们身上不起作用。

"在我们谈论利皮特之前,我们必须让人们相信胆固醇含量过高是不好的。"辉瑞营销部副总裁桃乐茜·维采尔说。

所以,作为一体化营销战略的一部分,辉瑞公司决定首先投资一个健康教育项目——Sana La Rana。他们首先收集关于高胆固醇危害方面的资料,然后通过电视、报纸、广播和网络等方式把它们传递给美籍拉美人。为此,他们还专门设立了针对拉美人的网站(www.sanalarana.com)。同时,公司还与拉美人全国委员会(NCLR)建立了合作关系。

"在美籍拉美人社区中,人们一般从社区的非专业健康工作者那里寻求医药卫生知识,"维采尔说,"所以我们就和拉美人全国委员会合作,派专业医务人员深入各个拉美人社区,一对一地向他们解释胆固醇含量过高的危害。"

"这种做法极大地提高了降胆固醇类药物的销量,当然也包括利皮特的销量,所以水涨真的能使船高。"辉瑞发言人称,自2003年6月这项活动在迈阿密和休斯敦发起以来,Sana La Rana帮助三万多名患有高胆固醇症的美籍拉美人完成了检测,占患有高胆固醇症美籍拉美人总数的10%。

(资料来源：药品销售新方法,中国服务营销网,2006年2月5日)

分析：售前服务在很多情况下,被大多数的企业所忽视。但是售前服务在帮助顾客认知接受商品,消除顾客的戒备心理,使顾客认知企业所销售的商品有着重要的作用。售前服务应帮助顾客树立新的消费观。随着科学技术的飞速发展,新产品不断涌现,商品中的科技含量越来越高,顾客通过自身认知较为困难,这就需要不断地引导顾客学习新的知识和技术,帮助消费者树立新的消费观,准确选购和使用商品。

二、售中服务心理

1. 售中服务与顾客心理

售中服务是指在商品买卖过程中,直接或间接地为销售活动提供的各种服务。现代商业销售观念认为,销售过程既是满足顾客购买商品欲望的服务行为,又是不断满足顾客心理需要的服务行为。服务的好坏不但直接决定买卖成交与否,更重要的是为顾客提供了享受感,从而增加了顾客购买的欲望,在买卖之间形成相互信任、融洽而自然的气氛。售中服务在更广的范围内被企业家们视为商业竞争的有效手段。售中服务主要包括介绍商品、充当参谋、交换与结账。

2. 售中顾客心理分析

顾客在接受售中服务的过程中,大致有以下期望希望得到满足。

(1)希望获得详尽的商品信息。

顾客希望营销人员能对顾客所选购的商品提供尽可能详细的信息,使自己准确了解商品,解决选购的疑惑与困难。期望主要体现在:营销人员提供的信息是真实可靠的,不能为了推销而搞虚假信息;提供的信息够用、具体、易于掌握。

(2)希望寻求决策帮助。

当顾客选购商品时,营销人员是它们进行决策的重要咨询和参与者。特别是在顾客拿不定主意时,非常希望营销人员能提供参谋意见,帮助顾客做出正确的购买决策。期望主要表现在:营销人员能站在顾客的角度,从维护顾客利益的立场出发帮助其作出决策;能提供令顾客信服的决策分析;能有针对性地解决顾客的疑虑与难题。

(3)希望受到热情的接待与尊敬。

顾客对售中服务的心理需求,主要是能在选购过程中受到营销人员的热情接待,能使受人尊敬的需要得到满足。这种期望主要表现在:受到营销人员的以礼相待;营销人员满怀热忱,拿递商品不厌烦,回答问题耐心温和;在言语谈话之间,使顾客的优势与长处得到自我体现。

(4)追求方便快捷。

顾客对售中服务期望的一个重要方面是追求方便、快捷。这种期望主要表现在:减少等待时间,尽快受到接待,尽快完成购物过程,尽快携带商品离店;方便挑选,方便交款,方便取款;已购商品迅速包装递交,大件商品能送货上门。

了解顾客心理对于售中服务至关重要,只有顾客对他们在销售过程中受到的接待完全满意,销售活动才算成功。如何使接待工作符合顾客的心理需要,将在下一节中具体阐述。

三、售后服务心理

1. 售后服务与顾客心理

售后服务是指生产企业或零售企业为已购商品的顾客提供的服务。传统观点把成交或推荐购买其他商品的阶段作为销售活动的终结。在市场经济条件下，商品到达顾客手中，进入消费领域以后，企业还必须继续提供一定的服务。因为这样可以有效地沟通与顾客的感情，获得顾客宝贵的意见，以顾客亲身感受的事实来扩大企业影响。它不是一种简单的形式，而是把顾客的利益看成是自己的利益，竭力为顾客提供完美的服务，促使销售的手段。

售后服务作为一种服务方式，内容极为广泛，目前愈来愈受到企业的重视，服务的范围也在不断扩大。售后服务主要有两个方面：一是提供知识性指导及咨询服务，通过实行"三包"服务使顾客树立安全感和信任感；二是帮助顾客解决安装与运输大件商品服务等常常使顾客感到为难的问题，为顾客提供方便。

企业需要熟悉了解顾客对商品使用后的感受和意见。业内专家分析，面对激烈的市场竞争，维持一个老顾客所需的成本是寻求一个新顾客的 0.5 倍，而要使一个失去的老顾客重新成为新顾客所花费的成本，则是寻求一个新客户成本的 10 倍。维持当前消费者的成本远小于得到新的消费者。一个 5 年来一直忠诚不变的消费者对于商家来说，产出了 7.5 倍的利益（相对于第一年的消费）。因此，在营销的环节中，保持或培养顾客的忠诚度至关重要。良好的售后服务有助于维持和增加当前的忠诚度。

2. 售后顾客心理分析

顾客在进行购买以后，无论是要求退换商品，还是咨询商品的使用方法，或是要求对商品进行维修等，他们的心理活动是各不相同的。其心理状态表现为以下几个方面。

（1）评价心理。

顾客在购买商品后，会自觉不自觉地进行关于购买商品的评价，即对所购商品是否满意进行评估，进而获得满意或后悔等心理体验。

（2）试探心理。

由于主观和客观的多种因素，顾客对所购商品的评价在购买的初期可能会出现不知是否合适的阶段，尤其以大件和新产品居多，甚至有些顾客希望退换商品。但他们来到商店提出要求退换商品的问题时，往往具有试探的心理状态。来试探商店的态度，以使进一步作出判断。

（3）求助心理。

顾客在要求送货安装、维修商品、询问使用方法和要求退换商品的时候，多会表现出请求商场给予帮助的心理状态。

（4）退换心理。

当购买的商品被顾客确定为购买失误或因产品质量出现问题时，顾客会产生要求退换商品或进行商品维修的心理状态。

3. 售后服务心理策略

随着市场由卖方市场向买方市场的转变，售后服务必将成为企业竞争的关键因素之一，从而对顾客的心理产生深远的影响。完美的售后服务能同顾客建立起亲密的关系，其心理策略就是要针对售后顾客的心理状况，调节顾客的心理平衡，努力使其建立起信任感与满足感。

（1）提供优良的售后服务。

许多顾客挑选商品时，在其他条件相同的条件下，售后服务的优劣往往成为决定是否成交的关键。对于高档耐用品而言，尤其如此。现在，有许多企业促销时越来越多地打出了售后服务这面大旗。事实上，一些经营者只是把售后服务当成一种宣传口号，并不准备兑现。非要等消费者"跑细了腿，磨破了嘴"，忍无可忍诉诸舆论或向有关部门投诉时，才被迫给予解决，使售后服务成了诉后服务。良好的质量、合理的价格，是商品占领市场并取胜的保障；而良好的售后服务则是提高企业信誉，取得"第二次竞争"胜利的法宝。聪明的、有远见的经营者应该像抓推销产品那样着力抓好售后服务，不仅要做好找上门的售后服务，而且要主动出击，做好跟踪服务。商家们为减少顾客的后顾之忧，提供周到的售后服务，不仅可以维持老顾客的忠诚度，还可以争取更多的潜在顾客。

案例讨论：春兰、美的空调的服务政策

春兰空调的服务政策为"从设计开始，由细节做起，到满意为止"；"大服务"配套实施；"全过程、全天候、全方位、全身心"的"春兰24小时金牌服务"；"超值服务工程"中，为消费者提供免费服务是常项，如长期开展的免费咨询规划、免费过滤网清洗、免费检查空调、免费移机、免费电话热线等活动，每年都有上万名消费者受益，使他们真切地感受到了购买春兰产品所带来的物超所值的享受；网上快速个性化服务，是新世纪春兰售后服务再度升级最突出的表现。消费者可以根据自己的需要，坐在家里轻轻点击春兰网站，便可以享受到春兰提供的规划、送货、安装、调试、保养、维修及回访等售后一条龙服务，同时还可在网上定制个性化服务产品。目前，春兰的这种服务模式已为业内各企业所仿效。

美的空调服务目标：顾客满意100分；服务标准：认真做足100分；服务宗旨：顾客永远是第一位的。美的服务承诺：免费设计、免费安装（不含窗机）；市内免费送货上门（不含窗机）；整机保修三年，压缩机保修五年；免费咨询，定期免费检修、保养；全国电脑联网，定期用户回访；全国3 000余个服务网点，随时为您服务；24小时热线电话服务；全国各营销中心设有服务热线，随时听候您的召唤。

（资料来源：春兰公司网站、美的公司网站）

分析：对于高档耐用消费品来说，顾客在购买时在其他条件相同的情况下，售后服务的优劣往往成为决定是否成交的关键。我国的一些有远见的家电企业，如春兰、美的等都在加强售后服务上下工夫，不仅做好找上门来的售后服务，而且主动出击，做好跟踪服务。这样不但减少了顾客的后顾之忧，还可以维持老顾客的忠诚度，并进一步争取到更多的潜在顾客。

（2）提供CS经营理念，进一步完善企业服务工作。

CS是英文"customer satisfaction"的缩写，译为顾客满意。作为现代企业的一种经营手段，常被称为CS战略，或顾客满意战略。其基本指导思想是：企业的整个经营活动要以顾客的满意度为指针，从顾客的观点而不是企业的观点来分析考虑顾客的需求，针对顾客需求个性化、情感化的发展趋势，尽可能全面尊重和维护顾客的利益。

美国市场营销大师利普·科特勒在《营销管理》一书中指出："企业的整个经营活动要以顾客满意度为指针，要从顾客角度，用顾客的观点而非企业自身利益的观点来分析考虑消费者的需求。"科特勒的观点形成了现代市场营销观念的经典名句，顾客的满意对企业来讲至关重要。良好的产品或服务，最大限度地使顾客满意，成为企业在激烈竞争中独占市场、赢得优势的制胜法宝。只有让顾客满意，他们才可能持续购买，成为忠诚的顾客，企业才能永远生存，财源滚滚。所以，顾客满意是企业战胜竞争对手的最好手段，是企业取得长期成功的必要条件。可以说，没有什么其他的方法能像让顾客满意一样在激烈的竞争中提供长期的、起决定作用的优势。

在CS理论中，顾客满意代表了如下含义：顾客满意是指顾客在消费了企业提供的产品和服务之后所感到的满足状态，这种状态是个体的一种心理体验；顾客满意是以顾客总体为出发点的，当个体满意与总体满意发生冲突时，个体满意服从于总体满意，顾客满意是建立在道德、法律、社会责任基础上的，有悖于道德、法律、社会责任的满意行为不是顾客满意的本意；顾客满意是相对的，没有绝对的满意，因此企业应该不懈地追求，向绝对满意靠近；顾客满意有鲜明的个体差异，因此不能追求统一的满意模式，而应因人而异，提供有差异的满意服务。

热情、真诚为顾客着想的服务能带来顾客的满意，所以企业要从不断完善服务系统，以便利顾客为原则，用产品所具有的魅力和一切为顾客着想的体贴去感动顾客。谁能提供消费者满意的服务，谁就会加快销售步伐。在我国，越来越多的企业——尤其是大公司，都以积极的行动，开展营销服务。例如，长虹公司的"阳光网络"服务工程宣言；海尔公司的"三个服务"；小天鹅公司的"一、二、三、四、五"独特服务规范；武汉中商集团的个人服务品牌；格兰仕服务的"三大纪律，八项注意"等。有一位成功的企业家曾写下过这样一个颇具哲理的等式：100-1=0，其寓意是：职员一次劣质服务带来的坏影响可以抵消100次优质服务产生的好影响。我们正在迈步走向21世纪的服务型经济社会，消费者变得挑剔、精明，其消费行为也日趋成熟，平庸的服务再也不能赢得消费者手中的货币选票，优质服务正成为企业走向成功的一把金钥匙。海尔集团总裁张瑞敏在推行星级服务工程后深有感触地认为："市场竞争不仅要依靠名牌产品，还要依靠名牌服务。"

任务三　营销人员基本心理素质分析

世界行销大师陈安之在《超级行销》中曾说："态度决定一切，技巧和能力决定胜负。"营销是一项既需要经历磨炼，又颇费心智，同时又富挑战性的工作。它除了要求营销人员"走千山万水，说千言万语，吃千辛万苦"外，更要求营销人员必须具备较强的心理素质。有了良好的心理素质并不见得会"赢"，但会"赢"的营销人员一定是具备良好的心理素质。

一、营销人员的心理素质的含义、影响因素及意义

1. 营销人员心理素质的含义

营销人员的心理素质是指营销人员在无先天生理特点的基础上，经后天实践习得而形成的个性心理品质与特征。

2. 决定个体身心发展的影响因素

人的心理是个体身心发展的重要组成部分。按照现代心理学的观点，个体身心发展决定于遗传和环境的交互作用。这种和环境的交互作用，大致遵循以下三条原则。

（1）个体在出生前的发展，主要是由遗传因素决定的。

（2）个体出生后的幼稚阶段，两类因素对身心两方面的影响有所不同：身体方面的特征受遗传因素的影响大；而心理方面的特征受环境因素的影响大。

（3）个体发育成熟以后，主要是由环境因素影响人的身心发展。

所以，从提高人员的心理素质角度看，主要是在先天基础上，在营销实践中不断调整、习得的。

3. 营销人员心理素质在营销工作中的意义

营销人员的心理素质对有效推进营销工作进行，实现营销目标具有极为重要的作用。

（1）人的行为是由动机等心理因素支配的。人的心理不健康，没有优良的心理品质，就很难在营销中采取明智、有效的行动。

（2）营销工作的特殊性决定了对营销人员的心理素质有更高的要求。首先，大量的营销工作是在人与人之间、面对面交往过程中完成的，营销人员与顾客之间的心理互动作用是很大的，并且明显地影响着交易的成败。营销人员的心理素质如何，是影响客户心理及达成交易极为重要的因素。其次，营销工作又是一种营销人员主动接触

顾客，寻求突破的非照章操作性活动，而且，往往又是单枪匹马、"各自为战"。这些都对营销人员的心理素质提出了很高的要求。

总之，营销人员的心理素质是影响销售过程、决定营销成败的极为重要的因素。没有健康、良好的心理素质，就不可能成为一个合格、成功的营销人员。

二、营销人员的基本心理素质

作为一个合格的现代营销人员，必须具备以下基本心理素质。

1. 自信心

自信心是营销人员最基本、最主要的心理素质。没有自信心，就不可能做好营销工作。

2. 勇气、魄力与冒险精神

（1）勇气。营销人员上岗首先需要的就是勇气。这就要求营销人员首先要战胜自我，即打掉自己的"面子"、虚荣心及各种心理障碍，勇敢地面对营销中的挑战与各种困难，勇于争取胜利。

（2）魄力。营销活动中总会遇到各种利益与方案的分析与比较，并以此做出决策，这就要求营销人员必须有魄力，即在科学分析的基础上，适时地做出果断的抉择。而营销中的犹豫不决很可能造成贻误战机，导致失败。

（3）冒险精神。营销活动经常是机会与风险并存，几乎所有的营销活动，都或多或少地带有风险，绝对不冒险是不可能从事营销活动的。而且，往往是越有风险的经营活动，越能带来更大的风险收入。当然，如果失败了，则会带来更大的损失。营销人员必须具备风险意识，在冷静、科学分析的基础上，抓住机遇，敢冒风险，在激烈的商战中赢得胜利。

3. 真诚热情，有广泛的兴趣

营销中的第一关键要素是处理好与顾客的关系。只有以诚相待，对顾客真诚、热情，才能赢得顾客的信任与支持。同时营销人员应具有广泛的兴趣。首先，要对所从事的营销工作感兴趣，对与营销相关的种种人与事产生浓厚的兴趣；其次，适应顾客交往的需要，应对社会生活各方面有广泛的兴趣，有很深的阅历和广博的知识。

4. 有较高的修养和鲜明的个性风格

营销人员的个人素质、风度会对顾客产生重要的心理作用。为赢得顾客的喜欢与敬重，营销人员必须重视个人的自我修养，提高文化层次，加强文明礼貌素养，并从仪表、言谈、举止等方面塑造良好的个人形象。要发挥自身的个性优势，形成健康、鲜明的个性风格，以自身魅力去赢取顾客的信任。

5. 善于自我情绪控制

营销人员的情绪控制是影响营销人员与顾客的关系和交易成败的重要因素。营销人员必须善于控制自己在营销过程中的情绪，做一个情绪稳定的人。

（1）要拓宽自己的心里容量，有容忍精神，能够大度地对待顾客，特别是任何时候都不要对顾客发脾气。这是融通顾客情感，化解与顾客冲突，争取交易活动最后胜利的关键因素。

（2）要正确处理情绪的宣泄与封闭。好的情绪可传递给顾客，感染顾客；而不良的情绪则必须对顾客封闭，绝不可以将不良情绪宣泄到顾客身上；而对于需要掩饰的情绪，如急于达成交易的心理，则应有效地加以控制，以利于交易成功；当然，对于极差的情绪，如失败和挫折带来的痛苦，可在无顾客的特定场合宣泄，以尽快使情绪调节到正常状态。

6．感同力

感同力是指营销人员善于从顾客的角度考虑问题的意识和能力。营销活动的成功是营销人员与顾客合作的结果，必须是互惠的，营销的成功必须以顾客感到获得了利益，得到了满足为前提。因此，高明的营销人员不是一味地考虑怎样有利于自己，而是善于换位思考，多从顾客的角度考虑问题，努力使营销的过程，成为配合顾客谋取利益的过程。这样，营销就容易获得成功。否则，如果只为自己着想，这样的营销人员就会成为顾客的对立面，永远都不会取得成功。

7．自我趋向

自我趋向是指想达到营销目标的强烈的个人欲望。营销是一项极为艰巨的工作任务，在完成任务的过程中会遇到各种各样的困难和阻力，失败和挫折也是经常有的。许多营销的成功，都是在坚持到最后一分钟时赢得的。这就要求营销人员必须有强烈的达成营销目标的欲望，并有持之以恒、百折不挠的坚强毅力和顽强精神。

三、营销人员群体的心理素质

1．忠于职守

忠于职守是指忠诚所属企业，维护企业信誉，保守企业秘密。总的来说，企业信誉和形象的树立，主要依赖以下三个要素：一是产品质量；二是服务质量；三是信守承诺。因此，企业营销人员要成为自觉维护企业信誉的楷模，就必须从这三方面着手，身体力行。

2．开拓创新

创新是指人们为了发展的需要，运用已知的信息，不断突破常规，发现或产生某种新颖、独特的有社会价值的新事物、新思想的活动。企业营销人员要努力做到：在竞争中培养自己的创新意识；要敢于标新立异；要善于大胆设想。

3．建立科学思维

科学思维包括发散思维、逆向思维和动态思维。

（1）发散思维是指一种多方面、多角度、多层次的思维过程。其鲜明的特征在于大胆创新，不受现有观念的束缚，这就极有可能从已知导向未知，实现创新。

（2）逆向思维是指从对立、相反的角度去思考问题。一切事物都有两面性，从相反的角度去思考问题，有时会有别有洞天的效果。

（3）动态思维是指以不断变化的思维去把握生生不息的世界。它与用固定、静止的观点看待事物的静止思维相对立。

4．坚定的信心和意志

充分的自信和坚韧不拔的意志是事业取得成功的重要条件。营销人员是产品和消费者的桥梁，没有一流的营销人员就没有一流的企业。在机遇和挑战并存的今天，营销人员要有所作为，有所建树，坚强的自信心和顽强的意志是重要的、不可或缺的心理因素。

任务四　营销人员接待顾客的技巧

一、营销人员接待顾客的过程

作为商品销售现场的营业员，应当通过自己的服务使消费者满意，产生购买行为，实现企业经济效益。优质的服务与获得消费者满意是建立在对消费者购买心理的充分认识的基础之上的。因此，在研究营销人员怎样接待顾客之前我们先要了解消费者购买心理。

1．顾客购买心理的八个阶段

（1）寻找目标。

进入商店的消费者都有寻找购买目标的心理活动。有时是简单明确的，对自己所要购买的商品名称、品牌、数量等有明确目的。有时是变动的，对自己所购商品未事先确定或未完全确定，在寻找补充信息时才确定。即使有些消费者有时没有明确的购买目的，只是进商店浏览、闲逛，但内心还是有购买的潜意识。因此，一般消费者进入商店后都要巡视陈列展示的商品，当目光停留在某处时，可能说明其已经寻找到了目标。

（2）发生兴趣。

消费者在寻找到目标后，目光直视商品，这时如果进一步接近商品，寻找营业员或关注商品的价格、标签时，表明消费者已经在心理上对该商品发生了兴趣。

（3）引起联想。

如果消费者停留在商品前，注视商品的目光不再移动，可能已经在心理上已经产生了使用这种商品效果的联想。例如女士们停留在首饰柜台前可能会联想到戴上某件饰物出现在社交场合，会引起人们怎样的注目等。

（4）产生欲望。

随着消费者心理活动的进行，从联想发展到得到这件商品的欲望，于是产生了购买这件商品的心理动机。有些消费者由此会产生冲动性购物行为。

（5）比较判断。

多数消费者在决定购买前会产生理智的比较心理。根据商品的质量、价格、款式、性能、颜色、品牌、包装、售后服务进行理智的比较，根据自己的经济情况和需求程度作出合理的心理判断。

（6）确定目标。

经过比较判断，消费者确定最适合自己需要的商品，最终选择确定购买目标。

（7）决定购买。

在决定购买时，消费者一般会提出请营业员帮助挑选并包装好商品，然后付款，完成购买行为。

（8）购后感受。

付款后得到商品，消费者心理会产生一种满足感。如果对所购商品满意，营业员态度友好，会给消费者留下对整个商店的满意印象。

2. 营销人员接待顾客的过程

上面只是对消费者购物现场心理活动的八个阶段进行了简单描述，其表现形式是丰富多彩、不断变化的，有时某个阶段表现得比较突出，有时某个阶段表现的比较短暂。消费者在购买某些商品时八个阶段界限明显，而在购买另一些商品时却表现得比较集中。总而言之，八个阶段是一种理论概括，不能做简单的形而上学的理解。根据上述消费者购买心理变化发展的阶段，营业员接待顾客的工作程序也有八个步骤。

（1）等待时机。

营业员要随时寻找机会同消费者搭话，在柜台内不要左顾右盼，应当端正而自然地站在自己负责任的商品地段内，注意消费者的动向，等待时机。

（2）接触搭话。

接触搭话就是接近消费者并打招呼，接触搭话要掌握适当时机，搭话的最佳时间是消费者的心里由"发生兴趣"到"引起联想"之间。如果消费者还处于"寻找目标"就搭话，为时过早会引起消费者的戒心，甚至会由于不好意思而马上离开。

接触搭话有六个机会：①消费者长时间的凝视某件商品的时候；②消费者从商品上把头抬起的时候；③消费者突然停步用眼睛盯着商品的时候；④消费者用手触摸商品的时候；⑤消费者像是寻找什么的时候；⑥消费者与营业员会面的时候。

（3）出示商品。

出示商品是指消费者指明要某件商品的时候，从柜台中或由货架上取出该商品并递到消费者手中。出示商品应该在购买心理8个阶段中的"引起联想"和"产生欲望"

之间进行。出示商品可以促进消费者的联想，刺激购买欲望。

出示商品要遵守如下四条原则：①做成使用状态给消费者看；②尽可能让消费者触摸商品；③多种类地出示；④从低档商品到高档商品逐级出示。先出示价格低的商品，不仅能适合想买廉价商品消费者的心理，而且可以使想买高档商品的消费者产生自豪感。如果从高档向低档商品逐级出示，会使想买便宜商品的消费者难堪，他要多次重复"还有再便宜点的吗"这种难以开口的话。

（4）商品说明。

商品说明是指向消费者介绍商品。有效的说明是实事求是的说明，是把握消费者购买主导动机的说明，是有丰富的商品知识的说明。

（5）参谋推荐。

参谋推荐是指把商品最能引起购买欲望的特点推荐给顾客，并用简短的话表达出来。参谋推荐要注意根据消费者的条件而推荐不同的商品，重点是注意简明而具体。

（6）促进信任。

促进信任是指抓住机会促进消费者对购买商品的信任，坚定购买决心。促进信任的要点在于把握机会。促进信任有四个机会：一是在消费者关于商品的问题提完的时候；二是在消费者沉默无言独自思考的时候；三是在消费者反复询问某个问题的时候；四是在消费者的谈话涉及商品售后服务的时候。

（7）收取货款。

收取货款一定要坚持"唱收唱付"，即确认消费者所购商品的价格、确认所收现款金额、确认找回现款金额。

（8）话别送行。

话别送行就是主动向顾客表示感谢，为顾客送行。话别送行有三个机会：一是消费者付款回来的时候；二是商品包装好交到消费者手中的时候；三是消费者表示满意，说赞扬话的时候。

二、营销人员接待顾客的语言艺术

营业员在接待消费者的过程中，要通过语言与对方进行信息和感情的交流。营业员的语言艺术是服务艺术的重要组成部分。同一个意思使用不同的语言表达，会收到不同的效果。准确生动的语言，不仅会给消费者以好感，而且能提供更多的成交机会。

1. 说话要注意消费者的情境

营业员说话时要针对消费者的情境才能使人感到舒服、得体，乐于接受。

（1）称谓择准对象。对老年人用相当于长辈的称呼，年龄相仿的同性用相当于朋友的称呼，异性用相当于兄弟姐妹的称呼，这样把握语言尺度，会缩小同消费者的距离感。

（2）把握顾客情绪。如讲"我来帮你挑吧"，大多数消费者是求之不得的，但自尊心较强的消费者会认为隐含有自己不会挑的意思，情绪上若有显露，营业员要立即补救，可以说："您挑的那个也不错，可是这个有这样的特点……"使消费者的情绪自然转换过来。

（3）询问要言行一致。询问顾客时要注意自己的态度，言表一致。如说"您要买什么"这句话时，面带笑容，消费者认为是表示欢迎。若板着面孔，消费者会感到是表示讨厌。

2. 营业员应该多说的话和不该说的话

（1）营业员应该多说的话：多说商量的话，商量的口气和指定的口气效果不同；多说委婉的话，直截了当的话可能使顾客的弱点或缺陷暴露出来，伤害自尊心；多说关心的话，以礼待人，即使挑剔的顾客也无法发作；多说确切的话，用词达意，语调恰当，可使顾客感到亲切和信任。

（2）营业员不该说的话：不说顶撞的话；不说粗暴的话；不说命令式的话；不说讽刺、挖苦的话；尤其不能说脏话。

三、营销人员接待顾客的常用技巧

顾客肯定是带着某种目的来购物场所的，营业人员要注意观察顾客的一举一动，选择适当的时机与他接触。在接触的最初 30 秒留给顾客的印象最深刻，要取得顾客的好感，才能使顾客对你的产品产生兴趣。

在不了解顾客的意图之前，应不即不离、大大方方地观察顾客动静，切忌紧随顾客左右，让他产生厌烦心理。

当顾客许久注视产品时，应轻松大方，试着从斜后方与顾客打招呼，如"您好，这是……"

顾客在寻找某种产品或突然在导购员面前停下，应立即上前与顾客打招呼。

顾客对每一品牌都浏览了一遍，逗留时间较长时，应耐心细致地介绍产品，让他产生主动了解的欲望，成为义务宣传员，扩大产品知名度。

与顾客打招呼，而顾客无反应或保持沉默时，可说"请慢参观"，然后自然地离开，以便寻找机会再次接触。

和顾客进行交流时以普通话为主，如果顾客是当地人，可使用方言，语言要尽量通俗易懂，少用专业术语，并且态度要诚恳。

【章首案例分析】

现代的商品概念是由不同层次构成的，其中商品最核心的层次和本质的属性是商品体本身，其他方面，诸如营销服务、品牌、包装等都可视为商品的组成部分。在这些层次中，营销服务发挥越来越重要的作用。营销服务可起到如下作用：直接影响消费者对产品和企业的认知；提高客户的忠诚度和美誉度；提升产品的附加价值；具有促销效果，带动关联商品销售等。

其实，商品、营销服务、品牌等因素都会对消费者的心理产生影响，营销服务对消费者的影响体现在其特点之中：这些特点是服务性、短暂性、主导性、不对等性，营销服务人员应该充分认识营销服务的特点而加以利用，遵从营销服务的规律，这样才能对消费者的心理产生积极的影响。另外，海尔的营销服务体现在全过程之中，这种"全程管家365"服务包括售前、售中、售后服务，全天候、全时间的服务，多种形式的服务，形成营销服务的体系，不仅给消费者建立良好的第一印象，也利用晕轮效应和定式效应，达到树立企业良好形象、提升顾客忠诚度的效果。

项目小结

本项目重点讲述了营销服务过程中为获得消费者满意而进行的心理分析。它包括营销服务概述，营销服务过程的心理分析，营销人员心理基本心理素质分析及接待顾客的技巧。其中营销服务过程的心理分析为本章难点。

营销服务作为商品经济的产物，在整个产品的流通过程中起着重要作用，它是一项综合性很强的复杂工作，我们要了解并熟知其特点及分类。

营销服务过程的心理分析要从售前服务、售中服务和售后服务3个阶段来讲述其与消费者心理关系，充分掌握其影响心理因素及策略分析，才能有效做好其过程中的每个环节。

作为合格的现代营销人员必须具备一定的心理素质（自信心、勇气、魄力与冒险精神、真诚热情有广泛的兴趣等）以及一定的接待顾客技巧。

同步练习

【名词解释】

1. 营销服务　　2. 晕轮效应　　3. 定式效应　　4. 首因效应

【案例分析】

将"全程营销服务理念"融入房地产营销中

在竞争激烈的徐家汇地区，有个楼盘叫"虹桥丽园"，2000年4月18日开盘，仅用6个月便销售一空，实现了当年开盘、当年结案的骄人成绩；还有一个物业叫"太湖之星"，以其"生态型假日住宅"的经典创意，引领住宅消费的高层次需求；还有沪东第一景观名邸"东银茗苑"……这些盛名物业的策划均出自上海晏子房地产营销策划有限公司之手，在实践中该公司认为只有在营销理念上时时领先一步，才能在实际操作中胜人一筹。

它们从最初的"永不撤销的承诺"，提出把利益让给客户，把风险留给自己，首创升值、保值销售，成为沪上房地产市场销售热点；到"承诺提前兑现"、解除购房者的后顾之忧。反映了对购房者高度负责的崇高职业道德，也是营销思路的又一次突破；再到"创导发展商、设计单位、营销策划公司联手组合的黄金模式"及全程营销服务理念；而今天随着房地产市场完全进入买方市场，竞争日益激烈，该公司又提出"21世纪房产营销的发展趋势CS服务"，倡导CS服务，从而锻造了一个又一个营销经典。

CS的意思是顾客满意服务，它的出现是市场经济发展的必然。经过几年的代理市场运作，造作机制日趋成熟，造作模式已为行业所熟知，因此可以这样比喻，营销策略从早先70%的技术含量，加30%的服务，已转化成现今的30%技术含量，加70%的服务。一流的物业，一流的营销策略，只有通过一流的规范满意的服务，才能体现其真正价值。而且满意的服务又包括售前服务与售后服务两方面，售前服务必须要求每个销售人员，牢固树立"敬业爱岗，恪尽职守"的企业精神，以满腔热忱对待每个客户，从服务、仪容、礼仪到情绪、态度、举止等应始终如一，保持整洁，雍容大度，和蔼可亲。在负责项目咨询、追踪记录等方面务必规范有序，精益求精，营造一个使客户"放心、称心、舒心"的置业环境，成为客户的一个值得信赖的投资参谋。当客户职业以后，提供满意的售后服务是解除其后顾之忧与烦恼的重要保障。满意的售后服务还包括满意的物业管理，是真正体现一个物业的品质乃至企业信誉的试金石，是立足于市场求得更大发展的根本基础。

（资料来源：搜房网 http://www.soufun.om，2011年8月30日）

问题：1. 上海晏子房地产营销策划有限公司是怎样将其"全部营销服务理念"融入其经营活动中的？迎合了顾客的哪些心理？

2. 你认为，该公司提出"21世纪房地产地产营销的发展趋势CS服务"战略，对我国房地产的发展有何意义？

【技能训练】在营销服务过程中分析顾客心理

1．实训目的

通过实训加深对营销服务概述的理解，学会分析营销服务过程中顾客的心理，并总结营销服务过程中接待顾客的技巧。

2．实训组织

由专业课老师与所授课班级学生利用专业教学时间进行组织。

3．实训要求

（1）将班级学生分成小组，每组5~7人，利用课余时间到学校附近区域内的商场、超市等进行调研，了解其营销服务过程中的做法及相关技巧。

（2）调研后以小组为单位，写出一份"营销服务消费心理"的实训报告。

（3）在各组调研总结的基础上进行班级讨论与交流并分析不同经营者在销售服务过程中的优劣。

项目九　当代社会消费心理与行为

学习目标

- 了解我国居民消费心理和行为的变化
- 熟悉绿色消费的内涵和原则

引导案例：中国新一代务实型消费者

中国消费者的行为方式正与发达国家的消费者越来越相像。与过去相比，他们变得越来越挑剔，也越来越实际，他们的视野更加开阔，超越了对产品功能的基本关注。此外，他们越来越愿意为更高的产品价值和质量而花钱，并且花费更多时间研究产品，以及探究产品之间的细微差别。麦肯锡的 2010 年中国消费者调查还发现，他们正在开辟一条独具特色的中国路径。

中国消费者仍然注重品牌，但与其他国家的购物者不同，他们对产品价值的关注如此强烈，以至于对品牌的忠诚度往往退居其次。与发达国家的消费者相比，对于中国消费者来说，自己家人的需求或兴趣具有更大的重要性。与其他国家相比，在中国，口碑已成为传播产品信息的一个更重要的来源，这主要归功于快速增长的互联网应用，中国消费者将互联网视为一种可靠的信息来源。

然而，最有意思的是，中国消费者通过在不同的产品门类中进行权衡取舍，来区分自己购物的优先顺序：这些中国人通过在他们最关心的产品门类上花更多的钱，而减少在其他产品门类上的开支，来使他们的购买力最大化。

此外，中国的市场分布广泛，其规模和范围意味着，任何趋势的影响可能都会取决于当地的具体情况，因地而异。在大多数城市群中，总的趋势都保持未变。尽管如此，作为一项关键的购买动因，身份价值对购物者的重要性在上海要比在以武汉为中心的城市群大得多，从 2008 年的调查到 2010 年的调查，在武汉城市群中，具有较高身份价值的产品门类销售急剧下降。再比如，深圳是消费者唯一对电视广告作为一种可靠产品信息来源的偏好超过口碑的主要城市群。这种奇怪的特性可能源于深圳人口中来自其他地区的移民比例很高，他们生活在远离自己大家庭的环境中。此外，深圳的消费者似乎对广告形式（如公交车广告和广告牌）有一种特别的偏好。所以，在中国，没有哪一种方法可以"放之四海而皆准"，因为不同地区、不同收入水平的消费者群体的消费行为模式大相径庭。

随着经济收入的提高和人们消费理念的转变，我国消费者的消费心理和行为已经发生的很多变化，研究这些变化对于适应新的消费需要来说至关重要，这将有利于企业把握市场脉搏，迅速占领市场。那么，我国居民的消费心理和行为又发生了哪些新的变化？这些变化中有哪些是需要注意的呢？这些问题将在本项目中得到答案。

（资料来源：安宏宇，狄维瑞·麦肯锡：中国新一代务实型消费者．商务周刊，2011年2月）

任务一　我国居民消费心理与行为的变化趋势

随着我国经济改革的不断深入，人们的收入水平、消费水平不断提高，居民在消费观念、消费方式、消费环境、消费心理等方面不断改善，消费结构不断优化。具体体现在以下方面。

一、消费层次上升、消费结构优化

随着居民收入的增加和消费观念的改变，我国城乡居民的消费水平有了显著的提高，居民消费层次和消费意识发生较大变化。消费者对高品质的服务或高质量的服务要求越来越高。如果说20世纪末人们购买的是产品的品牌和高质量，那么21世纪的消费者则更看重的是高品质的服务。无论是衣、食、住、行，人们对消费都提出了更高的要求，例如随着食品市场供应日渐丰富，品种繁多，居民更加注重质量的提高，追求食品的营养性、均衡性和多样性。穿着打扮对款式、品牌、档次更加讲究居民衣着更注重时尚化、名牌化、个性化。居民的家用电器不断升级，许多家庭已有的耐用消费品已进入更新换代时期。

在消费水平不断提高的同时，消费结构也发生了明显的变化。从总体来说，我国居民已实现了从过去贫困型的消费结构向温饱型的消费结构转变，并由温饱型的消费结构向小康型发展。城镇居民家庭非商品支出（房租、水电、煤气费、交通费、邮资费、医疗保健费、学杂费、文娱费、修理费、服务费等）大幅提高，所占比重明显上升，充分显示出了服务消费在居民消费中的所占分量。

在消费者的这种变化面前，企业的单独产品价值、产品质量和制式化的服务已经难以满足越来越先进的消费者，还必须考虑消费者的使用价值和心理价值，也就是服务所创造的价值。这就要求企业除了要提供产品的品牌和高质量外，还要提高高品质的业务服务。企业必须强化窗口服务和客户关系服务，努力提供规范化和个性化的服务，树立消费者心目中的高水平的服务形象；努力提高产品和业务的附加值，让消费者有"物超所值"的心理感受，满足消费者新时期的消费需求。

小资料：《上海市民阅读状况调查分析报告（2016）》

据《上海市民阅读状况调查分析报告（2016）》显示，上海市民年平均阅读量约在6.61本。其中，男性市民的平均阅读量是6.73本，女性市民的平均阅读量是6.50本，"7~18岁"群体的平均阅读量是8.37本）。总体来看，上海市民的阅读量高于全国平均水平。

此外，上海市民的阅读状况表现出在信息极大丰富、多元和新媒体发展迅速背景下的诸多特点。对于"读书的主要目的"的答案，今年首选、二选是连续四年的"增加知识"和"满足兴趣爱好"；前五项中与个人的素质、修养、知识面、生活品质密切相关的四项选择总比例达到58.13%，比去年高出0.41%。市民阅读动机的正向、稳定、自主、非功利趋向表现得非常明显。

文史类读物最受读者欢迎。对于不同图书种类喜好程度位列前五位的图书类别分别为："文学"、"历史"、"日常生活"、"心理"、"经济/管理"。其中，男性选项排前的是"历史"、"文学"、"军事"、"经济/管理"、"日常生活"、"政治"，女性则为"文学"、"日常生活"、"历史"、"心理"、"美术/书法/艺术"、"教育"，"7~18岁"年龄段为"文学"、"历史"、"少儿"、"心理"、"美术/书法/艺术"、"其他"。

纸质报纸阅读率持续下降。在每天阅读纸质报纸的时间上，排在前三位的是"基本不阅读"、"15~30分钟"、"15分钟以内"。报纸在传统阅读时代虽然要面临时效性超过它的传统对手广播、电视的挑战，但是因为同类纸质新闻阅读物数量有限而仍然可以占有相当高的阅读率，但网络新媒体出现后，报纸面临着的这种挑战无疑具有"致命性"的特征，对于纸质报纸阅读的"浏览"比重提高以及每天阅读时间减少，渐成趋势。

纸质图书阅读时间稳中有升。上海市民每天阅读纸质图书时间的前三位选项保持了从2013年以来的排位："15~30分钟"、"0.5~1小时"和"15分钟以内"。"15~30分钟"和"0.5~1小时"作为上海市民每天接触图书的主要时间段，在近几年是相当稳定的；同时，短时段比例的提高表明阅读碎片化的趋势有所增强。

对于选择纸质阅读的主要原因，"需要深度阅读"仍居首位，第二位是"内容需要反复阅读"，去年第三位的"考虑资料的权威性、学术性"今年依旧，第二位的"为了收藏和保存"今年下降到第四位；前四个选项的比例都超过10%。

首选"数字阅读"的受访者快速增加。首选"传统（纸质）阅读"的比例仍高出首选"数字阅读"的比例，但是两者差距为11.70个百分点，比去年的差距缩小6.55个百分点。就今年的数据来看，"纸质（传统）阅读"虽然依然表现出占有优势,但是它与"数字阅读"差距的缩小正反映出新生代读者的阅读喜好。

　　市民数字阅读最常用的四大工具是"手机"、"网络在线阅读"、"iPad/平板电脑"和"电子阅读器"。"手机"在八个选项中占比高达 42.84%,与其他数字阅读载体的差距越来越大。

　　而"容易导致视觉疲劳"一直是困扰数字阅读的重要问题,自 2012 年至今,连续五年排在"数字阅读存在的主要问题"选项的第一位,今年的比例首次突破 25%;"海量信息,庞杂而难以筛选"由去年的第三位上升到第二位,提高了 6.54 个百分点;去年排在第二位的"不适合精度阅读"今年降至第三位,比例却提高了 2.09 个百分点;"学习与记录不方便"、"权威性不够"的比例都比去年略有提高,"编排质量相对粗糙"和"其他"的比例则略有降低。

　　总体看,上海市民阅读消费稳定上升。在数字阅读快速发展的同时,纸质图书的阅读时间基本稳定,期刊、报纸持续下滑。从阅读人群看,深度阅读人群有所上升,"每天半小时"阅读渐成主流。值得注意的是,不阅读人群并未相应减少,阅读推广、引导和服务还有很多工作需要做。

（资料来源：http://mt.sohu.com/20160804/n462652720.shtml）

二、讲求个性消费

　　随着市场竞争的深入和加剧,市场能提供的商品日渐丰富。面对丰富多彩的产品和服务,消费者能够以个人心理愿望为基础挑选和购买商品和服务。他们不仅能作出选择,而且还渴望选择。他们的需求更多了,变化也更多了。消费者开始制定自己的准则,他们不惧怕向商家提出挑战,这在过去是不可想象的。用精神分析学派的观点考察,消费者所选择的已不单是商品的使用价值。而且还包括其他的"延伸物",这些"延伸物"及其组合可能各不相同。因而从理论上看,没有一个消费者的心理是完全一样的,每个消费者都是一个细分市场。心理上的认同感已成为消费者作出购买的品牌和产品决策时的先决条件,个性化消费正在也必将再度成为消费的主流。

　　现在的消费者比以往更注重消费多元化、个性化的发展。无论是吃、穿、住、行、用等方面的消费,还是精神需求方面的消费,都表现出变化大、速度快。消费多元化、个性化的发展趋势越来越显著,正在也必将成为消费的主流。

　　与此相对应,企业产品的生命周期却相对缩短,流行趋势大大加快,过去一件产品流行十几年的现象已经不见。这对企业来说,为了长久生存,首先必须认清消费者多元化、个性化的需求,开发消费者需要的产品;还必须每年采用新技术,开发产品新功能,促使消费品加速更新换代,以配合消费者多元化、个性化、求新、求变的需求。只有这样,企业生产的产品才能在市场上立足,不致被淘汰。

> **小资料：个性化消费成趋势**
>
> 国内领先的海外购物平台洋码头发布《2016 上半年中国海淘消费报告》，报告显示，在线海外购物市场潜力巨大，整体市场规模 2015 年近 1 万亿元，占比国内生产总值的 1.3%，平均每个中国人一年在线海外购物消费 655 元。
>
> 随着跨境电商的发展，消费市场呈现普及化的特点。消费人群正由一线向二、三线城市延伸，而且相比一、二线城市，三、四线城市则展现了巨大的消费能量，消费更为大胆；此外商品的购买需求也从标品爆款逐渐走向个性化、差异化商品，从高端奢侈品或大件商品，到牙刷、杯子、指甲钳等生活日用品。
>
> 消费内容也变得更多元化。能够购买到来自全球 68 个国家、超过 2 万个品牌商品，每日可购单品超过 28 万个，能够第一时间同步全球品牌新品，能够自由选择优质品类商品产地。此外，不同国内城市性格在海购方面也展现出了迥异特点，北上人爱大牌，广深人较低调。
>
> 报告将洋码头 2016 上半年数据和去年同期对比发现，北上广深等一线城市 2016 上半年海购增速占比较去年同期上涨 77.57%，二线城市上涨 84.32%，而三线城市增速更为明显，达到 108.65%。消费人群的延伸也意味着海外购物的逐步普及化，洋码头等跨境电商的发展让更多低线级城市的消费者可以更方便地接触到最新的全球时尚潮流和生活方式。
>
> 而随着海外购物消费的普及化，消费者的品位和购买需求正在发生变化。报告显示，消费者的购买需求已逐渐从标品爆款走向个性化、差异化，在洋码头买手发布商品中，除了面膜、保温杯、尿布、驱蚊水、保健品等标品爆款商品，限量、小众款甚至全球首发的新品也同样受到追捧。
>
> 报告显示，截止到 2016 年 6 月底，洋码头全球买手分布于全球 68 个国家和地区，覆盖六大洲。分布全球各地的买手不仅能够淘到当地时下最热门最潮流的物品，同时 VIP 折扣比自己出境购物更加具有价格优势。
>
> （资料来源：2016 上半年中国海淘消费报告）

三、开始关注绿色消费

绿色消费，也称可持续消费，是指一种以适度节制消费，在金融危机的情况下更应该注重绿色消费。它不仅包括绿色产品，还包括物资的回收利用，能源的有效使用，对生存环境、物种环境的保护等。倡导绿色注重绿色消费避免或减少对环境的破坏，保护生态等。不同的人对绿色消费的理解是不同的。求同存异，绿色消费的内容可以概括为：节俭消费，减少污染；绿色生活，环保选购；重复使用，多层利用；分类回收，循环再生；保护物种，万物共生。它与传统消费的根本不同在于：不仅要满足人的生存需求，还要满足环境保护的需求。

随着环境运动的深入开展，绿色消费已经得到国际社会的广泛认同。国际消费者联合会从 1997 年开始，连续开展了以"可持续发展和绿色消费"为主题的活动，中国国家环境保护总局等 6 个部门在 1999 年启动了以开辟绿色通道、培育绿色市场、提倡绿色消费为主要内容的"三绿工程"，中国消费者协会把 2001 年定为"绿色消费主题年"，日本于 2001 年 4 月颁布了《绿色购买法》。类似的活动在全球正在兴起，它们推动着绿色消费进入更多人的生活。

绿色消费是文明、科学的消费。企业应顺应绿色消费的时代潮流，用新的资源观、物质观、价值观来武装头脑，去实现绿色消费模式；用绿色管理理念及其方法，全力开发绿色产品，拓宽市场的范围和层次，使传统产品和业务向纵深方向延伸和发展。另外，还要兼顾消费者的审美情趣与情感需求，满足特定的精神需要，使产品和服务的内容更加人性化，充分体现消费者的个性化特点，满足消费者特殊情感的表达。

小资料：2016 年度中国绿色消费市场规模及发展情况分析

截止到 2015 年年底，中国在线绿色消费者群体已经达到 6 500 万人，2015 年全年阿里网络零售平台累计减少二氧化碳排放约 3 000 万吨。绿色消费者总数达 6 500 万，近四年增长 14 倍。阿里平台上绿色消费者近四年增长 14 倍，2015 年规模超过 6 500 万人。

该报告首次提出"绿色消费者"概念，阿里研究院认为，绿色消费者是指那些关心生态环境、对绿色产品具有现实的购买意愿和购买力的消费人群。他们具有绿色意识，并已经或可能将绿色意识转化为绿色消费行为。

通过对阿里中国零售平台上 4 亿名消费者的购物行为、10 亿件商品的特征、几十万量级的关键词进行分析，阿里研究院发现符合绿色消费者特征的在线人群达到 6 500 万人，占淘宝活跃用户的 16%，近四年增长了 14 倍。阿里研究院副院长杨健表示，海量绿色消费者的涌现具有重要的时代意义，互联网有助于信息透明，消费者主权崛起，绿色消费需求的释放势必能更好地引导绿色供给、推动供给侧改革。

根据阿里大数据分析，绿色消费者在不同群体的渗透率不同，29~35 岁的辣妈群体绿化度最高，几乎平均两个辣妈中有 1 个是绿色消费者。报告发现，绿色渗透率在 23~28 岁的年轻人群中扩散速度最快，2011~2015 年，这一年龄人群的绿色渗透率提升了 16.7 个百分点，显著高于全年龄段 12.8 个百分点的提升平均值。另外值得关注的是，绿色消费理念在低线城市认同度基本与一、二线城市基本持平，显示中国绿色消费理念在中小城市的在线人群中同样深入人心。辣妈是绿色渗透率最高的人群，平均两个辣妈中就有一个绿色消费者。

阿里研究院发现，2015 年阿里网络零售平台上有 50 大类 2 亿绿色篮子商品（绿色篮子商品指具有"节资节能、环境友好、健康品质"三大绿色属性的商品集合）。

绿色篮子消费额占阿里零售平台的 11.5%，过去五年的年复合增长率超过 80%。按照对绿色篮子商品消费频次的分析，过去五年，重度绿色消费者（年均消费 20 次以上）显著扩张，从 2011 年的 19.4%增长到 2015 年达 28.4%，净增了 9 个百分点。深度绿色消费者显著扩张，2015 年接近 30%。绿色篮子消费全额近 5 年年复增长率超过 80%，2015 年占阿里零售平台的比例达至 11.5%。

报告分析认为，绿色消费不仅是健康的生活方式，还在最大程度上减少经济活动对环境造成的负面影响，直接降低治理环境污染的高昂成本。

根据中国社科院中国循环经济与环境评估预测研究中心与阿里研究院的测算方法，2015 年阿里网络零售平台因节省能耗与物耗而减少排放约 3 000 万吨二氧化碳，相当于新增鄱阳湖面积大小的森林。平台销售的节水型用品，年节水量可供北京使用 13 天；节能产品的年节电量可供北京使用 25 天；平台销售的环保包装产品，对应减少塑料袋消耗量折算成石油，则可供北京出租车行驶 62 天。

（资料来源：智研咨询发布的《2016~2022 年中国绿色产业园行业研究及投资战略研究报告》）

四、消费主动性增强

在社会分工日益细化和专业化的趋势下，即使在许多日常生活用品的购买中，大多数消费者也缺乏足够的专业知识对产品进行鉴别和评估，但他们对于获取与商品有关的信息和知识的心理需求却并未因此消失，反而日益增强。这是因为消费者对购买的风险感随选择的增多而上升，而且对单向的"填鸭式"营销沟通感到厌倦和不信任。尤其在一些大件耐用消费品（如电脑）的购买上，消费者会主动通过各种可能的途径获取与商品有关的信息并进行分析比较。这些分析也许不够充分和准确，但消费者却可从中获得心理上的平衡，减低风险感和购后产生后悔感的可能，增加对产品的信任和争取心理上的满足感。消费主动性的增强来源于现代社会不确定性的增加和人类追求心理稳定和平衡的欲望，而且人天生就有很强的求知欲。

消费者权利包括要求得知商品信息、诉讼索赔、评价和监督企业产品和服务质量等方面要求的权利。现代社会中消费者的利益受损失是一种普遍现象，无论采取什么措施都不可能避免消费者受害。随着保护消费者权利的法规颁布和各地消费者协会的成立，消费者权利得到有效保护，消费者主人意识也日益觉醒，开始主动行使消费者权利。行使消费者权利，就是消费者运用舆论、行政甚至法律手段维护自己的权益，"以法维权"。消费者对产品质量和服务不仅要求享受知情权和公平交易权，还要求对产品质量和服务以及保护消费者权益工作享有监督的权利。消费者在交易中逐渐由从属地位转为主动地位，保持了交易中的对等性。消费者要求"明明白白消费"，"维权"行为到处可见。

在这种背景下，企业必须把保护消费者权利作为经营管理策略重点考虑的因素之一，要认真执行《消费者权益保护法》，切实履行经营者的义务，真正实现消费者与企业在交易中的对等性、确立消费者与企业在实质上的自由平等性。这不仅对保护消费者的利益和权利是必要的，而且对企业的长远发展有重大的意义。

任务二　当前我国居民消费的差异

国家统计局数据显示，2016 年上半年全国居民人均可支配收入 11 886 元，同比名义增长 8.7%。扣除价格因素，实际增长了 6.5%，接近上半年 6.7%的经济增速。在供给侧结构性改革大背景下，上半年居民收入增加仍保持 6.5%的水平，实属不易。

一、居民消费的地区差异

居民收入水平是影响居民消费需求最直接、最根本的因素，并最终决定着居民的消费层次和消费结构。全国 31 个省市区城镇居民的消费支出水平和结构有较大差异，经济发展较好的地区城镇居民的消费水平较高，消费结构也较合理。从各地已公布数据的地区来看，城镇居民人均可支配收入名义增速不低于 8.7%的省区市包括北京、上海、天津、湖北、江西、安徽、重庆、云南、贵州、青海。西部地区收入增速较高，贵州、青海两地城镇常住居民人均可支配收入名义增速分别达到 9.3%、9.2%，大大高于全国平均水平。结合上半年各地公布的 GDP 数据来看，12 个省区市的城镇居民收入跑赢了 GDP，分别是北京、上海、河北、广东、福建、浙江、海南、湖南、湖北、四川、云南、陕西、青海；海南的城镇居民收入增长与 GDP 持平。而天津、江西、河南、安徽、重庆、广西、内蒙古等省区市的城镇居民收入未跑赢 GDP。

居民消费行为是由居民消费意愿支配的，而消费意愿的形成不仅由居民收入决定，还同时受消费环境和相应消费模式的制约。我国地域辽阔，人口众多，长期以来经济发展不平衡，不仅形成城乡之间居民消费水平的差距显著，还同时形成地区之间居民消费水平的差距显著。除居民收入水平外，还有诸如基础与公共设施、消费倾向、消费内容、消费规模和环境等都有很大不同，多种因素共同作用后，造成了我国居民消费水平在不同地区之间的差异。

二、居民消费的城乡差异

近十年我国消费品市场总量增长 1.9 倍，但城镇居民购买消费品的增长幅度明显快于农村居民，使得城镇居民购买的消费品占社会消费品零售总额的比重持续上升，而农村居民购买比重持续下降。2007 年我国城镇居民购买的消费品零售总额 70 355 亿元，比 1998 年增长 2.9 倍，而农村居民购买 18 855 亿元，仅增长 2.1 倍，占全部社会消费品零售总额的比重，城镇居民和农村居民则分别上升和下降了 5.5 个百分点。我国目前有近 8 亿农民居住在农村，按人口计算的人均消费品购买量则更低。

（一）城乡居民消费结构的差异

我国目前城镇居民与农村居民由于各自所处消费环境、收入水平、消费观念及消费偏好不同，因而在消费结构上存在显著差异。农村居民目前偏向于满足吃、住等基本生存条件的消费，而城镇居民则偏向于衣着、精神文化等高质量生活的消费。城镇居民基本上是吃穿住行的消费序列，农村居民则是吃住穿行的消费序列。20世纪90年代，城镇居民消费支出的结构顺序转变为食品、衣着、文娱、用品、居住、交通、杂项、医疗，消费热点从吃、穿、用等基本消费逐渐转向文娱、住行等领域；农村文娱支出上升到第三位，是支出结构变化中最明显的部分，其他各项顺序不变。进入21世纪，城镇居民文娱、居住支出位次进一步前移，消费结构序列转变为食品、文娱、衣着、居住、用品、交通、医疗。同时期农村居民消费序列为食品、居住、文娱、衣着、医疗、交通、用品等。

（二）城乡居民消费质量的差异

目前我国农村居民食品消费主要以粮食和蔬菜为主，奶及奶制品消费量最少，主要解决的是吃饱的问题；虽然城镇居民的食品消费结构也以粮食和蔬菜为主，但从消费比上看，其消费数量明显少于农村居民，而城镇居民消费的奶及奶制品、猪牛羊肉、水产品和禽蛋及制品的数量明显多于农村居民。这说明我国目前城乡居民的食品消费质量存在很大差距，城镇居民在解决温饱的基础上，更加注意饮食的营养搭配，其消费质量明显高于农村。

（三）城乡居民消费水平的差异

恩格尔系数（Engel's Coefficient）是食品支出总额占个人消费支出总额的比重。恩格尔定律主要表述的是食品支出占总消费支出的比例随收入变化而变化的一定趋势，揭示了居民收入和食品支出之间的相关关系，用食品支出占消费总支出的比例来说明经济发展、收入增加对生活消费的影响程度。众所周知，吃是人类生存的第一需要，在收入水平较低时，其在消费支出中必然占有重要地位。随着收入的增加，在食物需求基本满足的情况下，消费的重心才会开始向穿、用等其他方面转移。因此，一个家庭生活越贫困，恩格尔系数就越大；反之，生活越富裕，恩格尔系数就越小。

近十年我国城乡居民家庭的恩格尔系数总体呈下降趋势，充分说明我国城乡居民的收入水平和消费水平都有显著的提高。居民消费结构逐渐从以生存为主的温饱型转向小康型的消费模式。其中城镇居民家庭恩格尔系数由1998年的44.7%下降到2007年的36.3%，依照我国目前实际，已由小康型逐步过渡到了富裕型。与此同时，农村居民家庭恩格尔系数虽然逐年有所下降，但一直高于城镇居民，2007年为43.1%，整体上虽达到小康标准，但其消费水平大体只是城镇居民十年前的水平。

任务三　提倡健康节约的绿色消费

一、绿色消费的内涵

随着社会经济的发展，正产生着一对新的矛盾：一方面，人们的消费结构不断优化，消费层次不断提高，人们对健康、文明、科学的需要越来越高；另一方面，在经济发展过程中对环境所造成的污染，对人们的消费生活所带来的负面影响也越来越明显。我们现在正在倡导节约型社会，要想建设节约型社会那就需要人们树立正确的消费观。科学的消费观要求要用消费的本来面目认识消费，指导消费，减少无效消费、负效消费和各种非理性消费，减少消费环节对资源的浪费、对环境的污染和对人健康的损害，最大限度地满足人们生理健康和精神健康的需要。绿色消费这一新的消费理念在这样的背景下提了出来，已成为人类的共识。

绿色，代表生命、健康和活力，是充满希望的颜色。国际上对"绿色"的理解通常包括生命、节能、环保三个方面。绿色消费是指消费者对绿色产品的需求、购买和消费活动，是一种具有生态意识的、高层次的理性消费行为。

绿色消费是从满足生态需要出发，以有益健康和保护生态环境为基本内涵，符合人的健康和环境保护标准的各种消费行为和消费方式的统称。绿色消费包括的内容非常宽泛，不仅包括绿色产品，还包括物资的回收利用、能源的有效使用、对生存环境和物种的保护等，可以说涵盖生产行为、消费行为的方方面面。

同时，绿色消费并非消费绿色，它有三层含义：一是倡导消费时选择未被污染或有助于公众健康的绿色产品。二是在消费者转变消费观念，崇尚自然、追求健康，在追求生活舒适的同时，注重环保，节约资源和能源，实现可持续消费。三是在消费过程中注重对垃圾的处置，不造成环境污染。

小资料：细节中的绿色消费

减少使用一次性筷子、少寄或不寄贺卡、超市购物时尽量减少使用免费塑料袋而改用可循环使用塑料袋、购买会呼吸的空调、购买家电产品认准"能效标识"……随着人们环保意识的提高，绿色观念正潜移默化地影响着我们的消费模式，绿色消费也正在人们的生活中悄然兴起，其实在生活中处处都可以发现绿色消费的影子。如：在城市以自行车、电动车代替汽车出行，既减少了汽车废气的排放，又避免了塞车与停车的麻烦和达到锻炼身体的目的；选择环保材料构筑的房屋，既为空调省了电，又节约了水资源，而且美化和享受了生活；将待机的电脑和手机关掉，既节电减少了碳的排放量，又避免了不必要的辐射；少食肉食品多吃蔬菜，既减少了畜牧业和肉食加工业产生废气的排放量，又有利于身体健康；拒绝使用超薄塑料袋、拒绝使用一次性餐具和餐巾纸、生活垃圾分类处理、洗

> 完衣物的水先擦地板再冲马桶……可见，绿色生活本来就是健康生活的代名词，消费者既为低碳事业做出了贡献，又使自己生活更舒适、身体更健康。

二、绿色消费的原则

1. 节约资源，减少污染（Reduce）

地球的资源及其污染容量是有限的，必须把消费方式限制在生态环境可以承受的范围内。因此，必须节制消费，以降低消耗，减少废料的排放以减少污染。其中最为重要的是：节约用水。地球表面的 70%是被水覆盖着的，约有 14 000 亿立方米的水量，但是，其中有 96.5%是海水。剩下的虽是淡水，但其中一半以上是冰，江河湖泊等可直接利用的水资源，仅占整个水量的极少部分。水是珍贵的资源，不能浪费。其次，还要减少废水排放。应当加强废水管理，工业废水、城市污水，都应及时处理，防止直接排入自然水体。除了水，空气污染也应重视，要减少废气排放。大气所受的污染，主要来源于燃烧煤所产生的烟尘，汽车、机动车尾气等。应当采取治理措施，污染物排放超过国家规定的排放标准的汽车，不得制造、销售或者进口。

2. 绿色消费，环保选购（Re-evaluate）

每个消费者都要带着环保的眼光去评价和选购商品，审视该产品在生产过程中会不会给环境造成污染。消费者用自己手中的"货币选票"，看哪种产品符合环保要求，就选购哪种产品，哪种产品不符合环保要求，就不买它，同时也动员别人不买它，这样它就会逐渐被淘汰，或被迫转产为符合环保要求的绿色产品。这样引导生产者和销售者正确地走向可持续发展之路。

3. 重复使用，多次利用（Reuse）

为了节约资源和减少污染，应当多使用耐用品，提倡对物品进行多次利用。20世纪80年代以来，一次性用品风靡一时，什么"一次性筷子"、"一次性包装袋"、"一次牙刷"、"一次性餐具"等。一次性用品给人们带来了短暂的便利，却给生态环境带来了高昂的代价。在发达国家，曾风靡一时的"一次性使用"风潮正在成为历史。许多人出门自备可重复使用的购物袋，以拒绝滥用不可降解的塑料制品；许多旅店已不再提供一次性牙刷，以鼓励客人自备牙刷用以减少"一次性使用"给环境所造成的灾难。我国应当学习发达国家的先进经验，发扬中华民族艰苦朴素的优良传统，珍惜资源。

4. 垃圾分类，循环回收（Recycle）

垃圾是人类生产与生活的必然产物。人类每天都在制造垃圾，垃圾中混杂着各种有害物质。随着城市规模的扩大，垃圾产生的规模也越来越大，垃圾处理的任务也越来越重。现有的办法是拉去填埋，但这种方法侵占土地、污染环境，不是长久之策。而将垃圾分类，循环回收，则可以变废为宝，既减少环境污染，又增加了经济资源。

5. 救助物种，保护自然（Rescue）

在地球上，生态是一个大系统，各种动物、植物互相依存，形成无形的生物链。任何一个物种的灭绝，都会影响到整个生物链的平衡。人是地球最高等的动物，但实质上也不过是生物链中的一链，人类的生存要依赖于其他生物的生存。因此，保护生物的多样性，就是保护人类自己。人类应当爱护树木，爱护野生动物，要将被破坏了的生态环境重新建立起来。

三、绿色消费的心理过程

一般消费者的心理活动过程，指的是消费者在购买行为中的心理活动的全过程，大致可分为认知过程、情绪过程和意志过程三个部分，在这些不同过程中消费者的心理行为直接地反映出消费者个体的心理特征。

绿色消费是指消费者从保护健康和个体利益的角度出发对绿色产品的消费；或者是指消费者旨在保护生态环境，在消费过程中减少资源浪费和防止污染，承担社会责任的角度考虑而采用的一种理性消费方式。所以，与其他普通商品相比，在消费内容和消费心理上又有明显的特征。

1. 消费者的认知过程

消费者购买行为的心理活动，是从商品的认知过程开始的，这一过程构成了消费者对所购买商品的认识阶段和知觉阶段，是其购买行为的重要基础。在认识的开始阶段，消费者从广泛的途径获取有关绿色商品的各种知识和信息，如"绿色食品"、"绿色冰箱"等，在心理上产生刺激，从而形成绿色商品的片面的、孤立的和表面的心理印象。接着，随着绿色商品和绿色知识的不断传播，从而形成记忆、思维、想象等一系列复杂的心理过程。在此基础上，对绿色产品产生信任情感，在购买中消费者借助于记忆，对过去生活实践中感知的商品，体验过的情感或有关的知识经验，做出决定。所以在这个阶段消费者需要大量的绿色商品知识和绿色消费有关的信息，在消费者头脑中形成一定量的信息储存，以便在以后的购买决定中产生深刻的影响。

2. 消费者的情绪过程

消费者对绿色商品和绿色消费的认知过程，是采取购买行为的前提，但并不等于他必然采取购买行为。因为消费者是生活在复杂的社会环境中的具有思维能力的人，是容易受影响的个体，因此，他们在购买时将必然受到生理需求和社会需求的支配，两者构成了其物质欲求的强度。由于生理欲求和社会欲求会引起消费者产生不同的内心变化，造成消费者对商品的各种情绪反应，如果情绪反应符合或满足了其消费需求，就会产生愉快、喜欢等积极态度，从而导致购买行为。反之，如果违反或不能满足其消费需要，则会产生厌恶情绪，就不会产生购买欲望。

一般来说，人们的消费需求可以分为生理需求和社会需求。在这里，需要引起重视的是消费者的社会需求及其所引起的情感，是人类高级的社会性情感。这种情感具有稳定的社会内容，往往以鲜明的突发性的情绪表现出来，这种情感对消费者的购买行为具有很明显的影响，代表了人的社会欲求。

绿色产品或绿色消费恰恰能够极大化地满足人们的生理需求和社会需求，如"绿色蔬菜"是指不用化肥、农药，不受其他化学污染的蔬菜；"绿色食品"是指不用防腐剂及其他人工色素和化学品的食品，这些不仅满足了人们的基本生理需求，而且最大限度地保护了身体健康。"绿色冰箱"的制冷剂采用非氟利昂制品，节能、高效，保护地球大气层不受破坏并节约了能源，注入了生态理念，满足了社会需求。另外，随着社会的进步，科学文化知识的普及，生态环境意识的增强，绿色消费渐成时尚。再生资源的利用，节约能源，反对浪费，保护生态环境，主动承担社会责任等逐渐成为个人素质、修养、身份和地位高低的重要标志，推崇理智消费，成了文明人的追求。在这种社会环境下，消费者追求社会需求引发的人类共同的情感的积极性就越高。所有这些都会对消费者心理产生良性刺激，促使其产生愉快、欢喜和积极的态度。同时，再辅以良好的消费环境，优质温馨的服务，使消费者产生愉悦的心理情绪，从而刺激消费者的购买欲望。

3. 消费者的意志过程

在购买活动中，消费者表现出有目的地和自觉地支配、调节自己的行为，努力克服自己的心理障碍和情绪障碍，实现其既定目的的过程，这就是消费者的心理活动的意志过程。它具有两个基本特征：一是有明确的购买目的；二是排除干扰和困难，实现既定目的。

总而言之，消费者的心理活动的认知过程、情绪过程和意志过程，是消费者决定购买的心理活动过程的统一，是密不可分的三个环节。所以，营销实践者只有充分认识各环节的内在特征，才能与消费者进行有效沟通，从而实现二者利益的统一。

四、倡导绿色消费

绿色消费，是以保护消费者健康权益为主旨、以保护生态环境为出发点、符合人的健康和环境保护标准的各种消费行为和消费方式的统称。倡导绿色消费需要从以下几点着手。

1. 转变传统消费模式，构建绿色消费模式

传统消费模式本质上是一种资源耗竭型的消费模式。在这种模式下，经济系统致力于把自然资源转化成产品以满足人的需要，用过的物品则被当作废物抛弃。随着人口的增多以及人们生活水平的提高，消费规模日益扩大，废弃物不断增多，造成了资源的耗减和环境的恶化。20世纪30年代至60年代，西方国家发生了一系列严重的环境污染事件，造成巨大经济损失，危害人们的健康和生命安全。发生这些环境污染事

件，一个重要根源是不可持续的消费方式：一方面，人们为了满足自己无限膨胀的欲望，肆意掠夺大自然，破坏生态环境；另一方面，人们又不顾及生态环境自身的"净化"能力，对消费所带来的废弃物处理不当，严重污染了生态环境。建设"两型社会"，应认真汲取历史上的教训，转变传统消费模式，大力发展绿色消费。发展绿色消费，可以在一定程度上抵制破坏生态环境的行为，促使生产者放弃粗放型生产模式，减少对环境的污染和资源的浪费，逐步形成可持续生产模式；可以引导消费观念和消费行为，使人们注重保护自然，形成科学、文明、健康的消费方式，促进生态环境的优化。

构建绿色消费模式。绿色消费模式包括：消费者在消费中，选择未被污染或有利于自身和公众健康的绿色产品；注重生态环境保护，在生产、消费和废弃物处理过程中注重保护环境；注重资源节约，包括资源的节约和重复利用等；树立可持续消费观，使消费行为不仅立足于满足当代人的消费和安全健康需要，还着眼于满足子孙后代的消费和安全健康需要。由于人口众多，中国是世界上人均自然资源占有量和环境容量水平很低的国家。发展绿色消费，构建绿色消费模式，有利于合理利用资源，提高资源利用率，化解中国人口、资源、环境的巨大压力，实现人与自然和谐相处。

2. 大力发展绿色消费

首先要提高全民绿色消费观念。思想是行动的先导。政府部门和领导干部应带头树立绿色消费观，新闻媒体应大力宣传绿色消费观，使人们认识到发展绿色消费既保护自身健康，又保护生态环境；既提高消费质量，又引导发展转型；既造福于当代，又造福于子孙后代。应将绿色消费教育融入公民教育之中，以提高社会成员维护公众利益和生态环境的自觉性与责任感。

其次要大力发展绿色产业。发展绿色产业，开发绿色产品，是发展绿色消费的前提条件。应运用科学技术和科学管理，开发绿色产品，提高产品质量，降低生产成本，努力为广大消费者提供丰富实惠的绿色产品。建设绿色产品基地，运用各种经济杠杆扶持绿色产业。建立绿色产品营销体系，方便消费者购买。加强对绿色产品的监测、监督和管理，维护正常的市场秩序。

最后是培育优美的生态环境。优美的生态环境是绿色消费赖以存在和发展的根基。应加强国土绿化，提高森林覆盖率，从源头上保护好空气、水、土壤等；转变经济发展方式，形成有利于节约资源和保护环境的经济发展模式，遏制环境污染；加强法制建设，为保护生态环境提供法制保障。

【章首案例分析】

麦肯锡的调查指出我国消费者在消费层次，消费结构和消费理念上发生了一些变化，同时调查还指出不同的地区、不同的收入水平，消费者的消费模式也各不相同。

随着人们生活水平的提高，我国居民在消费观念、消费环境、消费心理方面得到改善，但同时应该注意的是城乡之间、地区之间还存在差异。

另外，绿色消费被越来越多的人关注，正确认识绿色消费，实践绿色消费对于完善我们的消费理念、构建节约型社会、保持环境和社会的可持续发展非常重要。

项目小结

随着社会的进步和经济的发展，我国居民的消费心理和行为已经发生了一些变化，这些变化体现在消费水平、消费结构和消费观念上。同时，我国居民在地区和城乡之间还存在着消费差异。这些差异要求企业在不同的地区采用不同的营销策略。在节约型社会的大背景下，要使消费者树立绿色消费意识，构建绿色消费模式，实现社会的可持续发展。

同步练习

【名词解释】

1．恩格尔系数   2．绿色消费

【案例分析】

消费习惯变化带来启示

消费者的购买频率在明显下降，但他们每次的购物金额在明显上升……麦肯锡中国消费者调查反映出的几个比较明显的变化，引起了人们的注意。

从消费模式上讲，中国消费者更看重方便性。过去，中国消费者每天去一次或几次商场购买东西，一方面是希望买个新鲜；另一方面消费者觉得去商场买东西本身也是挺有意思的一件事。现在，越来越多的日常活动在"抢夺"消费者的购物时间。麦肯锡的调查发现，消费者的购买频率在明显下降，但他们每次的购物金额在明显上升。购物曾经是消费者非常重要的休闲活动，中国与其他国家对比，目前依然如此。但是这种重要性开始明显下降，因为现在有更多的休闲活动涌现，人们更加愿意花时间去旅游、运动健身，或参加真正的、纯粹的休闲活动。从这个角度讲，商场的客流可能会有所下降。

如果商家建一个大卖场，虽然消费者愿意花很多时间去坐它的免费巴士到大卖场里来消遣，但这种方式在慢慢地发生变化，越来越多的人希望在家门口就能买到东西，或者是开车去稍远的卖场买很多东西。这个变化对一些更小的卖场模式可能提供更好的成长土壤，也就是说，商家可能不需要开几千平方米、几万平方米的卖场，只要开五六百平方米或一两千平方米的店面，就可以为消费者提供更多方便性的服务。

中国居民生活水平发展到一定程度后，消费选择会发生变化，从过去单纯地关注饮食丰富，到现在觉得吃就是那么回事儿，更想得到的是好的消费体验，如电子产品、时装等能直接给消费者感官上的享受和丰富体验。从一些方向性数据来看，比较明显的是消费者在生活必需品，比如食品、特别是包装食品上希望控制支出；而在电子产品、娱乐相关产品、时装衣服等方面则希望增加支出。从零售上来说，电子产品、服装店专卖店或网上渠道在未来一段时间里，会有进一步加快发展的机会。尤其是年青一代消费者，对这些非必需品的需求，会进一步丰富和提高。

　　消费者的消费活动半径增大了、拉长了。以前，由于交通不便，上海与华东地区相对偏远的一些县市的沟通并不频繁。现在，随着交通便利，消费的趋同性加大。江浙一带城市消费者的选择范围增大了，他们可以直接到上海消费。这对于不同品类的产品有不同的影响。比如，对高端商品，店铺，是将店面开到比如杭州更远的城市，还是随着大家到上海或杭州消费的概率提高，更好地发挥中心城市旗舰店的拉动作用。过去，经营者更强调开店要进一步深入下去，但是有关专家认为，在目前的情况下，一些高端品牌可能需要更强调一线旗舰城市的市场地位，进一步加强旗舰城市对二、三线城市的作用和影响。

（资料来源：艾轩.劳动报，2011年2月9日）

　　问题：案例中反映出我国消费者在消费方面发生了哪些变化？

【技能训练】

　　调查周围的同学和朋友的消费行为有哪些消费属于绿色消费，他们对绿色消费的理解是否存在误区，有没有造成绿色浪费？在以后的消费行为中该如何实现绿色消费？

项目十 绿色消费与消费心理

学习目标
- 掌握绿色消费的心理特征
- 了解绿色产品的开发与销售
- 掌握促进绿色产品销售的策略

引导案例：2016 "绿色出行" 倡导绿色出行 践行可持续消费

2016 年 8 月 5 日下午，公益智库机构能源与交通创新中心（iCET）作为联合国环境署（UNEP）可持续绿色出行的合作伙伴，联合北京市新能源汽车展示体验基地在汽车博物馆举办了 "2016 绿色出行公益主题沙龙"，作为 "可持续消费宣传周" 绿色出行系列活动之一。

联合国环境规划署驻华代表张世钢先生，北京市新能源汽车发展促进中心主任牛近明先生，能源基金会（中国）清洁交通项目主管龚慧明先生，北京汽车博物馆副馆长刘井权先生，新能源汽车分时租赁企业壹壹租车运营总监李亚飞先生，北京市交通委宣教部主任郭群先生，北京市新能源体验展示基地钟华先生，以及能源与交通创新中心（iCET）创始人兼执行主任安锋博士等嘉宾出席，其他来自政府、企业、媒体、NGO 及消费者代表超过 100 人参会。

会上，联合国环境规划署驻华代表张世钢先生作了可持续消费绿色出行主旨发言，他指出到 2050 年，全球机动车数量将可能达到 20 亿乃至 30 亿辆，其中增量的 90% 将发生在发展中国家和经济转型国家，温室气体排放增值当前的 3 倍，交通领域碳排放贡献也将增至三分之一。在此背景下，国内外政府均提出相应的可持续发展及消费目标，表明了实现绿色可持续消费的决心。他还强调绿色出行是绿色消费周的重要组成部分，鼓励广大市民尽量采用绿色出行方式，以降低环境污染，重现碧水蓝天，并表示 UNEP 希望看到越来越多像 iCET 这样的智库机构出现，持续推动绿色交通和绿色出行。

能源基金会（中国）过去十几年一直在资助项目促使中国清洁交通政策落地，

> 最近也在支持一些新能源汽车消费者倡导项目，交通项目主管龚慧明先生对政府主导的政策和消费者主导的市场在践行绿色出行方面的作用进行了意见阐述，并分享了最近能源基金会（中国）联合北京、上海两地消费者进行新能源汽车调查的一些有趣结论，如试乘试驾能在很大程度上改变消费者对新能源汽车的传统印象，而买了新能源车的消费者则普遍反映车的质量高于预期，焦虑在使用过程中也逐渐降低，且大部分车主表示下一次换车的时候还是会考虑新能源汽车的。
>
> （资料来源：http://auto.qq.com/a/20160808/021434.htm）

任务一　绿色消费概述

一、可持续发展与绿色革命

整个 20 世纪，工业化浪潮以前所未有的速度和效率为社会创造了巨大的财富，为广大消费者提供了丰富多样的物质生活，也给企业带来了巨额商业利润。但与此同时，人类赖以生存的自然环境也在遭受严重破坏。资源被大量浪费，环境被严重污染，生态面临失衡的威胁，人类开始感受到前所未有的生存危机。面对这一"有增长、无发展"的困境，人类不得不重新审视自己的发展历程，寻觅一条新的可持续发展道路。

可持续发展是指既满足当代人需要，又不影响满足后代人需要的发展，是一个涉及自然、经济和社会三大体系的复合性发展观念。

随着人们对环境认识的不断深化，各种世界性环保组织纷纷崛起，如绿色和平组织、绿友会、地球之友（FOE）等。理论界各种"环境科学"研究应运而生，包括环境经济学、人类地球管理学等。对人口、资源、社会经济发展与自然生态环境的关注，已成为全人类共同关心的重大问题。于是，在衣、食、住、行、用等各方面，绿色消费之风蔚然兴起，从生产、生活到消费、流通等各大领域，绿色产品、清洁营销应运而生。一个以保护环境、节省资源核心的"绿色革命"在全球范围内开展起来。

二、绿色消费的兴起

（一）绿色消费的含义

绿色消费是一种以"绿色、自然、和谐、健康"为宗旨，有益人类健康和社会环境的新型消费方式，是消费者意识到环境恶化已影响其生活质量及生活方式，要求企业生产并销售有利于环保的绿色产品或提供绿色服务，以减少对环境的伤害的消费。在国际上，绿色消费已经成为一个宽泛的概念。一些环保专家把绿色消费概括成 5R，即节约资源，减少污染（Reduce）；绿色生活，环保选购（Re-evaluate）；重复使用，多次利用（Reuse）；分类回收，循环再生（Recycle）；保护自然，万物共存（Rescue）。

中国消费者协会在公布 2001 年消费主题——"绿色消费"的同时，也提出了"绿色消费"的概念。绿色消费包括以下 3 层含义：一是倡导消费者在消费时选择未被污染或有助公共健康的绿色产品；二是在消费过程中注重对垃圾的处置，不造成环境污染；三是引导消费者转变消费观念，崇尚自然、追求健康，在追求生活舒适的同时，注重环保，节约资源和能源，实现可持续发展。

绿色消费的最初形式是对绿色食品的购买。处于自身的健康考虑，人们逐渐钟情于无污染的环保食品，尽管它们的价格要普遍高于同类产品。但是随着绿色经济的发展，绿色消费已经不仅仅局限于绿色食品，还包括绿色家电、绿色服装、绿色建筑等。而且流行色消费也不仅仅局限于个人，绿色农业、绿色化工、绿色技术等宏观绿色消费也在迅速发展。

案例讨论：圣象地板积极响应中国消费者协会 2011 年"消费与环境"主题

圣象集团多年来一直致力于健康地板的研制，圣象不仅仅要以超前的款式设计和高品质引领市场，更将健康地板研发作为未来十年的战略重点。营造百亿健康产业，成就世界一流木业产业集团成为圣象集团未来十年的战略工作目标。在健康已经成为当今地板消费领域消费者首选的指标的今天，圣象不断在健康地板的生产、技术、研发方面成就一个又一个里程碑。

2002 年，圣象大规模推出了抗菌地板，在高品质的基础上，实现了地板附加抗菌功能；2004 年至 2005 年，大规模投资 EO 级地板基材和 EO 级地板生产，实现 EO 级健康地板产销量突破 2 000 万平方米，为行业整体健康等级的提升起到先锋作用；2005 年，推出圣象健康合家欢组合，使健康地板消费扩充到 EO 级健康地板、EO 级踢脚线、无甲醛胶水、全时抗菌等多个相关产品组合。

2006 年，中消协将关注点上升到宏观健康角度，"消费与环境"的年度维权主题应运而生，直指健康消费热点。"消费与环境"的含义是：生产和消费安全健康的产品，倡导健康、文明的消费方式，对于建材行业则要求企业走节约型、资源高效利用型、可持续发展的道路。人与自然和谐相处，营造安全健康的家居生活，这也是我国长期的一项国策。

基于 2006 年"消费与环境"的维权主题，圣象将健康地板消费概念继续升级为 24 小时持续发挥抗菌、防霉、祛除油污、降解有害气体的 EO 级健康地板，实现了全方位、全健康的健康地板消费新"净"界。

分析：如今，消费者意识到环境恶化已经影响其生活质量及生活方式，开始崇尚自然，追求健康，在追求生活舒适的同时，注重环保。消费者消费观念的转变，要求企业生产并销售有利于环保的绿色产品或提供绿色服务，以减少对环境伤害的消费。圣象集团致力于健康地板的生产，符合消费者需求，最终获得了市场。

（二）绿色消费意识的产生

随着环保意识的不断深化，人们对环境和资源的忧虑，逐渐转化为消费过程中的自律行为。人们更加倾向于无污染、保护环境的消费，绿色需求在世界范围内被逐渐唤起。绿色需求是人类在社会实践中对于绿色物质和精神需求的综合，它不仅表现为人们对绿色产品、绿色环境以及衣、食、住、行、用等方面的生理、安全、生存需求，而且体现在社交、享乐、发展等高层次的需求上。绿色需求反映了人们返璞归真、崇尚自然、向往绿色、放弃更多物质追求的价值观念，体现了从当代人生存、安全需要考虑，到为几代人、几十代人生存、安全需求考虑的长远思考是一种更高层次的理性需求，也是全人类的需要，未来发展的需要。

消费者"绿色意识"的觉醒，可以说是源于其生活质量的改善、消费层次的提高以及对生存空间和居住环境的追求。如人们喜欢购买未施农药和化肥的蔬菜、粮食，崇尚不破坏食物营养成分、没有污染的烹饪方式，关心居室的装饰是否会排放有害气体或辐射，愿意购买无氟冰箱以及尽可能用纸制饭盒塑料包装等。同时消费者也从社会道德和社会责任感角度出发，自觉或不自觉地承担保护自身生存环境的责任。

三、国际绿色消费

随着环保和可持续发展的观念日益深入人心，环保意识和环保消费创造了新的市场需求，环保产品及服务迅速成长起来。绿色消费也随着经济全球化而国际化，一些国际型环保公约相继出台。如国际环境公约、WTO 协议中的环境条款、国际环境管理体系系列标准（ISO 14000）、绿色标识制度等。以下就其中几项作简单介绍。

1. 国际环境公约

20 世纪 50 年代以前，涉及环境与环保问题的国际公约只有 6 项，70 年代增长到 16 项，80 年代增长到 100 项左右，目前增长到 180 项，如《保护臭氧层维也纳公约》（1985 年）、《关于破坏臭氧层物质的蒙特利尔协定书》（1987 年）及其《伦敦修正案》（1990 年）、《保护生物多样性公约》（1992 年），等等。这些国际环境公约对世界经济的可持续发展具有重要作用。

2. 有关协定中的环境条款

WTO 有关协定中的环境条款无疑对于促进环境保护有重要作用。《关税及贸易总协定》第 20 条规定，不得阻止缔约国采用或实施为保护人类、动植物的生命或健康所必须的措施和为有效保护可能耗竭的自然资源的有关措施；《建立世界贸易组织协议》指出，在符合可承受的发展速度的前提下，允许缔约国合理地利用世界资源，以符合各国经济发展水平所决定的各自需求与利害关系的方式寻求环境保护，并提高这种保护的手段；《技术性贸易壁垒协定》指出，不应妨碍任何国家采取必要措施保护人类、动植物的生命和健康以及环境；《关于实施卫生与植物检疫措施的协定》和《服务贸易总协定》中也有类似的条款。

3．国际环境管理体系系列标准（ISO 14000）

国际标准化组织（ISO）在1993年6月组建了环境管理技术委员会（TC207），负责制定环境管理体系系列标准，目前已起草的标准有24个。1996年9月，TC207颁布了该系列标准中的5个，即ISO 14001、ISO 14004、ISO 14010、ISO 14011和ISO 14012。ISO 14000系列标准是在欧盟生态管理和审核法规（EMAS）英国环境管理体系标准（BS7750）的基础上，吸收各国环境经验制定的，包括环境方针、计划、实施与运行、检查与纠正、管理审评等内容。ISO 14000系列标准是减少和消除环境污染的管理办法，也是解决经济与环境协调发展的有效途径。

4．绿色标志制度

绿色标志制度又称环境标志制度，或生态标识制度，是指由政府部门或公共、私人团体依据一定环境标准向有关厂商颁发的，证明其产品符合环境标准的一种特定标志。标志获得者可把标志印在或贴在产品或其包装上。它向消费者表明，该产品从研究开发、生产、消费、使用，到回收利用和处置的整个过程都符合环境保护要求，对环境无害或损害极少。绿色标志制度发展很快，现在已有二十多个发达国家、二十多个发展中国家和地区推出绿色标识制度，比较典型的德国的"蓝色天色"、日本的"生态标志"、美国的UL和"绿十字"、加拿大的"ECP"标志、法国的"NE环境"、欧盟的"CE"和"FV"、印度的"生态标志"、新加坡的"绿色标志"等。环境标志制度的确立和实施，超越了以往的末端治理模式，强调产品在整个生产周期的无害化或低害化，备受公共欢迎。

任务二　绿色消费者的心理特征

在绿色消费领域，消费者的心理除了具有一般消费者的特点外，更有一些独特的消费心理。充分研究和了解绿色消费者的心理特征及行为影响因素，才能科学预测绿色消费行为，为绿色市场和绿色产业的发展提供切合实际的依据。

一、绿色消费的心理特点

绿色消费者具有以下心理特点。

（一）绿色需要

1．绿色需要的含义

从广义上讲，绿色代表"长青"。所谓绿色需要，是人类为了健康和可持续发展而产生的需要。这种需要的满足有利于人类的"长青"的生活。从狭义上讲,"绿色"是"生态"的代名词。因此,绿色需要指人类的"生态需要",即由于人类生理机制中内在的一种对自然环境和生态的依赖性与不可分割性而产生的需要,也是人们为了满足生理和社会的需要而对符合环境保护标准的产品和服务的消费意愿。

绿色消费者需要是一种超越自我的高层次的消费需要。它不仅仅考虑自身的短期利益,更注重人类社会的长远发展,其内容一般符合"3E"和"3R"原则:

（1）经济实惠（E）原则。例如,西方发达国家倡导人们使用小排量汽车,对大排量车要通过征收高额消费税加以限制。

（2）生态效益（E）原则。例如,哈尔滨市已从以往用自然资源换效益的陈旧观念中走出来,开始用生态资源效益的理念赚钱。从前生态环境恶劣的天恒山,经过治理已开始申报地质公园。301国道、京哈高速路两侧,已开始恢复以青山绿水为主景的自然景观。

（3）平等、人道原则（E）。如不严重剥削劳工,不进行非道德推销,不进行非道德动物实验。

（4）减量原则（R）。指尽量从源头减少进入生产和消费流程的物质流和能源流。即学会以尽可能少的资源生产需要的产品,在源头预防废弃物的产生而不是在其产生后加以治理。传统的经济增长和传统的环境保护是传统工业化模式"一个硬币"的两面。她们在解决经济、社会、环境问题是相互割裂而不是整合的。传统经济单纯追求GDP的增长,它依靠自然资源的消耗来获得增长,导致经济与环境的对抗。而传统的经济策略单纯强调末端治理,如为解决环境问题勒令污染企业关停并转,带来下岗问题,影响民众生计和社会稳定。

（5）再利用资源（R）。指通过把废弃物变成二次资源以减少最终处理量并减少一次资源的消耗量。生产者尽量利用二次资源代替自然资源,消费者应该购买含最大比例的二次资源制成的产品。例如,城市里有大量需清洁的车辆,清洗车辆的用水就可使用二次资源水,以减少对自然水资源的使用。

（6）循环利用原则（R）。指人们应该尽可能多次并以多种方式使用自然资源的产品,通过再利用,可以防止物品过早成为垃圾,延长产品的服务寿命。

案例讨论：人人为公 抵制雾霾
全球首个"水漆日"呼吁绿色消费

雾霾治理人人有责。2月17日,"亚洲最大规模全水漆自动化生产线落户仪式暨水漆日全球发布会"在河北保定举行。晨阳水漆在中华环境保护基金会、中国水性涂料产业战略联盟的支持下,呼吁公众健康生活、绿色消费,以水漆替代有毒有害污染环境的涂料,共同抵制雾霾中VOC（可挥发性有机物）的排放。

雾霾治理，是难点也是热点。放眼全球，英国治理雾霾花费了 28 年，美国对抗光化学烟雾坚持了 64 年，日本实现碳氧化物低排放用了 49 年。而在中国，这个时间将会是多久？发人深省。据中国水漆研究院研究员胡中源介绍，雾霾中有 21% 的污染来自 VOC 排放，而 VOC 排放中约 18.5% 是由溶剂型油漆排放产生的。

为此，在中华环境保护基金会以及中国水性涂料产业战略联盟的支持下，晨阳水漆于 2 月 17 日在保定启动了全球首个"水漆日"活动，吹响了"人人为公、梦圆蓝天"的冲锋号角。用公益惠民的方式，号召公众呵护健康、践行环保。

（资料来源：全球财经网）

2. 绿色需要产生的原因

消费者绿色需要的产生，主要源于以下几方面原因。

（1）生产环境的日益恶化，损害了人们的正常生活。严重的环境问题引起人们的密切关注。绿色需要产生的因素是多方面的，但生态环境的恶化是其产生的主要原因。一个生病的地球，一个恶劣的环境质量，对人类的威胁不仅是身体方面的，更是精神方面的。对环境的悲观看法以及处理环境问题的复杂艰巨，会造成人类内在的不安、挫折、愤怒、绝望与无助。人们产生了"生存危机"的感觉，我们和我们子孙赖以生存的地球正受到前所未有的威胁——生态恶化、物种消失、臭氧层被破坏、温室效应、酸雨、土地沙漠化、洪水……因此，为了安全和健康的生活，人们的绿色消费需要随之产生。

（2）环境保护的宣传教育、科学知识的普及以及传媒对环保运动的推动，提高了消费者的绿色消费意识。很多人并没有主动意识到环境的恶化，他们对环境问题的认识，许多来自绿色观念的宣传。例如，国际上把 6 月 5 日定为"世界环境日"，每年开展声势浩大的环保宣传活动；北京市建立的地球村环境文化中心，向参观者免费介绍中国环境保护的迫切性和重要性，借此不断培养消费者的绿色意识需要从无意识到有意识转化。人们绿色消费意识的提高，是绿色需要产生的又一因素。

（3）绿色消费成为时尚，促进绿色需要进一步发展。人类的心理活动是微妙的，他们很容易受外来环境的影响。如果说绿色需要的最初诞生是由少数站在保护环境最前沿的人们接力推动而形成的话，那么成熟了的绿色需要，很大程度上是追赶这一绿色潮流而产生的。当身边越来越多的人产生了绿色意识的时候，多数消费者才有了绿色需要。这种绿色需要的产生是一个被动的接受过程，大多数人都属于这种被动接受者。而当绿色消费成为时尚的时候，会促进绿色需要进一步发展。在现代社会，绿色消费渐成时尚，再生资源的利用、节约能源、反对浪费、保护生态环境、主动承担社会责任等逐渐成为个人素质、修养、身份和地位高低的重要标志。推崇理智消费，成为文明人的追求。所有这些都对消费者心理产生良性刺激，促进其对绿色消费产生喜欢、认同和积极的态度。人们会自觉地将绿色消费作为追求高品质消费的方式，并发展成为一种理所当然的消费行为。

（二）简约主义心理倾向

简约主义，又称极限艺术、最小艺术、极少艺术。它源于20世纪60年代兴起的一种非写实绘画雕塑。其理念在于降低艺术家自身的情感表现，而朝单纯、逻辑的选择发展。无论是在建筑领域、工艺领域，还是在时装设计界，简约主义都占有重要的一席之地。它主张利用有限的信息传达耐人寻味的意境，可以于纷乱之中保持清晰的脉络，更能在观者的记忆里提供精练的索引信号，给人留下深刻整体印象。

随着绿色消费理念的兴起，简约主义被绿色消费者所借用，成为绿色消费领域中一种独特的心理倾向。消费者的简约主义心理特征表现为："Less is more"，少即是多；"Quality is quantity"，质量即是数量。崇尚环境保护的绿色消费者偏好简单、节约，尤其是对原材料和能源等资源的节俭。

二、绿色消费者的分类

绿色消费者追求商品的诚实无欺和可信赖性，要求所购商品能够满足情感上的需要，并考虑该商品是否涉及环境或质量问题。事实上，不同的消费选择代表了不同程度的"绿色化"，例如，对洗涤剂消费品的选择，有人选择可回收包装的洗涤剂，有人使用本身包含更少有害物质的洗涤剂，尽管两者都有绿色成分，但程度是不同的。因此，根据人们消费选择中所体现的环境关注的程度，可将绿色消费者分成以下几类。

（一）积极型

积极型消费者是指在绿色消费中走在最前头的消费者。他们的绿色意识已深深扎根在头脑里，绿色消费行为自觉积极。积极型消费者对绿色消费有着全面和深刻的认识，绿色消费是他们的生活方式。他们大多受过良好教育，在社会上比一般人活跃，其观念和行为容易影响其他消费者。

（二）实利型

实利型消费者是指在绿色消费市场上不是特别活跃，忠诚度也不稳定的绿色消费者。这类消费者有较强的环保和绿色消费意识，但只是在部分其认为有价值的消费行为中实践绿色消费。例如，有的实利型绿色消费者只认识到可循环使用一方面，认识不到所购商品中绿色成分的多寡。实利型消费者通常比较年轻，多数是白领。只要引导他们加深对绿色消费的全面认识，他们的忠诚度是可以加以培养的。

（三）萌芽型

这部分群体仍然关心绿色消费，但不太愿意支付额外的费用。他们对环境决定论的接受比较慢，反映了一半公众的思维模式。

(四)抱怨型

他们把环境保护看作他人的事情。在一定程度上关心环境,但不足以让他们尽自己能力去做些有利于环境保护的事情。抱怨型消费者表示他们太忙而无法进行绿色购买,这类人群所受教育程度较低,也比较保守。

(五)厌倦型

此类型消费者是指消费群体中最穷困和受教育最少的人群。对他们来说,价格是一个重要问题,因为绿色产品对一般产品价格较高。由于收入的原因,他们绿色消费意识薄弱,一般不会进行绿色消费。

三、绿色消费心理的影响因素

由于外在因素的影响和消费者自身的原因,每个消费者的绿色消费意识程度之间存在很大的差异。一般的对于绿色消费心理影响较大的有以下几个因素。

(一)社会文化因素

和其他消费心理一样,社会因素和文化因素对绿色消费心理影响很大。比如,崇尚自然的文化氛围或有着强烈环保意识的家庭会对身处其中的个人绿色消费心理产生正面影响。一个社会及其文化的绿色程度,会直接影响该文化群体的环保意识和绿色思想,进而影响其绿色消费行为模式。一个社会的绿色文化和环保意识越强烈,该社会群体的绿色消费心理一般就会越成熟。比如,很多西方发达国家,由于环保文化较早形成,目前已达到一个比较高的阶段,因此绿色消费也较之一些发展中国家兴旺,消费者的绿色消费心理也显得较成熟。

案例讨论:绿色消费成为时尚消费

在国际消费市场上,绿色消费已成为一种时尚。77%的美国人表示一个公司的环保信誉会影响其购买决定;61%的荷兰人和82%的德国人在超市购物时会考虑环境污染的因素;英国大约有半数人在购物时会根据对环境和健康是否有利来选择商品;日本的家庭主妇中有91.6%的人对绿色食品感兴趣。伦敦股票经纪行在1992年所做的一次调查显示,1987年以来"绿色股"价格在伦敦股市的增幅比全部股票平均高70%。1990年,美国就有6 000多种绿色新产品上市,占全年新上市产品品种数的10%,而世界市场的这一比例目前仅为1%。预计21世纪上半叶发达国家绿色产品消费率将上升到15%~20%。

分析:绿色消费已经受到广大消费者的认可,而且消费绿色产品已经成为一种时尚,特别是针对中高消费人群和广大年轻消费群体更具吸引力。

(二)绿色教育

绿色教育是指对公众进行的生态环境意识教育,包括通过公共关系、广告、产品包装说明等方式对消费者进行环保观念的灌输。

绿色产品大多采用较为高新的技术和材料制成,成本和生产工艺以及市场开拓费用相对较高,因而其售价也高。对一般消费者来说,初接触时可能感到难以接受。因此,必须通过一定的教育手段,使他们对绿色产品的实质有所了解。如该产品为什么是绿色的,有说明特点、优势,对自己有哪些好处等;就社会层面而言,绿色教育有利于提高人们的环保意识,促进社会自然环境的改善;就企业层面而言,绿色教育积极引导了绿色消费,为企业绿色营销创造了更好的环境。绿色教育重在一种观念的灌输,而人的行为是受观念指导的,所以可以说绿色教育是绿色消费和绿色营销的先导。反过来,绿色消费和绿色营销本身也是另一种形式的"强化"教育,是一种"现身说法"的绿色教育。

(三)消费者自身因素

绿色消费者的购买决策主要还是受其个人特征的影响,如年龄、家庭、生命周期、职业、经济环境、生活方式、个性以及自我定位等。其中,收入水平和受教育程度的影响尤为突出。

1. 收入水平

根据美国的一项研究,一旦美国人均收入达到5 000美元以上,人们就会花钱用于改善环境,包括进行绿色消费;而在此水平之下人们则没有能力考虑环境。该研究表明,在影响人们绿色消费的诸因素中,收入是最重要的因素。

收入水平在一定程度上代表了消费者的购买实力。由于绿色产品和绿色服务的价格相对较高,对于那些"价格因素权数"大于"绿色因素权数"的消费者而言,收入在消费方面的分配对于绿色消费而言是一种制约。"实用主义"对大多数理性消费来说是第一位的,尤其是在整体收入水平还不算很高的国家,价格和效用仍是消费者购买产品的主要考虑因素。

2. 受教育程度

全社会的绿色教育,对绿色消费会有很大的促进作用。因为消费者自身而言,一个人的观念、行为等大多是后天因素作用的结果,而教育则是其中非常重要的方面。受过良好教育的人,一方面对各方面知识有深入了解和正确认识(包括环境和地球生态);另一方面有较高的素质,倾向于理智的行为。所以,教育在很大程度上影响个人的绿色消费观念和行为。以中国食品消费为例,从受教育程度看,受教育程度较高者占整个绿色食品消费群体的多数,达64.3%。

任务三 绿色产品的开发和消费

一、绿色产品及开发

（一）绿色产品的含义

绿色产品是指产品生产过程和产品自身对环境没有或少污染的产品，以及比传统产品更符合生态环境保护或社会环境要求的产品及服务。绿色产品又可分为两大类：一是绝对绿色产品，是指具有改进环境条件的产品。以清除家居污染的植物为例，具有吸收甲醛作用的植物，如吊兰、芦荟、龙舌兰、虎尾兰等；具有吸收三氯乙烯作用的植物，如万年青、雏菊等；以清除家居污染的专业设备为例，如空气处理臭氧机。二是相对绿色产品，是指那些可以对社会和环境损害有所减少的产品，如可降解的塑料制品和再生纸等。

绿色产品具有以下特征：能有效利用材料资源和能源，有利于保护生态环境，不产生环境污染或使污染最小化。这一特点贯穿于产品生命周期的全过程，如产品的设计过程、原料的获取过程、生产制造过程、销售运输过程和使用过程以及产品废弃物后的回收、重用及处理过程等。

按照比一般同类产品更加符合人类生态环境保护和社会环境保护的要求，绿色产品主要包括以下七种类型。

1. 可收回利用型

例如，中国古旧家具，特别是具有中国传统风格的实木家具、红木家具，只需稍做整形、加固处理和涂饰，便可获得较高观赏价值和使用价值。国内一些专营中国古旧家具的企业，将这种旧家具直接销往世界各地，受到国内用户欢迎，得到很高的利润回报。

2. 低毒低害型

低残农药的推广使用，降低了农产品消费对人体的危害程度。

3. 低排放型

2008年北京市汽车尾气排放强制实施欧洲Ⅳ号标准，改善大气环境质量。

4. 低噪声型

目前，部分实力强大的厂家推出"静音"空调，打"绿色家电"牌，收到很好的效果。

5. 节水型

目前，我国在农业生产方面，推广使用渠道防渗、管道输水、喷微灌等节水灌溉技术和产品设备。

6．节能型

清华同方台式 PC 家用系列和商用系列的全部机型已获得中国环境标志认证中心的节能认证证书，标志着清华同方的主流产品在节能环保方面达到国内领先水平。

7．可生物降解型

降解即分解。生物降解即生物分解，即用生物方法分解产品中的有害物质。例如，使用玉米制造的聚乳酸作原料制成的可生物降解塑料在废弃后能被土壤里的微生物所分解，化作无害于自然环境和人体的物质。

（二）绿色产品的开发

绿色产品的开发包括以下三个环节。

1．设计

绿色产品要求产品质量优、环境行为优。双优不同于单优，如日用陶瓷要达绿色标志，就必须增加控制铅的设计；又如日用燃气灶要达绿色标准，就需增加对二氧化氮的控制设计。

2．生产

生产过程要求实现无废少废、综合利用和采用清洁生产工艺。在此过程中，建立 ISO 14001 环境管理体系是国际通行的做法，采用高科技技术是有效的技术手段。

3．废弃物的处置

各企业对自己生产产品的回收、利用及有效处置都应建立标准系统，一次性餐具、各类包装、报废汽车及计算机零件的回收及处理则应有考核指标。

二、绿色产品的消费

我国消费者对各种绿色产品有如下消费表现。

（一）绿色食品

1．绿色食品的概念和条件

绿色食品是指无公害、无污染、安全、优质、营养、经过专门机构认定许可、使用绿色食品标志的食品。绿色食品必须具备以下条件：

（1）产品或产品原料的产地必须符合农业部制定的绿色食品生态环境标准；

（2）农作物种植、畜禽饲养、水产养殖及食品加工必须符合农业部制定的绿色生产操作规程；

（3）产品必须符合农业部制定的绿色食品质量和卫生标准，符合绿色食品特定的包装和标签规定。

2．我国的绿色食品消费

民以食为天。随着城市居民物质生活水平的不断提高，高质量、卫生达标、安全可靠、富含营养的食品成了人们在饮食上的新追求。越来越多的消费者放弃高价的方便食品，而选用自然食品。

绿色食用无污染、无公害、无残留的绿色食品，是每个消费者的共同愿望。但是在我国，绿色食品似乎还没有受到人们的足够重视，绿色食品市场远未呈现热销局面。之所以如此，大致有以下几点原因。

（1）大部分消费者不了解什么是绿色食品，比如把"绿颜色食品"看作"绿色食品"，出现了概念性的混淆和误认。

（2）假冒伪劣商品泛滥，绿色食品也难逃厄运。本想购买绿色食品的消费者唯恐买到假冒绿色食品。

（3）绿色食品价格不菲。因为绿色食品的生产条件和要求远高于一般同类普通食品，但两者在味道、外观上难以让消费者感到明显区别，因此许多人不愿为看上去"没什么特别"的绿色食品支付较高费用。

（4）绿色食品的销售渠道不够顺畅，市场上或少有绿色食品，或品种不全，消费者很难买到称心如意的绿色食品，购买积极性受到挫伤。

此外，绿色需求不足也是绿色食品消费不畅的重要原因。我国中、低层消费者基本无力消费绿色食品，而在中、高层有能力购买绿色食品的消费者中，并未形成稳定的信念和态度。

案例讨论：绿色食品

据调查，全国许多城市没有进行绿色食品展销活动，也未成立绿色食品销售中心，以致60%以上的人不知道绿色食品的含义，包括一些较高层次的知识分子和企业负责人。他们以为天然食品、野生食品和绿色食品就是绿色食品。所以，在他们眼中，没有绿色食品是"最好的食品"的概念，更不会对它情有独钟。日常生活中，廉价食品占据优势，而在礼品与高档消费品中，他们更看重"名牌"。即使偶然买到绿色食品，也不一定对其产生深刻印象。因此，发展我国绿色食品消费市场，必须从消费者的认知和心态入手。

分析：在我国，绿色食品目前还处于概念化阶段，没有完全融入平常百姓的生活，而且可供选择的绿色食品种类较少，但是发展潜力巨大。

（二）绿色服装

绿色服装又称生态服装、环保服装。它是以保护人类身体健康，使其免受伤害，并具有无毒、安全的优点。使用和穿着时，给人舒服、松弛、回归自然、消除疲劳、心情舒畅的感觉。一般来讲，绿色服装包括三方面内容。

（1）生产生态学。即生产上的环保。对天然纤维来说，在种植过程中，所用的肥料、饲料、生长剂、除草剂、消毒剂等对人类应是无毒无害的；在布料生产加工过程中，不释放有害气体，排水符合卫生要求。

（2）用户生态学。即使用者环保。要求对用户不带来任何毒害。

（3）处理生态学。是指织物或服装使用后能回收。

绿色服装代表当代国际服装的流行趋势。现代消费者在追求美观的同时，更加注重舒适和健康。绿色消费者倾向于选择耐穿、易清洗保管、式样纯朴的服装。

（三）绿色家居建材

（1）绿色建材。是指质量优异、使用性能和环境协调性好的建筑材料。能称得上"绿色"的建材，最基本的条件是该产品质量必须符合该产品的国家标准。同时，该产品在生产过程中必须采用国家规定允许使用的原燃材料。排出的废气、废液、废渣、烟尘、粉尘等的数量、成分达到国家允许的排放标准。产品在使用过程中能达到国家规定的无毒、无害标准。废弃物对人体、大气、水、土壤等污染较小，并能在一定程度上可再生资源化和重复使用。

（2）绿色家居。是指室内布局合理、冬暖夏凉、温度宜人、湿度合适、杜绝粉尘、自然光充足。建筑专家们认为可用八个字概括绿色家居：健康、宜人、自然、亲和。

（四）绿色家电

绿色家电是指在质量合格的前提下，高效节能，且在使用过程中不对人体和周围环境造成伤害，在报废后可回收利用的家电产品。如绿色冰箱除采用无氟制冷外，还采用杀菌保鲜、抗菌保质、健康卫生的 ABS 材料，从而在确保食品新鲜的同时能有效抑制箱内的有害气体产生，净化空气，高效节能。绿色洗衣机则将清洁衣物与消毒灭菌结合在一起，操作简便，安全卫生。

任务四　促进绿色消费的心理策略

绿色消费是一种权益，它保障后代人的生存和当代人的安全与健康；绿色消费是一种义务，它提醒我们：环保是每个消费者的责任；绿色消费是一种良知，它表达了我们对地球母亲的敬爱之心和对万物生灵的博爱之情；绿色消费是一种时尚，它体现着消费者的文明和教养，也标志着高尚品质的生活质量；绿色消费也是一项系统工程，它需要政府、企业、社会等各方面的共同努力。而我国作为一个发展中国家，在各种基础条件薄弱的情况下，在绿色浪潮兴起之初，要想迅速培养、发展促进绿色消费事业，既需要企业努力，也需要政府部门的宏观管理、监督指导以及政策、资金上的扶持。

一、政府的宏观管理

在绿色消费和绿色市场发展的初级阶段，政府的扶持具有相当重要的作用。政府通过制定政策法规，给予经济扶持和培育市场等，可以促进消费者和企业将单纯的绿色意识转换为真正的商业活动。我国已加入世贸组织，与各国商品的贸易竞争日益激烈。面对当前复杂的国际竞争环境和中国国情，政府在培育绿色市场方面负担着重要的职责。具体表现在以下方面：

（一）普及绿色教育，加强公众环保意识

在社会上大力宣传绿色消费观念使之深入人心，是从消费者心理出发的根本促进措施。保护环境是一项关系到公众切身利益和子孙后代长远发展的事业，需要广大公众的积极参与。公众和企业的环保意识淡薄，会成为绿色产业发展的外在阻碍力量。政府可以通过电视、广告、报刊等大众传媒提倡绿色消费观念，使人意识到环境资源不仅是一种自然形态，它还具有经济价值。从而激发消费者购买绿色产品的积极性，增加厂商生产绿色产品的信心。

通过绿色教育，告诫人们地球资源的日益枯竭，自然环境质量的日渐下降，对人类健康和生存条件的负面影响已成事实。由于在发展中国家，还有相当多的人对环境问题缺乏认识，这就要政府承担起对人们进行绿色教育的责任。针对不同对象，采取不同方式进行教育培训，提高人们的绿色意识；利用各种宣传工具，积极传播环境和绿色消费知识，开展各种保护生态环境的活动，推动绿色消费运动的发展。

（二）加强品质监督，打击伪劣产品，树立消费者信心

由于绿色产品能满足消费者追求健康、安全、环保，追求高品质生活的要求，同时由于绿色产品生产的高技术性要求和成本偏高的特点，使得其价格要比一般产品高，因而很容易成为制造假冒伪劣的目标。尤其是在绿色消费的兴起阶段，对于不成熟的绿色消费者，假冒伪劣产品很容易打击他们对绿色产品的信心，从而严重阻碍绿色消费的发展。

因而，对于绿色产品市场鱼龙混杂的复杂局面，政府的严格监管非常重要。政府可以通过以下手段进行监管。

1. 建立有效地宏观管理机制

例如可通过立法、规划、拨款等手段进行宏观管理。

2. 建立科学的评价体系，推行绿色标志

环境标志工作一般由政府授权给环保机构推行，环保标志能证明产品符合要求，具有证明性质。标志由商会、企业或其他团体申请注册，并对使用该证明的商品具有鉴定能力和保证责任，因此具有权威性；因其只对贴标产品具有证明性，具有专证性，考虑环境标准的提高，标志每隔 3～5 年需重新认定，又具时限性；有标志的产品在

市场中的比例不能太高，故还有比例限制性。

中国绿色标志图形由中心的青山、绿水、太阳及周围的 10 个环组成。图形的中心结构表示人类赖以生存的环境。外围的 10 个环紧密结合，环环紧扣，表示公众参与，共同保护环境。同时 10 个环的"环"字与环境的"环"同字，其寓意为"全民联系起来，共同保护人类赖以生存的环境"。

3．完善绿色法规管理体系，规范绿色市场

商务部会同国家标准委、国家认监委等部门组织制定了《农副产品绿色零售市场》、《农副产品绿色批发市场》两个国家标准和《绿色市场认证管理办法》及有关实施规则，先后举办了五期绿色市场标准与认证培训班，确定了三家绿色市场认证机构。

4．建立健全各级绿色组织

例如，中国目前比较著名的绿色组织有：绿色和平组织、"自然之友"全国大学生绿色组织、"蓝色海洋"环保志愿者协会。

（三）采取相关政策，鼓励绿色生产，刺激绿色消费

企业以追求利润为基本目标，而绿色消费者是为自身追求健康和安全。对于积极的绿色消费者，他们考虑产品的安全、健康远大于产品的价格，但对于不太成熟的绿色消费者和企业，价格和利润是他们考虑的重点。鉴于绿色产品的成本和价格比一般产品高，政府可制定奖励措施，对于开发绿色产品、综合利用自然资源、投资加强环境保护的企业，给予积极支持和鼓励，并在信贷、税收方面给予优惠政策，积极推进企业经济增长方式的转变；还可通过给消费者和厂商适当补贴，分担他们的费用和风险，从社会长远和整体利益的角度实现社会福利的最大化。

二、企业的绿色营销管理

绿色营销是指社会和企业在充分意识到消费者日益提高的环保意识和由此产生的在清洁性无公害产品需要的基础上，发现、创造并选择市场机会，通过一系列理性化的营销手段来满足消费者以及社会生态环境发展的需要，实现可持续发展。

绿色营销的核心是按照环保与生态原则来选择和确定营销组合策略，是建立在绿色技术、绿色市场和绿色经济基础上的、对人类的生态关注给予回应的一种经营方式。绿色营销不是一种诱导顾客消费的手段，也不是企业塑造公众形象的"美容法"，它是一个导向持续发展、永续经营的过程，其最终目的是在化解环境危机的过程中获得商业机会，在实现企业利润和消费者满意的同时，达到人与自然的和谐相处、共存共荣。企业可通过以下方式进行绿色营销管理。

（一）加强绿色产品管理

绿色产品在成本构成方面与一般产品有所不同，它除了包括生产经营过程中发生的一般成本之外，还包括与保护环境及改善环境有关成本的支出，如引进对环保有利

的原材料所付出的代价，用有利于环保的设备替换污染环境的设备所需的资金投入等。因此，绿色产品的生产成本高于常规产品。目前，价格因素仍是影响消费者购买的最敏感的因素之一，因而降低经营成本，制定合理的绿色价格是企业绿色产品管理成功与否的关键之一。应该通过扩大生产规模、强化绿色管理和降低原材料消耗从而降低产品成本与价格，使绿色产品价格逐步让广大消费者接受。

案例讨论：美国电力的"绿色价格"项目

23家美国电力公司接受了绿色市场营销最终的挑战——以"绿色价格"来把可更新形式的能源提供给消费者。通过这个"绿色价格"项目，这些公司获得了一系列的益处——扩展了它们的产品提供范围，提高了它们的企业形象，避开即将面临的管制，从而"尝到了生活的甜头"。

通过"绿色价格"项目，消费者支付额外的费用，帮助电力公司筹集起始费用，以便开发利用可更新的能源（比如风、地热）为消费者提供电力。例如，在美国密歇根州的特拉弗斯市，2010年居民及商业用户要为每个瓦小时的电多付额外的钱（平均每月7.58美元），以使用建在附近的风力发电厂所生产的电能。科罗拉多州2 000个公共服务公司的客户在支付电话账单时，以多付的钱来支持他们地区的可更新电力项目。

然而，"绿色价格"项目也带来了一系列挑战：

首先，消费者一般并不愿为绿色产品多付额外的钱，因为类似"更干净的水或空气"这种环境益处是很难马上见效，也难以看到或感受到的。而可更新电力产品本来就是看不见的，谁知道自己用的什么颜色的呢？而且，由于这种利用可更新能源产生的电力仍用原来的电网系统进行传输，它最终仍是与其他能源形式的电力在电网上交汇在一起输入消费者的家中或办公室中，所以消费者并没有真正受到他们为之付出额外费用的"绿色电力"。

其次，许多消费者对输到他们手中供使用的电力到底是什么形式的能源转化而来的这一点缺乏认识，更不用说与他们使用的电能相关联的环境问题了。此外，关于可更新能源发电的误解到处可见，例如，"如果没有风的话，那可更新能源不就没了吗"，"更新电能是通过新建一套电网用与原来不同的电线和线路输送进用户家中的"，"利用风来发电，会不会改变全球的气候状态"等。

另外，可信性也是一个挑战。消费者往往会对支付额外费用购买的"绿色电能"提出质疑，因为他们觉得目前的电费已经够高了，希望知道利用可更新能源发电到底要花多少钱。

为了获得关于怎样才能有效地营销绿色电力的信息，美国环保署（EPA）大气污染防护部请了专门的绿色营销调研机构进行市场调研，建立潜在绿色电能消费者的焦点观察追踪。调查结果表明，以下4个策略有助于"绿色价格"项目的实施。

第一，使绿色电能带来的利益直接可见。只有最"绿色"的消费者会对有成为利他者的机会而满意。付了建立可更新能源发电项目的初始费用后，大部分消费者希望能享受长期的经济利益回报，包括长期稳定的电费单价、信用方面的好处，有助于能源的高效利用环保，以抵消可更新能源的成本等。

第二，小心地寻找目标顾客群。最愿意购买绿色电能的消费者相信率先购买绿色电力会使自己与众不同，因为为"绿色电能"支付额外的费用代表了某种形式的奉献，这种消费者往往是环保群体的成员。而对于还不成熟的绿色消费者，他们往往是为了响应立法的号召或基于周围人的压力而实行绿色电力的消费。对这类人，应让他们知道同一社区的其他人都在支持新的风力发电。或许，"Bill-Rounding"项目（消费者在支付账单时需凑齐整数，多出来的钱用来赞助绿色电力项目）对消费者是一种较有吸引力的"在细小处给予帮助"的方式。

第三，教育与授权。绿色电能的消费者往往需要理解项目的具体内容，包括经济方面，而且他们也希望技术方面的改进，所以，应对他们进行信息交流以及相应的公关活动。例如，美国特拉弗斯市的"能与光"公司，为了回答消费者诸如"这种可更新形式的电能在别处已试行了吗？"的问题，组织消费者参观了风能发电设备。在教育中，要强化环境利益，例如，帮助消费者把绿色电能与一个更干净的世界的联系进行视觉化。最后，人们通常认为可更新能源发电依赖于天气，有必要告知他们，如果遇到风不再吹或没太阳这类问题，备用的电能应付可以补充上来。

第四，建立分支机构。通用汽车公司建立了它的Saturn公司，以向消费者证明新产品（此公司生产的）确实与Chevy或Oldsmobile等原来的产品有所不同。电力公司若致力于开拓绿色市场，应参照通用汽车公司的做法，建立自己的分支机构。

分析：美国电力公司的做法非常值得我国企业和相关部门学习与借鉴，绿色产品的相关理念与消费心理分析是未来企业竞争的重要组成部分。

（二）树立企业绿色形象

树立企业绿色形象，可以帮助企业更直接、更广泛地将绿色信誉传送到促销无法达到的细分市场，从而给企业带来竞争优势。美国于1994年的调查表明，企业的绿色形象，包括员工的态度、企业环保意识和与社区的关系等已经成为继价格、质量和服务之后消费者购买商品时考虑最多的一项重要因素。企业在建立绿色形象的过程中应遵循以下原则。

1. 争取在本行业中率先实施绿色营销计划

消费者的信任是企业建立绿色形象的关键要素，而消费者总是比较容易相信某行业中居于领先地位的生产者。例如，3M公司早在1976年就推出了污染防治计划，这一计划已为公司创造了价值8亿美元的无形资产。

2. 避免过分夸大企业的绿色程序

适当地暴露自己的些许不足，有利于企业在消费者中建立信任感，同时可以表现企业正在尽力弥补与绿色营销观念不符的缺憾。

3. 借助第三方力量树立绿色形象

在环境保护方面有良好声誉和一定发言权的各种政府组织、非营利性机构或新闻媒体都足以成为企业借助的对象。

4. 从社区绿化活动做起

若企业存在经费暂时不足的问题，则应首先把树立绿色形象的目标放在企业所在社区内部。例如加强对职工的绿色文化教育，建立与学校和社区绿色组织的联系。

5. 充分利用各种宣传企业绿色形象的机会

宣传企业绿色形象的方式多种多样，既可以通过一定的大众媒体开展，如演讲、报刊、环境保护资料、信息服务中心等，也可以通过赞助和慈善活动等开展与环保有关的绿色公关活动，来宣传和提升企业的绿色形象。同时，企业也应当结合自身的特点积极创造机会，向社会公众传达绿色形象信息。

【章首案例分析】

绿色消费是一种以"绿色、自然、和谐、健康"为宗旨，有益人类健康和社会环境的新型消费方式，是消费者意识到环境恶化已影响其生活质量及生活方式，要求企业生产并销售有利于环保的绿色产品或提供绿色服务，以减少对环境的伤害的消费。在国际上，绿色消费已经成为一个宽泛的概念。一些环保专家把绿色消费概括成5R，即节约资源，减少污染（Reduce）；绿色生活，环保选购（Re-evaluate）；重复使用，多次利用（Reuse）；分类回收，循环再生（Recycle）；保护自然，万物共存（Rescue）。

在绿色消费领域，消费者的心理除了具有一般消费者的特点外，更有一些独特的消费心理，主要表现在：①绿色需要的产生；②简约主义心理倾向。充分研究和了解绿色消费者的心理特征及行为影响因素，才能科学预测绿色消费行为，为绿色市场和绿色产业的发展提供切合实际的依据。

项目小结

绿色消费是当前正在全球蓬勃兴起的一个新兴消费领域，尤其是在后经济危机时代更加凸显了可持续发展的重要作用，也是消费心理学研究的一个新课题。绿色消费理念起源于欧美发达国家，后于2001年由中国消费者协会正式提出，目前在世界范围内已经得到广泛共识。

在绿色消费领域，消费者心理除了具有一般消费者的特征外，更有其独特的消费心理。主要特征有：（1）绿色消费需要，表现在：经济实惠原则、生态效益原则、平等人道原则、减量原则、再利用资源、循环利用原则等方面。绿色需要产生的原因有：随着人类生存环境的日益恶化，严重的环境问题引起了世界各国人民的密切关注；环境保护的宣传教育、科学知识的普及和传媒对环保运动的推动，提高了消费者绿色消费意识。（2）简约主义心理倾向，表现在：少即是多；质量既是数量，崇尚环境保护的绿色消费者偏好简单、节约，尤其是对原材料和能源等资源的节约。

我国消费者对绿色产品的消费主要表现在绿色食品、绿色服装、绿色家居建材、绿色家电等产品。中下层消费者基本无力消费绿色产品，而在中上层有能力购买绿色产品的消费者中并未形成稳定的消费理念和态度。

绿色消费既是一种时尚也是一项复杂的系统工程，需要企业的努力，更需要政府部门的宏观管理、监督指导以及政策、资金上的扶持。

同步练习

【名词解释】

1. 绿色消费　　2. 绿色需要　　3. 绿色产品　　4. 绿色营销

【案例分析】

四川各地签订节能"军令状" 5年降耗20%

四川省各市（州）政府负责人，于2010年1月20日在成都与四川省政府签下节能"军令状"——《四川省节能目标责任书》，承诺在5年内使当地单位国内生产总值能耗降低20%以上。四川省政府官员表示这是四川落实科学发展观，转变当地粗放型经济增长模式的重要举措。

据了解，四川上半年工业增速居全国第三位，但去年单位GDP能耗比全国高25%，工业单位能耗比全国高35.9%。为此，四川决定采取一系列措施，摒弃高能耗高污染的经济增长模式，实现可持续发展。这些节能"军令状"将由各市（州）落实具体措施，四川省政府考核并进行奖惩。

此前，四川已决定把节约能源资源，保护环境摆在谋划发展的优先位置，使四川今年单位国内生产总值能耗比降低4%；定期发布各地和各行业的能源资源消耗情况，注重集约利用土地资源；加强污染治理，对139家重点工业污染企业实行限期治理；通过发展循环经济转变生产方式，推进节约型社会建设转变消费方式。

问题：1. 绿色消费与可持续发展是什么关系？
2. 政府在推行绿色消费方面应当有哪些作为？
3. 降能耗就是降低成本，难道不应该成为企业的自觉行为？为何由政府立军令状？

【技能训练】

分组组织学生去当地的大型超市实地调查消费者绿色产品的消费状况，并撰写500字左右的调查报告。

参考文献

[1] 赵红. 消费心理学［M］. 重庆：重庆大学出版社，2006.
[2] 李凤燕. 新编消费心理学［M］. 北京：清华大学出版社，2007.
[3] 李乐锋，等. 消费心理学［M］. 南京：南京大学出版社，2008.
[4] 江林. 消费者心理与行为［M］. 北京：中国人民大学出版社，2007.
[5] 臧良运. 消费心理学（第2版）［M］. 北京：电子工业出版社，2015.
[6] 张晓其，等. 营销心理学［M］. 北京：中国财政经济出版社，2007.
[7] 唐赤华，等. 消费者心理与行为（第2版）［M］. 北京：清华大学出版社，2010.
[8] 朱宝荣，等. 现代心理学原理与应用［M］. 上海：上海人民出版社，2007.
[9] 倪晓莉. 社会心理学［M］. 西安：西安交通大学出版社，2007.
[10] 祝文欣. 卖场顾客消费心理［M］. 北京：中国发展出版社，2007.